中國學術思想 研究輯刊

三六編

林慶彰 主編

第 16 冊

干支與中醫：醫易學導論

程佩 著

花木蘭文化事業有限公司

國家圖書館出版品預行編目資料

干支與中醫：醫易學導論／程佩 著 -- 初版 -- 新北市：花木
蘭文化事業有限公司，2022〔民111〕

目 4+288 面；19×26 公分

（中國學術思想研究輯刊 三六編；第 16 冊）

ISBN 978-626-344-059-3（精裝）

1.CST：中醫 2.CST：易學

030.8　　　　　　　　　　　　　　　　　　111010198

ISBN-978-626-344-059-3

9 786263 440593

中國學術思想研究輯刊
三六編　第十六冊　　　　　　ISBN：978-626-344-059-3

干支與中醫：醫易學導論

作　者　程佩
主　編　林慶彰
總編輯　杜潔祥
副總編輯　楊嘉樂
編輯主任　許郁翎
編　輯　張雅淋、潘玟靜、劉子瑄　美術編輯　陳逸婷
出　版　花木蘭文化事業有限公司
發行人　高小娟
聯絡地址　235 新北市中和區中安街七二號十三樓
　　　　　電話：02-2923-1455／傳真：02-2923-1452
網　址　http://www.huamulan.tw 信箱 service@huamulans.com
印　刷　普羅文化出版廣告事業
封面設計　劉開工作室
初　版　2022 年 9 月
定　價　三六編 30 冊（精裝）新台幣 83,000 元　　版權所有・請勿翻印

干支與中醫：醫易學導論

程佩 著

作者簡介

程佩（1981～），男，河南鄭州人，歷史學博士，江西中醫藥大學中醫學副教授，碩士研究生導師。已出版學術專著兩部，主編教輔讀物一部，參編全國教材五部，發表論文二十餘篇，主持省級課題三項。近年來研究方向主要為周易術數、中醫史、宋史。

提　要

　　醫易學，是以易理闡發醫理，以易學匯通醫學的學說。隨著近代以來社會文化思潮和中西醫實力此消彼長，以陰陽五行、干支系統、卦氣學說等為基礎的醫易學逐漸退出歷史舞臺，至今未見明顯復興。本書作為江西中醫藥大學醫易學課程教材，經過作者多年編撰而完成。書中通過醫學、易學、哲學文獻對天干地支的天文學起源，干支曆法的具體規則，干支與陰陽五行、易卦系統的結合，干支所蘊含的正五行、真五行、納音五行以及五行四時旺衰、五行十二長生運的來源辨析，探討其對醫易學的形成發展的影響，系統歸納了中醫運氣學的推步步驟，創新性地引入中醫命理學的最新研究成果。本書研究框架大體分為以下五個部分：中國古代天文學概述及由此引出的干支曆法知識；干支與陰陽五行、易卦系統的結合；正五行、真五行、納音五行與五行四時旺衰、五行十二長生運的相關概念問題；中醫運氣學基礎理論與臨床應用；個體出生時空結構與中醫體質、後天疾病的關聯。

JC20212 江西省高校人文社會科學研究2020 年度項目：《大數據時代醫易學理論與臨床價值探索》

目

次

緒論：醫易學概述

第一節　醫易學研究概述

　　運用《周易》的基本原理來指導醫學研究，在中國醫學史上已有漫長的歷史，並由此形成頗具特色的分支學科——醫易學。所謂醫易學，就是以易理闡發醫理，以易學匯通醫學的學說。醫易學研究的核心問題是醫易匯通。從漢代至今，其研究路徑大致分為兩條：一是以易釋醫，以易學哲學原理闡釋醫理。這條研究路徑，亦是歷代醫易學家匯通醫學與易學的主要途徑；二是以易學的象數之學為基礎構建醫學理論模型，如後世出現的子午流注法、明代太極命門學說、黃元御的土樞四象模型、彭子益的大氣圓運動模型，皆如此。只是這條研究路徑出現較晚，且時斷時續。

　　有關醫易學的研究歷史，從漢代至今已愈 2000 年。其學肇始於《黃帝內經》，經隋唐時楊上善、王冰初步發揮，至金元劉完素、李杲、朱震亨逐步完善，再到明代張介賓、趙獻可、孫一奎等發揚下將其學帶入極盛。而後在清代鄭欽安、彭子益、黃元御等繼承捍衛下，雖中醫象數模型達到高峰，醫易學漸趨完善，但是隨後隨著近代以來社會文化思潮和中西醫實力此消彼長，醫易學連同其母體中醫學日趨沒落。尤其在民國時期「中醫科學化」思潮的衝擊下，以陰陽五行、干支系統、卦氣學說等為基礎的醫易學更是逐漸退出歷史舞臺，至今未見明顯復興。新中國成立以來，除中醫運氣學外，其他研究長期闕如，廣大中醫院校甚至至今也無專門的醫易學教材編撰出版，故而其國內外學術史梳理更無從談起。

　　西漢時期，已經形成了以《周易》為研究中心的易學，隨後出現的《黃帝內經》便將易學哲學中的天人合一思維、象數思維運用其中，成為醫易學發展的濫觴。朱伯崑指出，漢代成書的《黃帝內經》已受《易傳》和漢易卦氣說的影響。不少篇章更是直接運用易學象數哲學來闡明醫理。如《靈樞・九宮八風》按後天八卦方位對應洛書九宮八卦，以與臟腑相配，即是對文王後天八卦和洛書的直接應用。又如《素問・氣厥論》論及五藏寒熱相移次序，乃是遵循八卦從先天到後天的移動規律。例如腎移寒熱於脾，源於坤卦先天居北應腎，後天居西南應脾；肝移寒熱於心，源於離卦先天居東應肝，後天居南應心。其餘諸如脾移寒熱於肝、心移寒熱於肺、肺移寒熱於腎，莫不如此。《黃帝內經》此時更是運用易學象數構建起中醫的藏象模型，依據河圖模型和五行生成理論，不僅確立了五臟方位，更是建立起了獨特的四時五臟陰陽模型。

　　如果說漢代時《黃帝內經》雖有引用易學哲學之實，而尚無直接言及易理之文字，那麼隋唐時期的醫學文獻已經正式開啟「以易釋醫」的研究方式。楊上善在《黃帝內經太素》中以漢易的卦氣說解釋四時五臟理論，闡明天人變化對應之理。並將十二消息卦於人體十二經脈對應，解釋三陰三陽的命名，以及十二經脈的病理變化。中唐王冰在《重廣補注黃帝內經素問》中多次援引易經，不僅以易理闡發醫理，更是以易學象數思想解釋醫理。而最具王冰醫易學代表性的成就，是其添加進《黃帝內經》的「七篇大論」中建立的中醫運氣學。該學說以天文為開端，由星象推斷天時，天時推出天氣地氣，再由天地合氣預測人的健康疾病。五運六氣所引申的運氣曆法，是古人模擬宇宙氣化規律而創立的一套預測疾病的曆法。該模型基於易學哲學中的象數思維，是中醫象數思維的巔峰代表。千百年來，中醫運氣學深刻影響著中醫理論的進展，宋代以後，關於其學的研究不絕如縷，至今方興未艾。

　　金元時期，金元四大家之劉完素、李杲、朱震亨皆以易理闡發醫理，使醫易學研究從廣度和深度上超越前代，亦為明代醫易學之鼎盛奠定基礎。劉完素以易理闡釋「火熱論」及寒涼用藥原理。他據《說卦傳》之「躁萬物者莫熯乎火」，為其火熱病機尋找依據。又依「潤萬物者莫潤乎水」、「離火為戈冰」之說，為其寒涼用藥尋找理論出處。李杲據易學之旨，倡脾胃之說。他依照坤卦彖辭「至哉坤元！萬物資生，乃順承天」將脾土當作人體元氣之根本。「脾胃為氣血陰陽之根蒂」，「內傷脾胃，百病由生」。朱震亨依照「太極動而

生陽，靜而生陰」論證「凡動皆屬於火」，又以《易傳》中「吉凶悔吝生乎動」證明其相火容易妄動，以此闡明其相火論立論之由。其餘諸如以乾卦論肺、泰否論脾胃、坤卦創「倒倉法」等皆是朱震亨熟稔易學哲學，於醫易學遊刃有餘之證明。

明代是醫易學發展的極盛時代。徐儀明指出，一方面，明代醫家突破金元醫家以易理比附醫理或藥理的方法，從而使醫理得到易理的拓展，得出了新的理論結論。另一方面，明代醫家進一步深化了金元醫家所關注的學術問題，並以爭鳴和辯難的方式，使醫易學研究走上更高的理論階段。明代醫易學家中，以張介賓的學術創建最為顯著，可謂超古越今。張介賓醫易學著作甚多，有《醫易義》、《大寶論》、《真陰論》、《太極圖論》等，是醫易學理論體系真正創建者。他在醫易同源說、陰陽五行說、理氣象數說等諸多領域取得豐碩成果。如他從太極本源的角度闡釋醫易同源之理，以邵雍的先天學解釋醫學中的陰陽說，以河洛之學解釋醫學中的五行說，將程朱理學「有理而後有象」改造成了「有是象則有是理」，使得宋元以來的易學哲學乃至理學，走上了與自然科學相結合的道路。此外，在象數易學領域，明代醫家最突出的成就當為太極命門模型的創建。孫一奎、趙獻可、張介賓等人先後據太極模型而創建命門學說。如孫一奎認為：「右腎屬水也，命門乃兩腎中間之動氣，非水非火，用造化之樞紐，陰陽之根蒂，即先天之太極，五行以此而生，臟腑以繼而成。」[註1] 其認為兩腎間的動氣即為命門所在。趙獻可則補充道：「此處兩腎所寄，左邊一腎屬陰水，右邊一腎屬陽水，各開一寸五分，中間是命門所居之宮，其右旁即相火也，其左旁即天一之真水。」[註2] 此更是依據太極圖原理而作。張介賓贊同趙獻可之說，亦以太極圖式作為命門模型之所依。以上三人，運用易學之太極理論，悟道命門之真諦：太極即無極，雖然含陰陽兩儀，但屬無形，由此可推導人身之太極——命門定非實物，非左右之腎，而是在兩腎中間，無行跡可循，只是一團動氣。太極命門學說是明代醫易學家運用易學原理做出的具有前瞻性和醫學價值的理論貢獻。

清代，是醫易學漸趨沒落的時期。這一時期，雖出現鄭欽安、彭子益等

[註1] （明）孫一奎撰：《醫旨緒餘》卷上《命門圖說》，北京：中國中醫藥出版社，2009 年，第 7 頁。

[註2] （明）趙獻可著：《醫貫》卷 1《玄元膚論》，北京：人民衛生出版社，2005 年，第 8 頁。

醫易學大家，以及晚清時醫易學的迴光返照，但是較明代而言，其學術走勢已趨回落。被世人尊為「火神」的鄭欽安，著有《醫理真傳》（1869）、《醫法圓通》（1874），書中以乾坤坎離立論，真陽為本，探求陰陽盈縮，生化至理。彭子益著有《實驗系統古中醫學》（今名《圓運動的古中醫學》），以易學哲學中河圖升降之圓運動闡釋人體奧秘，將四時之氣統一在圓運動中，首次將六氣歸於五行，解決了千百年來六經氣化和五行藏象的兼容問題。該書自民國十年充任教材起，迄今百年而不衰。是以知該象數模型之成熟。值得一提的是，晚清以來中西醫學開始相互碰撞匯通。由於彼時西醫實力尚不足以撼動中醫，中醫界對西醫態度較為包容，中西醫學相互交融匯通成為主流，醫易學亦在西醫的參照下，有了理論研究的動力和新的依據。如羅定昌的《中西醫粹》（1893），雖本河洛易學，靈素之說，但亦參西醫之解剖。另一位中西匯通的代表人物唐容川，在其著作《中西匯通醫精經義》（1892）、《醫易通說》（1901）中不僅以河洛之理闡明經義，以卦象解釋藏象，更主張以西證中，西為中用。大體而言，在西方醫學的輔助下，晚晴時的醫易學反而迎來學術史上一個小的高峰。

　　民國時期是醫易學走向最終衰亡的階段。隨著新文化運動的開展，科學信仰的普及，質疑中醫為偽科學的聲音越來越高。而以陰陽五行、干支系統、卦氣學說等為基礎的醫易學更是首當其衝。1916 年余雲岫出版《靈素商兌》，1923 年梁啟超在《東方雜誌》發表《陰陽五行說之來歷》，1926 年章太炎在《醫屆春秋》發表《論五臟附五行無定說》。三人皆痛斥陰陽五行之荒謬，中醫之迷信與神秘，主張革新中醫甚至全盤西化中醫。而後的「中醫科學化」思潮則成為壓垮醫易學的最後一根稻草。這一時期，雖有惲鐵樵的《群經見智錄》拼死捍衛醫易學理論之合理，但是時勢所致，科學化論終占上風；雖有鄒趾痕、劉有餘等醫易學家潛心著述，但是書稿存之寥寥，且其學術價值已不可同前人而語。醫易學最終在「中醫科學化」的改造下逐漸衰亡。社會文化思潮和中西醫學勢力的對比是導致醫易學衰亡的根本原因。

　　新中國成立後，在意識形態的影響下，醫易學數十年來仍湮沒不聞。改革開放前，只有任應秋等少數學者從事著中醫運氣學的研究。然而從上世紀八十年代開始，國內諸多學者逐一致力振興醫易學各領域。近年來國內醫易學研究主要集中在以下兩個方面：一是易學哲學的相關論述。北京大學朱伯

崑（1923～2007）教授的《易學哲學史》〔註3〕（1994年第三版），是上個世紀八、九十年代易學哲學研究領域的權威著作。作者以高屋建瓴的智慧，指出中國易學史大致分為五個時期。這些時期，或受到天文曆法、占星術、天人感應論的影響，或受到老莊玄學、新儒學、樸學的影響。這種認識，對於我們研究醫易學發展脈絡不無啟示。同時，朱伯崑對於各個時期易學中象數之學的闡微亦是今人研究醫易學有益的橋樑。二是中醫運氣學。湖南大學的靳九成（1937～）教授，是近年來活躍在醫易學領域的一個代表人物。他從上世紀九十年代以來，就開始關注醫易學中的天文學問題，並將其與中醫運氣學相關理論相結合。近年來，他曾先後從二十八宿背景下木星類公轉運動和火星推導出六氣正化對化；還撰文指出中醫運氣學中的主運、主氣、大運、客氣等概念皆可從天文學中得到答案。蘇穎（1960～）教授和楊威（1968～）研究員，多年來皆致力於傳統中醫運氣學研究，並建立起各自研究團隊。在她們的努力下，長春中醫藥大學和中國中醫科學院已成為國內中醫運氣學研究的重鎮。除了上述兩大研究領域，王彥敏（1985～）的博士論文《近代醫易學派研究》（2014年）是近年來唯一正面研究醫易學派的論文，文中首次梳理出近代早期、中期、晚期醫易學派的發展脈絡、代表著作、學術特點，為醫易學史研究打下良好基礎。〔註4〕總體而言，近四十年來國內學者的醫易學研究重心，仍集中在易學哲學、中醫運氣學等領域，尤其是本世紀以來，中醫運氣學研究獨佔鰲頭，日漸成為顯學。醫易學其他領域的研究則常年處於學術邊緣地帶。

　　比較而言，國外醫易學研究要遜於國內。這大概是醫易學本身的複雜性及文化本土性決定的。近十年來，只有美籍華裔學者陸致極（1949～）在命理健康領域做出重要開創。在近年來先後出版的《解讀時空基因密碼：輕鬆知道你的先天體質》〔註5〕、《解讀時空基因密碼：續集：疾病早知道》〔註6〕等著作中，陸致極系統總結了個人出生時間與其體質、健康、疾病之間的關聯。借助數理統計算法和計算機程式，在對數千案例進行大數據整理的基礎

〔註3〕朱伯崑著：《易學哲學史》，北京：崑崙出版社，2009年。
〔註4〕王彥敏：《近代醫易學派研究》，北京中醫藥大學2014年博士學位論文。
〔註5〕陸致極著：《解讀時空基因密碼：輕鬆知道你的先天體質》，北京：中國中醫藥出版社，2017年。
〔註6〕陸致極著：《解讀時空基因密碼：續集：輕鬆知道你的先天體質》，北京：中國中醫藥出版社，2020年。

上，不斷調整命理格局內部運算數值，從而使最終計算結果接近於臨床檢驗結果。陸致極較為可信地提出個體出生時空結構與中醫學劃分的中國人的九種體質以及後天多種疾病（包括癌症）的爆發的確存在某種相關關聯。雖然這種探索帶有強烈的原創性，試錯幾率極高，但是它代表了醫易學未來的發展方向，對後來者的研究具有強烈的啟迪。誠如作者本人所言，「本書（《解讀時空基因密碼：續集：疾病早知道》）只是為開展這樣的項目提供一個理論分析模型，提供一個如何實施它的雛形框架」〔註7〕。

第二節　本書研究框架

本書通過醫學、易學、哲學文獻對天干地支的天文學起源，干支曆法的具體規則，干支與陰陽五行、易卦系統的結合，干支所蘊含的正五行、真五行、納音五行以及五行四時旺衰、五行十二長生運的來源辨析，探討其對醫易學的形成發展的影響。系統歸納了中醫運氣學的推步步驟，創新性地引入中醫命理學的最新研究成果。本書研究框架大體分為以下五個部分：

第一部分：中國古代天文學概述及由此引出的干支曆法知識

在我國，天文學實際上是研究星象和氣象兩門知識。古人仰觀於天，發現了規律的天體運行與星辰軌跡，於是開始劃分年、季、月、節、氣、日、時，終於將空間關係轉換成時間關係。中國古代天文學，實際上從某種程度上來說就是曆學，或者說為曆學服務的。由於早期歲星紀年法和太歲紀年法的不足，干支曆法（甲子曆法）便由此登上歷史舞臺。干支曆法是中國所特有的陽曆，是中國人民的智慧結晶，其主要由干支紀年、干支紀月、干支紀日、干支紀時四部分組成。干支曆法作為曆法已施行了數千年，它完全參照黃道地日關係創建，以立春為元旦，一個回歸年為一年。天干地支共二十二個符號，錯綜有序，充滿圓融性與規律性。該曆顯示了大自然運行的規律，即時與空互動，和「陰」與「陽」的作用結果。中國干支曆法包含了陰陽五行的思想和自然圓圈運化的規律，後世醫易學理論皆與之有著緊密聯繫。

第二部分：干支與陰陽五行、易卦系統的結合

而隨著西漢孟喜的卦氣說正式納陰陽思想入易學體系，通過陰陽五行與

〔註7〕陸致極著：《解讀時空基因密碼：續集：輕鬆知道你的先天體質‧前言》，北京：中國中醫藥出版社，2020年。

八卦的關聯，後人又逐漸將干支體系納入卦爻系統，進而完成了干支與易卦系統的結合。西漢後期的京房正是通過納甲法將天干地支納入易卦系統，從而將五行生剋的屬性賦予到卦爻系統之中。京房納甲說的本質是將西漢時發展起來的干支、陰陽五行說與易卦系統統一起來。京房在納甲法裏提出了一個新的周易卦序排列體系，即八宮卦理論體系。八宮卦說將六十四卦按卦、爻的陰陽及其消長規律進行分類，將其分為八組，每組八卦，以模擬天地變易之道。通過卦納干和爻納支，京房建立起嶄新的八宮卦，解決了干支、陰陽五行與易卦的結合問題。至此，干支被納入易卦系統，陰陽五行與易卦的關係確定下來，也為後世周易與中醫的結合奠定了基礎。

第三部分：辨析正五行、真五行、納音五行與五行四時旺衰、五行十二長生運的相關概念問題

干支不僅用來表示時間，更是用來標記和推算宇宙間陰陽五行運行消息的工具。在長期的歷史發展過程中，干支系統愈加繁雜，逐漸衍生出正五行、真五行、納音五行等不同的體系。這些體系也都或多或少引入到中醫系統，成為中醫基礎理論不可或缺的一部分。傳統中醫著作，對這些五行的介紹或流於形式，或失之偏頗，這也直接影響到後世對中醫理論科學性的質疑。本書通過對相關易學哲學文獻的扒梳，釐清中醫運氣學中十干紀運的術數來源問題和納音五行的音律起源及其納甲來源說，從而為後文的相關理論運用奠定基礎。通過對《淮南子‧地形訓》、《五行大義‧論四時休王》、《五行大義‧論生死所》、《五行精紀》等文獻的比較分析，歸納五行在四時的旺衰狀況，分清土旺四季說與中醫長夏說產生的淵源。對於五行十二長生運，依據《淮南子‧天文訓》、《五行大義‧論生死所》等文獻的相關記載，探討火土同行與水土同行轉變的原因，以及十天干陽順陰逆、陽死陰生之合理性。

第四部分：中醫運氣學基礎理論與臨床應用

肇始於中唐王冰的「七篇大論」所開啟的中醫運氣學，是建立在干支知識系統之上的一套推步理論。後於唐宋之際逐步成為顯學。然而千百年來，對於五運六氣的合理性和實效性的爭議從未有過停息。應該說無論是對古代醫案的解讀還是今日重大疫情的推斷，五運六氣都有不可替代的作用。它不僅是有預測價值的病因學，在病機、治法等方面，也都突破了《內經》諸篇的框架和理論。結合前述天文、曆法、氣象、物候、易學哲學理論，本書在釐清中醫運氣學推步的基礎上，探討其臨床應用的有效性，如對於新型冠狀病毒

肺炎的診治的參考意義。結合新型冠狀病毒肺炎疫情的特點，針對《黃帝內經》對丁酉歲後三年所化之疫不稱「金疫「而稱「木癘」的相關表述進行研究後發現，2020 年爆發的新型冠狀病毒肺炎，病機之本乃是「伏燥」和「木癘」。「伏燥」易耗損心肺，尤其新冠肺炎的重症，都是內燥較甚者。

第五部分：個體出生時空結構與中醫體質、後天疾病的關聯

本部分研究主要借鑒近年來的研究成果，系統總結了個人出生時間與其體質、健康、疾病之間的關聯。較為可信地提出一個人的出生時間與中醫學劃分的中國人的九種體質、某些後天疾病（包括癌症）的形成，的確存在某種相關關聯。在大數據整理的基礎上，我們認為，從個體出生時空結構來分析，五臟能量分布的偏頗性是構成疾病的先天因素。同時，把個體出生時空結構作為人體健康的內因，運氣變遷作為人體健康的外部環境，內外結合，探討人體疾病發生的時間概率，提供個性化的養生防病策略。

第一章　天　文

第一節　中國古代天文學概述

　　人法地、地法天、天法道，醫易學的源頭在天文，我們不瞭解天文曆法，就難以接近自然之道，更遑論易道與醫道。因此，對醫易學的認知，首先應從天文講起。「天文」一詞，出現甚早。早在《易經》中，就有「觀乎天文，以察時變」[註1]；「仰以觀於天文，俯以察於地理，是故知幽明之故」[註2]。天文就是天象，故《淮南子‧天文訓》稱「文者象也」。

　　在我國，天文學實際上是研究星象和氣象的兩門知識。三代之時，古人便不斷思考時間的源頭，宇宙的模樣形狀，由此產生出陰陽、五行、天地、天人等觀念。據說，是老子第一次提出「宇宙」這個概念。「天地四方曰宇，往古來今曰宙」[註3]。在古人眼中，「方屬地，圓屬天，天圓地方」[註4]。古人仰觀於天，發現了規律的天體運行與星辰軌跡，於是開始劃分年、季、月、節、氣、日、時，終於將空間關係轉換成時間關係。

〔註1〕黃壽祺、張善文譯注：《周易譯注》卷3《賁卦第二十二》，上海：上海古籍出版社，2007年，第132頁。

〔註2〕黃壽祺、張善文譯注：《周易譯注》卷9《繫辭上傳》，第378頁。

〔註3〕《尸子》卷下，《二十二子》本，上海：上海古籍出版社，1986年，第373頁。今本《文子‧自然》說這是老子的話，但是漢簡本《文子》非也，其乃文子與平王的對話。

〔註4〕江曉原等譯注：《周髀算經》卷上，瀋陽：遼寧教育出版社，1996年，第76頁。

中國古代天文學，實際上從某種程度上來說是曆學，或者說是為曆學服務的。我國著名天文史學家陳遵媯（1901～1991）言「中國古代天文學史，是一部不斷探索並改進曆法的曆學史」〔註5〕。天文學是由於農牧業生產的需要而發展起來的最早的科學。因為農業生產和天時季節是有密切關係的。有了原始農業，也就有了原始的天文學。正如恩格斯所說：「必須研究自然科學各個部門的順序的發展。首先是天文學——游牧民族和農業民族為了定季節，就已經絕對需要它。」〔註6〕古代天文學、曆學的發達可以為農業播種收割提供準確時間。我國是世界上最早進入農耕生活的國家之一。農耕生活的核心是春種秋收，它要求人們能準確知悉各項農事活動時間。古人所以觀測天象非常精勤，就在於天文可以告知人們準確的時間。《呂氏春秋·當賞》云：「民無道知天，民以四時寒暑日月星辰之行知天。四時寒暑日月星辰之行當，則諸生有血氣之類皆為得其處而安其產。」〔註7〕考古學證明，我國早在傳說中的伏羲、神農時代，就已經進入了畜牧、農耕時代。從出土的商代青銅器和甲骨文來看，天文學在商代已經發展成為一門專門的學問。

中國古代定四季的方法，最初就是以黃昏星宿的出沒為據。《尚書·堯典》載，「日中星鳥，以殷仲春」；「日永星火，以正仲夏」；「宵中星虛，以殷仲秋」；「日短星昴，以正仲冬」。〔註8〕《尚書大傳》云：「主春者張，昏中可以種穀。主夏者火，昏中可以種黍。主秋者虛，昏中可以種麥。主冬者昴，昏中可以收斂。」可見上古之時即以鳥、火、虛、昴四宿來定四季，並以此作為農事曆法之依。

對於生活在北半球的中國古人來說，我們的祖先很早就察覺到「天道左旋」的現象規律，即天穹由東向西運轉，由於自轉是以北極與南極為中軸，因此中國古人很容易感受到天體越往南轉幅越大，越往北轉幅越小，而正北乃是歸然不動的軸心——北極。正所謂「北辰居其所而眾星共之」。日月列星環布於北極與北斗東升西墜。其中的北極，更是被認為是天之樞軸、宇宙之

〔註5〕陳遵媯著：《中國天文學史》，上海：上海人民出版社，2016年，第132頁。
〔註6〕恩格斯著：《自然辯證法》，《馬克思恩格斯全集》第20卷，北京：人民出版社，2007年，第523頁。
〔註7〕陳奇猷校釋：《呂氏春秋校釋》卷24《當賞》，北京：學林出版社，1984年，第1610頁。
〔註8〕《十三經注疏》，北京：中華書局，1979年，第119頁。

太極。身邊的北斗，隨四季轉換斗柄，被視為天意的發布者，季節變換的操縱者，人世時間的安排者。北斗是由天樞、天璿、天璣、天權、玉衡、開陽、搖光七星組成。北斗七星屬於大熊座。古人把七星想像成古代舀酒的斗。天樞、天璿、天璣、天權組成斗身，古曰魁；玉衡、開陽、搖光組成斗柄，古曰杓。古人很重視北斗，因為可以用它來辨方向，定季節。把天璿、天樞連成直線並延長五倍，就可以找到北極星。北極星是北方的標誌。而北斗星在四季繞著北極星轉動，所以古人根據初昏時斗柄所指的方向來決定季節。古農書《夏小正》指出了初昏時北斗七星中斗柄的方向與時令的關係：正月初昏，「斗柄懸在下」，「六月初昏，斗柄正在上」。後世《鶡冠子》總結為「斗柄東指，天下皆春；斗柄南指，天下皆夏；斗柄西指，天下皆秋；斗柄北指，天下皆冬」。

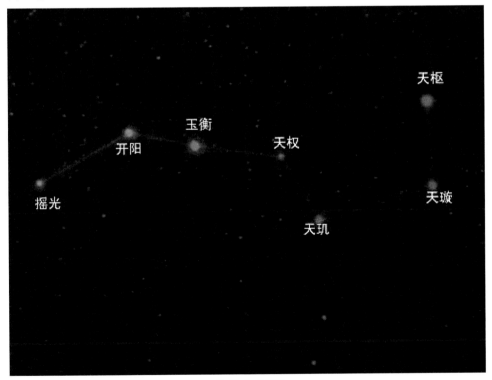

北斗七星圖

三代之時，古人的天文知識相當豐富，明末清初的著名學者顧炎武說：「三代以上，人人皆知天文。『七月流火，九月授衣』，農夫之辭也。『三星在戶』，婦人之語也。『月離于畢』，戍卒之作也。『龍尾伏辰』，兒童之謠也。

後世文人學士，有問之而茫然不知者矣。」〔註9〕這是因為春秋以前，沒有二十四節氣，所以農事的進行，都要根據星宿的出沒來決定。因而在當時，百姓的天文學知識很普及。秦漢以後，有了節氣月令常識，老百姓農耕無需仰觀天象，所以不僅普通百姓，就是「後世文人學士，有問之而茫然不知者矣」。此外，歷代統治者常常利用天命論、占星術維護其政權的合法性，但同時他們又怕別人利用天文知識和占星術質疑其政權的合法性甚至顛覆其政權，因而統治者往往將天文學知識壟斷在上層機構手中，嚴禁民間私習天文，嚴禁天文圖籍在民間流傳，嚴禁司天監天文人員與外界往來。這種禁令到明朝以後愈發嚴格，從而也造成明清以來天文知識在中國的式微。如晉武帝泰始三年（267）即頒下「禁星氣讖緯之學」之令（《晉書·武帝紀》）；後趙石虎建武二年（336），下令「郡國不得私學星讖，敢有犯者誅」（《晉書·載記·石季龍傳》）；北魏孝明帝熙平二年（517），「重申天文之禁，犯者以大辟論」（《魏書·肅宗紀》）。宋代以後對天文的禁制亦未曾稍歇。《宋史·天文一》載，宋太宗即位之初（976），「召天下伎術有能明天文者，試隸司天臺；匿不以聞者，罪論死」〔註10〕。次年二月，從各州送京的天文術士中考試選拔了一批進入司天臺，其餘的黥配海島。又，明以前的統治者雖然禁止民間私習天文，卻從未禁止過民間私習曆法。可是到了明代，不但禁止民間私習天文，還禁止私習曆法，《萬曆野獲編》載：「國初學天文有厲禁，習

〔註9〕（清）顧炎武著、（清）黃汝成集釋：《日知錄集釋》卷30《天文》，上海：上海古籍出版社，2014年，第660頁。「七月流火，九月授衣」，出自《詩·豳風·七月》，指周正七月（今之陰曆五月），大火星從東向西傳過子午線，再過兩個月秋天就到了，應該準備過冬棉衣了。「三星在戶」出自《詩·唐風·綢繆》：「綢繆束薪，三星在天。今夕何夕，見此良人？子兮子兮，如此良人何？綢繆束芻，三星在隅。今夕何夕，見此邂逅？子兮子兮，如此邂逅何？綢繆束楚，三星在戶。今夕何夕，見此粲者？子兮子兮，如此粲者何？」它是古代觀星授時的術語。直譯是：在室內從開著的門戶可以看見掛在天邊的三星。三星，一說參宿三星，二說心宿三星，三說河鼓三星。心宿出現，是在夏夜。參星出現，是在冬日。古人常在冬日成親。所以三星理應指參星。參星照在門前，表示新婚之喜。「月離于畢」，出自《詩·小雅·漸漸之石》，月兒投入畢星的天象，是有雨的徵兆。「龍尾伏辰」，出自《左傳·僖公五年》。龍尾伏辰，天文術語。龍尾，即尾宿。尾宿是東方青龍七宿中的第六宿，在青龍尾部，所以叫做龍尾。辰，是日月交會的意思。日月交會為朔日。日在尾，故尾星伏不見。「龍尾伏辰」即合朔時日月位置皆在尾宿，可以確定為十月初一。
〔註10〕（元）脫脫撰：《宋史》卷48《天文》，北京：中華書局，1977年，第950頁。

曆者遣戍，造曆者殊死。」〔註11〕同時「（欽天監）人員永不許遷動，子孫只習學天學曆算，不許習他業，其不習學者，發南海充軍」（《大明會典》卷223）。這使天文曆法的發展從明以來明顯遲滯。曆禁造成了天文人才的嚴重匱乏。十五世紀末，曆法常與天象不合，禁令不得不稍有鬆動。當時官方希望徵用通曆法的人，以備改曆之用，然而竟無人應徵。「至孝宗，馳其禁，且命徵山林隱逸能通曆學者以備其選，而卒無應者。」〔註12〕

第二節　五緯、二十八宿、分野

下面，我們就五緯、二十八宿、分野等牽涉到古代曆法知識的天文概念分別加以敘述。

一、五緯

古人把日月和金木水火土五星合起來稱為七政或七曜。木火土金水五星合起來又稱為五緯。它們古稱分別為歲星、熒惑、鎮（填）星、太白、辰星。《穀梁傳序疏》云：「五星者即東方歲星，南方熒惑，西方太白，北方辰星，中央鎮星是也。」之所以稱之為木星、火星、土星、金星、水星，這是源自後世的五行學說。「五星，五行之精。」〔註13〕《漢書·律曆志》云：「五星之合於五行，水合於辰星，火合於熒惑，金合於太白，木合於歲星，土合於填星。」〔註14〕在五行說中，以歲星為木之精，熒惑為火之精，鎮星為土之精，太白為金之精，辰星為水之精。

木星古名歲星，逕稱為歲。據考，殷末周初中國人已經開始重視歲星。古人觀察到木星十二年繞天一周，每年行經一個特定的星空區域，遂創十二次之法。木星一年在一次，恰可紀歲，所以古人稱其為歲星或歲，據以紀年。但實際上木星週期非 12 年，而是略有偏差，為 11.86 年。古人也早已發覺其中誤差，《漢書·天文志》推算木星週期為 11.92 年，《後漢書》推算值則為

〔註11〕（明）沈德符著：《萬曆野獲編》卷 20《曆法》，北京：文化藝術出版社，1998年，第 560 頁。

〔註12〕（明）沈德符著：《萬曆野獲編》卷 20《曆法》，第 560 頁。

〔註13〕（漢）司馬遷撰：《史記》卷 27《天官書》，北京：中華書局，1982 年，第 1289頁。

〔註14〕（漢）班固撰：《漢書》卷 21《律曆志》，北京：中華書局，1962 年，第 985頁。

11.87 年，已經很接近木星週期的精密數值。

火星古名熒惑。因為它熒熒像火，而且光亮常有變化，順行逆行情況非常複雜，易使人迷惑，故名熒惑。不過，古書上所稱的火星，通常是指星宿二的大火星（即天蠍座 α 星），而非行星中的火星。熒惑在中國古代占星術中居重要地位，「司無道之國，為亂為賊，為疾為喪，為饑為兵，出入無常，辯變其色，時見時匿」〔註15〕。令古代君王談之色變的「熒惑守心」，就是指熒惑在心宿內逗留的星象。

土星古名鎮星或填星。由於它二十八年行周天一次，一年走一宿，好像鎮壓二十八宿一樣，故名鎮星。其實，鎮星行一周天的時間非二十八年整，而是二十九年半。古人也早已注意到這個事實，只是為了符合二十八宿一年鎮一宿的說辭，故仍稱其二十八年行走一周天。這和木星十二年一周天的記載，是一個道理。鎮星在占星術中具有重要參考價值。《淮南子‧天文訓》稱：「鎮星以甲寅元始建斗。歲鎮行一宿，當居而弗居，其國亡土。未當居而居之，其國益地，歲熟。」〔註16〕

金星古曰明星，又名太白，因為它光色銀白，亮度很強。金星黎明見於東方曰啟明，黃昏見於西方曰長庚，所以《詩經》說「東有啟明，西有長庚」，所指為一，皆為金星。

水星一名辰星。由於其距離太陽最近，不超過一辰，且常隨太陽左右巡行十二辰，故而被稱為辰星。先秦古籍中談到天象時所提到的水星並不是行星中的水星，而是二十八宿中的室宿。水星也有其獨特的占星意義。《淮南子‧天文訓》載：「晨候之東方，夕候之西方。一時不出，其時不和；四時不出，天下大饑。」〔註17〕

五緯在天空中運行的速度和路線形式，各不相同，但偶而也會彼此相遇在一起。古人設想，若五星在同一度上，是為天地開闢之始。若五星集合在同一宿上，則是得天下的象徵。《史記‧天官書》歲星條稱：「其所在，五星皆從而聚於一舍，其下之國可以義致天下。」火星條稱：「五星皆從而聚於一舍，其下之國可以禮致天下。」土星條稱：「其所居，五星皆從而聚於一

〔註15〕劉文典撰：《淮南鴻烈集解》卷 3《天文訓》，北京：中華書局，1989 年，第 107、108 頁。

〔註16〕劉文典撰：《淮南鴻烈集解》卷 3《天文訓》，第 108 頁。

〔註17〕劉文典撰：《淮南鴻烈集解》卷 3《天文訓》，第 109 頁。

舍,其下之國可重致天下。」金星條稱:「五星皆從太白而聚於一舍,其下之國可以兵從天下。」水星條稱:「五星皆從辰星而聚於一舍,其所舍之國可以法致天下。」〔註18〕

1995年在新疆尼雅中發現的漢代五星出東方錦護膊〔註19〕

正因如此,五星集合在古代就有特別的占星術的意義。堯在位時,「日月如合璧,五星如連珠」(《竹書紀年》)。這種祥瑞的景象,表示聖君在位,國泰

〔註18〕司馬遷撰:《史記》卷27《天官書》,第1312~1328頁。

〔註19〕該織錦是在一座東漢末至魏晉時期的男女合葬墓中發現的,是射箭時係在射手臂膊上的護膊,以鮮豔的白、赤、黃、綠四色在藍(青)底上織出漢式典型的圖案:雲氣紋、鳥獸、辟邪和代表日月的紅白圓形紋等,採用的是代表漢式織錦最高技術水平的五重平紋經錦。色彩之絢爛,工藝之精良,昭示著墓葬主人高貴的身份和地位。「五星」的含義就蘊含在織錦的五色中。有研究認為,織錦以綠色代黑色,採用中國傳統五色「青赤黃白黑」,與五星「歲星、熒惑星、鎮星、太白星、辰星」對應。之後東漢道教興起,附和五行學說,將上述五星改稱木星、火星、土星、金星、水星。「五星出東方利中國」一言現存最早的記載是《史記·天官書》:「五星分天之中,積於東方,中國利;積於西方,外國用兵者利。」後《漢書·天文志》、《晉書·天文志》、《隋書·天文志》均有類似記載。據考古報告,與「五星出東方利中國」織錦同時還出土了一件「討南羌」織錦殘片,它與「五星出東方利中國」織錦屬同一織物,連起來可以解讀為「五星出東方利中國討南羌」,因此該織錦應是與漢羌戰爭緊密相關。

民安。而禹在位時也發生過同款吉兆，「禹時五星累累如貫珠，炳炳若連壁」（《太平御覽》）。而後世誇耀生逢盛世，明君在上時，也往往以五星集合說事。如隋朝名臣楊素在《贈薛播州詩》中讚頌道：「五緯連珠聚，千載濁河清。」唐高祖李淵退位後，為李世民作詩《為秦王製詩》寫道：「聖德合天地，五宿連珠見。和風拂世民，上下同歡宴。」

中國古代最經典的一次五星連珠，當屬劉邦即位，五星聚於東井。南宋方逢辰在《贈星命舒雲峰》中云：「五星聚東井，天下王業開。」據《史記·天官書》載：「漢之興，五星聚於東井。」〔註20〕《漢書·高帝紀》則詳細為：「元年冬十月，五星聚於東井，沛公至霸上。」〔註21〕漢高祖攻入咸陽秦亡之年，正值五星聚於東井，這被漢代史學家認為是高祖得天下的徵兆，故而《漢書》特記之。然而北魏以後，不少史學家對此記載的真實性都產生了懷疑，認為《漢書》這段記載是不真實的。在《魏書·高允傳》中，司徒崔浩曾經舉辦了一次以「天文曆法」為主題的學術沙龍，當時崔浩侃侃而談，表現出對歷代天文星象變化瞭如指掌的樣子。高允聽不下去了，不客氣地認為劉邦即位之時五星聚於東井，「是史官欲神其事，不復推之於理」。

> 後詔允與司徒崔浩述成《國記》，以本官領著作郎。時浩集諸術士，考校漢元以來，日月薄蝕、五星行度，並識前史之失，別為魏曆，以示允。允曰：「天文曆數不可空論。夫善言遠者必先驗於近。且漢元年冬十月，五星聚於東井，此乃曆術之淺。今譏漢史，而不覺此謬，恐後人譏今猶今之譏古。」浩曰：「所謬云何？」允曰：「案《星傳》，金水二星常附日而行。冬十月，日在尾箕，昏沒於申南，而東井方出於寅北。二星何因背日而行？是史官欲神其事，不復推之於理。」〔註22〕

高允這句話裏面牽涉到一個天文學常識：金星和水星基本是跟著太陽一起升落的，冬天十月份太陽還在西南，金水兩星至少也是在西南地平附近，並不會到東北地平。「漢元年冬十月，五星聚於東井」就是假的，不過是為了增加戲劇感。

〔註20〕（漢）司馬遷撰：《史記》卷27《天官書》，第1348頁。

〔註21〕（漢）班固撰：《漢書》卷1《高帝紀》，第22頁。

〔註22〕（北齊）魏收撰：《魏書》卷48《高允傳》，北京：中華書局，1974年，第1068頁。

　　據考證，在華夏五千年文明史上，有史記載的五星聚會達十餘次。如果按照科學計算，數量應該更多才對。但是一些五星集合現象並未被當時史書記載。如呂后執政的時期（前188～前180），也曾出現過五星連珠，但是當時及後世史書卻從未記載。個中原因，除了天氣不好，沒有監測到的情況外，可能最主要還是因為呂后當政的合法性一直不被後世政權所認可。所以即便當時的五星聚於一舍，後世執政者也不便記載下來，自亂其說。

二、二十八宿

　　古人觀測七政的運行是以恒星為背景的，經過長期觀測，古人先後選擇了黃道赤道附近的二十八個星宿作為座標，稱為二十八宿。這二十八宿分別是：

東方蒼龍七宿：角亢氐房心尾箕
北方玄武七宿：斗牛女虛危室壁
西方白虎七宿：奎婁胃昴畢觜參
南方朱雀七宿：井鬼柳星張翼軫

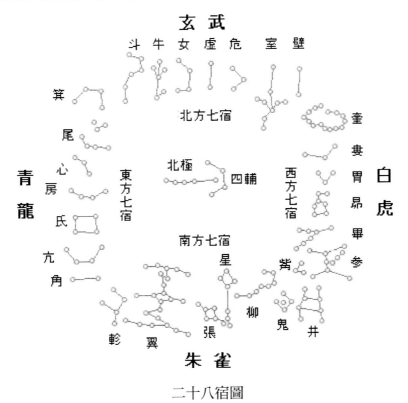

二十八宿圖

　　二十八宿的形成有一個過程，在《尚書・堯典》中，還只有鳥、火、虛、昴四宿；《詩經》中有火、箕、牽牛、織女、定、昴、畢、參八宿；《爾雅・釋天》中有十七宿；《禮記・月令》在記錄每個月的日躔位置和昏旦中星時，共涉及二十五宿。春秋中後期，二十八宿已經出現。《周禮・春官》載馮相氏掌「二十有八星之位」，《周禮・秋官》載有「二十有八星之號」，但對此「二十有八星」未曾詳述。1978 年湖北隨縣出土的戰國初年曾侯乙墓有一件衣箱漆器，上面繪著一圈完整的二十八宿星名。這是關於二十八宿的最早的可靠記載。漆箱上的文字為：

　　　　角、坑（亢）、氐、方（房）、心、尾、箕、斗、牽牛、婺女、
　　　　虛、危、西縈（營）、東縈（營）、圭（奎）、婁女、胃、茅（昴）、
　　　　繲（畢）、此（觜）隹（觽）、參、東井、與（輿）鬼、栖（柳）、七
　　　　星、長（張）、翼、車。〔註 23〕

無論是星宿順序還是名稱，都與後世基本相同。這說明，在戰國早期二十八宿已經普遍使用。此外，近年來發現的成書於戰國中晚期的清華簡《五紀》中也完整記載了二十八宿的名稱，其文字為：

　　　　建星、𢼑＝（牽牛）、委＝（婺女）、虛、𢽾（危）、瑩（營室）、
　　　　𥫣開（壁）、杢（奎）、婁＝（婺女）、胃、鼎（昴）、蜀（濁）、參、
　　　　發（伐）、狼、𤟌（弧）、雛（咮）、張、皇＝（七星）、異（翼）、軫、
　　　　大角、天𥎓（根）、朵（本）角、駟、心、鷹（尾）、筭（箕）。神掌
　　　　南門，後正北斗（斗）。（簡 25～26）〔註 24〕

然而《五紀》二十八宿的名稱、順序與後世通行的二十八宿有較大差異，倒是與《史記・律書》多有相合。這反映了在戰國時期，二十八宿的流傳是具有多樣性的。

　　二十八星宿的形狀、寓意分別如下〔註 25〕：

〔註 23〕湖北省博物館：《曾侯乙墓》，北京：文物出版社，1989 年，第 354 頁。

〔註 24〕轉引自石小力《清華簡〈五紀〉中的二十八宿初探》，《文獻》2021 年第 9 期。

〔註 25〕以下表格內容參照陳遵媯著《中國天文學史》，第 207 頁。

東方七宿青龍形狀寓意表

宿	形　狀	寓　意
角	龍角	天門
亢	龍頸	朝廷
氐	龍胸	行宮
房	龍腹	馬廄、車駕、旗
心	龍心	皇帝
尾	龍尾、小龍九頭	後宮
箕	龍尾、龍所糞也	後宮、知、簸箕

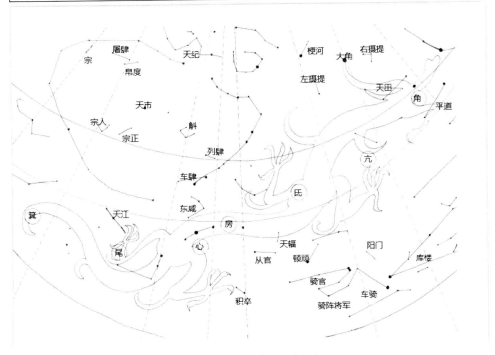

東方七宿青龍星空圖

北方七宿玄武形狀寓意表

宿	形　狀	寓　意
斗	蛇身	量斗、天斧、旗、柄杓
牛	蛇身	牛頭
女	龜（蛇）身	織布女工
虛	龜身	祠廟
危	龜身	屋頂、墳墓、廢墟、暗星
室	龜身	鉛錘（定）
壁	龜身	直立壁、圖書館

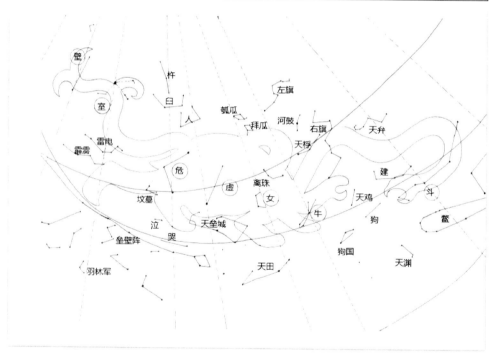

北方七宿玄武星空圖

西方七宿白虎形狀寓意表

宿	形 狀	寓 意
奎	虎尾	白虎、草鞋、倉庫、封豕、破鞋、狼
婁	虎身	狗、小虎、犧牲、小山
胃	虎身	雉、小虎、胃腑
昴	虎身	雞、小虎、旄頭
畢	虎身	白虎、獵具、鳥、狩兔網
觜	虎頭、虎鬚	猴、斧
參	虎前肢	白麟、猿

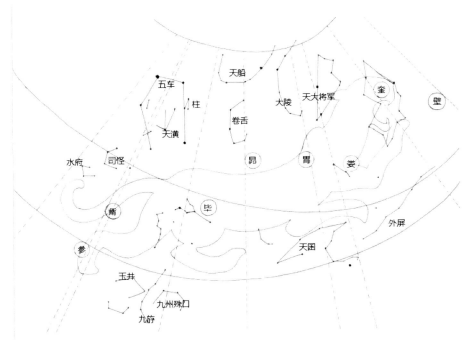

西方七宿白虎星空圖

南方七宿朱雀形狀寓意表

宿	形　狀	寓　意
井	鳥首、鳥冠	犴、井渠、水衡、泉井
鬼	鳥目	羊、天目
柳	鳥喙、鳥頭、鳥嘴	獐、廚師
星	鳥頸、鳥頭、鳥心	馬、衣服
張	鳥嗉、鳥胃	鹿、珍寶鳥
翼	鳥翼	蛇
軫	鳥尾	小鳥、蚓、車駕、車

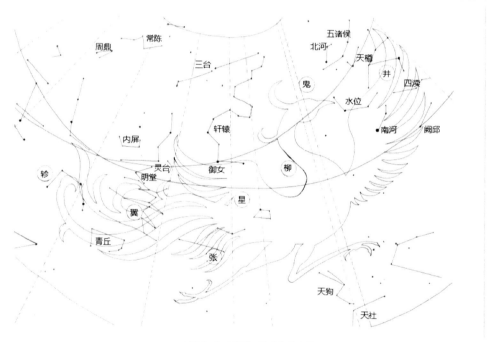

南方七宿朱雀星空圖

　　古代中國、古巴比倫、古印度皆有二十八宿，但其名稱、意義又各不相同。今之學者多認為，二十八宿的概念起源於中國，並在其初始狀態下西傳至印度。〔註26〕此外，許多學者也注意到，中國的二十八宿與古希臘的星座有不少相似之處。比如中國的牽牛相當於古希臘的摩羯宮，衡相當於天秤宮，婺女相當於寶瓶宮。又比如古代參商不相見的典故，中國與古希臘也有驚人

〔註26〕參見陳遵媯著《中國天文學史》，第208～214頁。

的類似。《左傳・昭公元年》載:「昔高辛氏有二子,伯曰閼伯,季曰實沈,居於曠林,不相能也。日尋干戈,以相征討。后帝不臧,遷閼伯於商丘,主辰。商人是因,故辰為商星。遷實沈於大夏,主參。唐人是因,……故參為晉星。」〔註27〕而古希臘在公元前 500 年至前 450 年,也有一個故事稱,獵戶 Orion 自詡將殺盡天下飛禽走獸,女神 Diana 聽了後,使天蠍把獵戶咬死。後宇宙之神 Jupiter 使獵戶和天蠍都昇天,一個是參宿,一個是心宿。雖然故事版本不同,但是其所形成的星宿,卻都是因為恩怨而永不相見。因參宿居於西方,心宿居於東方,出沒兩不相見,所以後世把親朋久別不能重逢也比喻為參辰或參商。如杜甫《贈衛八處士》曰:「人生不相見,動如參與商。」

三、分野

《史記・天官書》云:「天則有列宿,地則有州域。」〔註28〕古人是將天上的星宿和地上的州城聯繫起來看的。天上的某一部分星宿只與地上的某一地區對應。星宿發生某種變異,其相應的地上區域會發生某件大事。這種把天上的星宿對應於地上區域的分配法,就是所謂分野。分野概念在中外古代社會中皆有顯現。如我國古人將銀河比為地上的漢水,把它叫做天漢或河漢;古代兩河流域則把銀河比作幼發拉底河和底格里斯河。分野在中國的起源,大概是在戰國時代。戰國時期,人們把天上的星宿搭配於地上的州國,命它們互相對應。星宿的分配,一般以二十八宿、十二次與列國、各州來分配。

二十八宿與列國分配表

宿	國
角亢	鄭
氐房心	宋
尾箕	燕
斗牛	越
女	吳
虛危	齊
室壁	衛

〔註27〕（戰國）左丘明著、（三國吳）韋昭注:《左傳》,上海:上海古籍出版社,2015年,第 702 頁。

〔註28〕（漢）司馬遷撰:《史記》卷 27《天官書》,第 1342 頁。

奎婁	魯
胃昴畢	魏
觜參	趙
井鬼	秦
柳星張	周
翼軫	楚

二十八宿與各州分配表

宿	州
角亢氏	兗州
房心	豫州
尾箕	幽州
斗	江湖
牛女	揚州
虛危	青州
室壁	并州
奎婁胃	徐州
昴畢	冀州
觜參	益州
井鬼	雍州
柳星張	三河
翼軫	荊州

十二次與列國分配表

十二次	國
星紀	吳越
玄枵	齊
諏訾	衛

降婁	魯
大梁	趙
實沈	晉
鶉首	秦
鶉火	周
鶉尾	楚
壽星	鄭
大火	宋
析木	燕

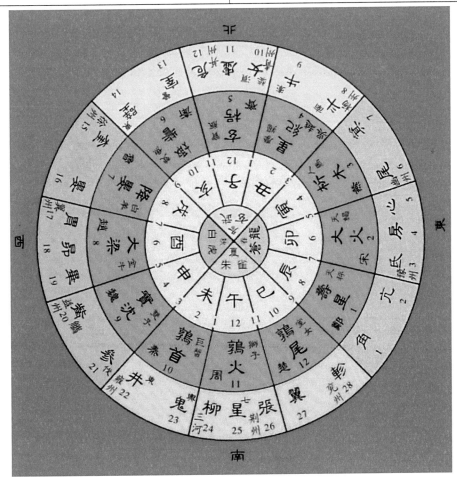

十二次、二十八宿分野圖

古人所以建立星宿的分野，主要是為了觀察所謂天象對應的州國的吉凶。分野概念是和占星術緊密相連的，古人常將天象的變化和人間的禍福聯繫起來，認為天象變化預示著人類的吉凶。如彗星，劃過某一星空區域，其地上所對應區域被認為有兵災的凶象。歲星（木星）運行到某一次、星宿，則地上與之相配的州國就五穀昌盛；鎮星（土星）歲行一宿，當居而弗居，其地上對應國家有亡土之禍；未當居而居之，其地上對應國家有開疆、豐收之喜。熒惑運行到某一次、星宿，這個區域對應的人間就要發生種種災禍。

以熒惑守心為例，這種分野觀念嚴重影響著古人的吉凶判斷。熒惑守心是指中國史籍中關於火星的一種天象記載。火星在心宿內發生「留」的現象稱為熒惑守心。王充在《論衡·變虛篇》談到熒惑守心時說：「熒惑，天罰也；心，宋分野也。禍當君。」〔註29〕由於心宿對應宋國，故而當熒惑（火星）出現在心宿附近時，往往預示著宋國的災禍。《史記·宋微子世家》載：「三十七年，楚惠王滅陳。熒惑守心。心，宋之分野也。景公憂之。司星子韋曰：『可移於相。』景公曰：『相，吾之股肱。』曰：『可移於民。』景公曰：『君者待民。』曰：『可移於歲。』景公曰：『歲饑民困，吾誰為君！』子韋曰：『天高聽卑。君有君人之言三，熒惑宜有動。』於是候之，果徙三度。」〔註30〕

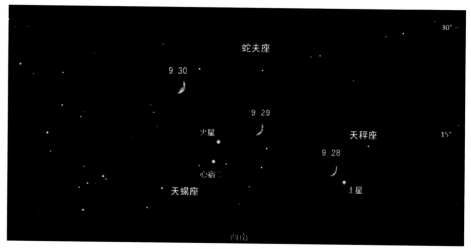

熒惑守心星圖

〔註29〕黃暉撰：《論衡校釋》卷4《變虛篇》，北京：中華書局，1990年，第238頁。
〔註30〕（漢）司馬遷撰：《史記》卷38《宋微子世家》，第1631頁。

　　後世的熒惑守心，已不僅僅是預警宋地的危機，而是預示中國皇權的更迭，帝王有災。因為火星居於心宿，在心宿位置停留，心宿的三顆星，分別代表皇帝、太子和庶子。由於熒惑的出現，多與悖亂、賊、疾、喪、饑、兵等凶相聯繫，因此熒惑出現在心宿身邊，往往預示著皇權的危機。

　　《史記‧秦始皇本紀》載：「三十六年，熒惑守心。有墜星下東郡，至地為石，黔首或刻其石曰『始皇帝死而地分』。始皇聞之，遣御史逐問，莫服，盡取石旁居人誅之，因燔銷其石。」〔註31〕秦始皇三十六年隕石刻字事件，顯然是好事者為之，其反秦意圖昭然若揭。但秦始皇對此事的反應如此劇烈，更重要的原因恐怕還是熒惑守心之天意詛咒。

　　熒惑守心與皇權危機緊密相連，但有時也成為政權合法性的有力注腳。三國時期，魏明帝有一次問黃權：天下三分鼎立，到底哪一處是正統？黃權回答說：這要驗證於天文。往年有熒惑守心，結果魏文帝崩。魏明帝聽後非常歡心。蓋因黃權以熒惑守心時魏國皇權的更迭證明魏國才是正統所在。

延伸閱讀：熒惑守心與皇權危機

　　中國古代歷史上實際發生過的「熒惑守心」天象共 38 次。中國史籍中全部「熒惑守心」記錄共 23 次。但是在這 23 次記錄中，竟有 17 次不曾發生。這 17 次無中生有的記錄，其出現的原因當然不能均歸咎於觀測失誤，絕大部分應是蓄意偽造。「熒惑守心」是中國星占學上最凶的天象，是帝王駕崩的惡兆。因此史書上所記載的「熒惑守心」現象，有的僅僅是滿足政治需求的虛構，並非真實的發生。比如漢成帝綏和二年（前 7）發生的「熒惑守心」天象便是虛構的。

　　《漢書‧天文志》記載：「（綏和）二年春，熒惑守心。二月乙丑，丞相翟方進欲塞災異，自殺。」〔註32〕綏和二年仲春，丞相翟方進的部下星占家李尋，向漢成帝上奏發生「熒惑守心」的異象，李尋列舉多項星象異變，說此次危機極其嚴重，只有丞相翟方進「盡節轉凶」，皇帝才能幸免於難。另一位擅長星曆的賁麗也上書「言大臣宜當之」。漢成帝對「熒惑守心」的異象十分恐懼，因為這一年來皇帝的身體健康狀況本來就很糟，星象在理論上加深了其對死亡的恐懼。漢成帝於是決定借鑒宋景公時期的「熒惑守心」事件中司星

〔註31〕 （漢）司馬遷撰：《史記》卷 6《秦始皇本紀》，第 259 頁。
〔註32〕 （漢）班固撰：《漢書》卷 26《天文志》，1311 頁。

子韋說「可移於相」的理論，讓丞相替自己承擔罪責。漢成帝先下詔書說要與丞相共同承擔災異的責任，但實際上他將過錯歸於丞相翟方進，斥責他為相多年，不能調理好陰陽，導致天象變異。翟方進回到家中，惶惶不可終日，他知道這次難逃一劫。第二天一早，漢成帝便派人給丞相送去好酒、黃牛。按漢朝慣例，皇帝賜給大臣牛和酒，即是賜死。翟方進知道了皇上的用意，即日自殺。翟方進自殺之後，漢成帝才放寬了心，下令厚加撫恤。他還親自到丞相家中多次進行弔唁，「禮賜異於它相故事」。〔註33〕漢成帝認為從此之後國運可以亨通，自己也可以天命永固了。但是就在一個月以後，這個嫁禍於人的漢成帝也暴斃了。由於漢成帝死因不明，朝野譁然，輿論歸罪於趙昭儀（合德），後來趙昭儀自殺以平息輿論。

翟方進成為中國歷史上唯一一位因天變而死的丞相。但是現代人經過科學的推算，發現漢成帝綏和二年春並未發生「熒惑守心」的現象。此次「熒惑守心」顯然是有人虛構天象，很可能是有人想利用這種天象來達到某種不可告人的政治目的。當時朝堂之上，王莽與翟方進都掌握大權，雙方之間政治鬥爭十分激烈。但是因為翟方進受皇帝喜愛並被委以重任，所以王莽為獨攬大權，不得不想方設法打壓翟方進。雖無直接史料證據，但是可以大但推測，是王莽收買了翟方進的部下李尋。李尋與另一位擅長星曆的賁麗，二人共同謊稱「熒惑守心」的天象出現，進而引導皇帝逼死作為丞相的翟方進。在清除了政治異己之後，王莽又主導了漢成帝的暴斃和寵妃趙合德的自殺，並將皇后趙飛燕貶為庶人。總之，這應當是一次假天象之名而進行的一連串的政治迫害。所以此次事件的真相很可能是，王莽用借刀殺人之計，借用一次虛假的「熒惑守心」，讓當朝丞相引咎自殺，來代替天子接受天譴，進而謀害天子，貶走皇后，逼死寵妃。

虛假的「熒惑守心」天象的背後是一次次朝廷上層的政治鬥爭，一次次利用星象來牟取政治利益的陰謀。這種利用虛擬星象牟取政治利益的行為在中國古代史絕非僅此一次。北魏道武帝天興五年（402），當北魏在柴壁打敗後秦部隊時，太史令晁崇上奏「月暈左角」的天象（一般而言預示軍事失敗），並預言帶角的動物將暴死。稍後，竟如晁崇所料，發生大疫，部隊的數百頭牛，同日皆死於路旁。據姜志翰、黃一農考證，根據推算，當時絕無發生月暈

〔註33〕（漢）班固撰：《漢書》卷54《翟方進傳》，第3421～3424頁。

左角的可能，再就事件中的人物加以分析，發現牛疫的發生似乎帶有強烈的人為因素。此事件的幕後主使應該就是太史令晁崇，其欲利用拓跋珪迷信天文災異的心理，阻止他繼續進軍，以達到其私利。晁崇應知偽造「月暈左角」的天象以及「製造」牛疫的陰謀，乃相當嚴重的叛國行為，但他敢以甘冒性命之憂，偽造天象以阻止魏軍進軍蒲阪，個中原因，除去當時形勢的脅迫外，還應與天文術數為官方所壟斷，世人及天子多不諳此技，再加上濃厚天人感應思想的影響有關。天文官員藉機玩弄星象預言的空間甚大。此一有利環境，致使古代天文官員謊奏天象被揭穿的可能性甚低。這也是古時虛擬星象不斷記載的主要原因。〔註34〕

第三節　歲星紀年法、太歲紀年法

　　曆是為了配合人們日常生活的需要，而根據天象來連續計數時間的方式。年、月、日是曆法的基本要素。中國古代天文學所用的年，以太陰年、太陽年為主；所用的月，以朔望月為主。在我國，帝堯時代就已經有了最初的曆法。據成書於春秋時代的典籍《尚書‧堯典》所載，帝堯曾經組織了一批天文官員到東、南、西、北四方去觀測星象，用來編制曆法、預報季節，但有關曆法的材料至今尚未發現。成書年代不晚於春秋時期的《夏小正》，按 12 個月的順序分別記述了當月星象、氣象、物候，以及應該從事的農業和其他活動。這是今日人們能見到的最早的曆法材料。

　　古人最早的年月概念的確立是源於對天象的觀察和莊稼的成熟。觀測天象以確定時間，即觀象授時。《尚書‧堯典》曰：「乃命羲和，欽若昊天，曆象日月星辰，敬授民時。」堯用羲氏、和氏家族中之賢能者，敬順天理，觀測日月星辰的運行，掌握其規律，以審知時候而授民，便於農事。在有規律地調配年、月、日的曆法產生以前，中國古代漫長的歲月都是觀象授時的時代。古人經常觀察到的天象就是太陽的出沒和月亮的盈虧，所以晝夜交替的週期為一日，月相變化的週期為一月。至於年的概念，則很有可能來自對穀物成熟的時間週期的認知。《說文》：「年，熟穀也。」一般禾穀成熟的週期意味著一年的寒來暑往，恰好為地球繞太陽一周的時間，也就是一年。《三國志》引

〔註34〕姜志翰、黃一農：《星占對中國古代戰爭的影響——以北魏後秦之柴壁戰役為例》，《自然科學史研究》1999 年第 4 期。

《魏略》記載日本人「其俗不知正歲四節，但計春耕秋收為年紀」〔註35〕。
典籍記載北宋時女真族記年齡用自己看過幾度草青為標誌。這種以穀物成熟
或草木枯榮為一年的習慣很多民族都有。後世亦將這種計歲習俗融入到文學
作品當中。《西遊記》裏菩提老祖問孫悟空你來到我這洞中有幾年了，孫悟空
回答：我不會計時間，我只記得上山砍柴時，山後的桃子我吃了七回飽。菩
提老祖說，那是爛桃山，你既吃了七回飽，那就是來七年了。

> 祖師道：「你既識妙音，我且問你，你到洞中多少時了？」悟
> 空道：「弟子本來懵懂，不知多少時節。只記得灶下無火，常去山
> 後打柴，見一山好桃樹，我在那裡吃了七次飽桃矣。」祖師道：
> 「那山喚名爛桃山。你既吃七次，想是七年了。你今要從我學些
> 甚麼道？」悟空道：「但憑尊祖教誨，只是有些道氣兒，弟子便就
> 學了。」〔註36〕

日本學者新城新藏在其力作《東洋天文學史研究》中，將我國古代曆法
發展時代劃分為四個階段。一是自上古至春秋中葉（前 2000～前 600），稱之
為觀象授時時代；二是自春秋中葉至戰國中葉（前 600～前 360），稱為制定
曆法前之準備時代；三是自戰國中葉至太初元年（前 360～前 104），稱為制
定曆法之時代；四是太初元年以後（前 104～近代）曆法已行之時代。〔註37〕
下面，我們重點講述一下第二、第三個階段，即制定曆法前後的階段。

一、歲星紀年法

我國最早的紀年法是按照王公即位的年次紀年。如公元前 770 年記為周
平王元年，又如發生於公元前 684 年的長勺之戰，即《左傳》中「莊公十年」
的曹劌論戰。漢武帝開始用年號紀元，更換年號就重新紀元。如漢武帝執政
期間先後更換 11 個年號，所以要先後 11 次重新紀元。這兩種紀年法是過去
史家常用的兩種紀年法。但是由於帝王更替頻繁，又加上春秋以來列國並立，
這種紀年法的劣勢一目了然。故而戰國以來，中國古代紀年的方式，按照傳
統學界觀點，先有歲星紀年法，後有太歲紀年法，這兩種紀年法也是今日干

〔註35〕（晉）陳壽撰：《三國志》卷 30《魏書·烏丸鮮卑東夷傳》，北京：中華書局，
　　　　1959 年，第 856 頁。
〔註36〕（明）吳承恩著：《西遊記》，天津：天津古籍出版社，2004 年，第 11 頁。
〔註37〕參見（日）新城新藏著、沈璿譯《東洋天文學史研究》，上海：中華學藝社，
　　　　1933 年。

支紀年法的前身。

關於歲星紀年法和太歲紀年法的歷史真實性，傳統觀點和部分學者的觀點有衝突。傳統觀點採用倒推的方法，認為既然流傳至今的干支紀年法起源於太歲紀年法，而太歲位於哪一辰原本取決於歲星在十二次的位置。因此太歲紀年之前首先興起的是歲星紀年。但由於歲星有超辰的現象，會造成曆法及占星術的混亂，因此為了彌補歲星紀年法的不足，人們才發明了太歲紀年法。以上邏輯是後人從干支紀年法反推出來的，但是，並沒有確實的文獻證據來證明。而自上個世紀開始，不斷有學者反思這種邏輯的缺陷。這些學者指出，歲星和太歲的觀測、記錄本是為了占驗，而非為了紀年。超辰現象在漢武帝之前似乎沒有被重視。無論是馬王堆帛書《五星占》還是《史記・天官書》，在描寫歲星時，只是提到歲星十二年運行一周天，均未提到超辰現象。如果戰國以來人們已經用歲星來紀年，不可能不發現歲星超辰的現象。因此在當時，歲星不太可能成為紀年的工具。而太歲在戰國時期已經被創設出來，它創設的目的自然也不可能是為了彌補歲星紀年的缺陷。二者創設之初的目的，只能是均用於占驗。所謂的歲星紀年法實際上是一種以每年歲星視位置為吉凶徵兆的占星術。太歲創設的宗旨當然也是如此。直到西漢太初曆頒行以後，太歲不再嚴格對應歲星宿次，才大大強化了太歲的紀年功能。此後，太歲不再隨歲星超辰而變動，形成固定不變的程序，太歲紀年由此興焉，並在其後逐漸演變為干支紀年。而歲星體系實際上遭到廢棄。本節的論述兼顧兩種學術觀點，先概述歲星紀年法和太歲紀年法，而後再論述第二種觀點，即二者乃非紀年法而實用於占驗。

西漢中期以前，人們認為木星在恒星背景下每12年運行一周，每年前進約一歲，故木星也被稱為歲星。歲星紀年法在先秦古籍就經常出現。郭沫若認為在殷商時代或更早以前已經有了歲星紀年法。不過從文獻角度而言，最初的歲星紀年法，始於公元前365年。《左傳》、《國語》、《呂氏春秋》、《離騷》都採用過這種紀年法（如《國語・晉語四》載「君之行也，歲在大火」，即是一例）。西漢末年的劉歆，根據上古資料整理出歲星在天區中停留的十二個位置，稱為「十二次」。木星十二年一周天，為了說明七政的運行和節氣變換，遂以木星所在十二等分黃道一周的十二次名作為紀年，是為歲星紀年法。古人把黃道附近一周天按照由西向東的方向分為星紀、玄枵、諏訾、降婁、大梁、實沈、鶉首、鶉火、鶉尾、壽星、大火、析木這十二個等分。這十二個等

分就叫十二次。每次都有二十八宿中的某些星宿作為標誌。黃道一周天的十二次是等分的，而二十八宿廣狹不一，所以十二次的起訖界限和二十八宿的界限是不一致的。根據《漢書‧律曆志》的劃分，十二次包含的二十八宿如下：

十二次、二十八宿對照表

十二次	二十八宿
星紀	斗牛女
玄枵	女虛危
諏訾	危室壁奎
降婁	奎婁胃
大梁	胃昴畢
實沈	畢觜參井
鶉首	井鬼柳
鶉火	柳星張
鶉尾	張翼軫
壽星	軫角亢氐
大火	氐房心尾
析木	尾箕斗

外國古代也將黃道十二等分，叫做黃道十二宮。其用意和我國古代的十二次相同，但起訖界不同。對照起來，大致如下：

十二次、黃道十二宮對照表

十二次	黃道十二宮
星紀	摩羯宮
玄枵	寶瓶宮
諏訾	雙魚宮
降婁	白羊宮
大梁	金牛宮
實沈	雙子宮
鶉首	巨蟹宮
鶉火	獅子宮

鶉尾	室女宮
壽星	天秤宮
大火	天蠍宮
析木	人馬宮

此外，古人將十二地支（辰）自東向西，配置周天，使其與十二次一一對照。不過，十二地支是自東向西順次排列，而歲星則是自西向東沿十二次運行，二者前進方向正好相反。

十二次、十二辰對照表

十二次 （由西向東）	星紀	玄枵	諏訾	降婁	大梁	實沈	鶉首	鶉火	鶉尾	壽星	大火	析木
十二辰 （由東向西）	丑	子	亥	戌	酉	申	未	午	巳	辰	卯	寅

十二次用來說明歲星每年運行所到位置，並據以紀年。古人觀察到歲星由西向東十二年繞天一周，每年行經一個星次。如某年歲星運行到星紀範圍，這一年古人就記作「歲在星紀」，第二年歲星運行到玄枵範圍，就記作「歲在玄枵」。其餘以此類推，十二年周而復始。

二、太歲紀年法

下面再來說說太歲紀年法。利用天象來紀年的歲星紀年法雖然便利，但是歲星的運行會有誤差。前文已講，實際上木星週期非 12 年，而是略有偏差，為 11.86 年。木星每年在黃道上走 31 度，11.86 年繞天一周。若以 12 年為單位，每 86 年就會差 1 個星次，稱為「歲星超辰（次）」。秦始皇元年制定的顓頊曆紀年法即包含歲星紀年法。自秦始皇元年至漢武帝太初元年，顓頊曆及歲星紀年法一共應用了 140 多年，歲星實際已超一辰半。歲星超辰現象會造成曆法及占星術不準確。古人也早已發覺其中誤差，再加上歲星運行方向（自西向東）和十二地支的標注順序（自東向西）正好相反，這些都給歲星紀年增添不便。為了避免不便，所以在戰國時代中晚期（和歲星紀年法產生約同時期），天文占星家們設計了太歲（《漢書·天文志》叫做太歲，《史記·天官書》叫做歲陰，《淮南子·天文訓》叫做太陰）這個完美的星體，讓它和真歲星背道而馳。太歲最早出現在《荀子·儒效》篇中。太歲，是從歲星轉化來的虛擬星體。歲星由西向東運行，和人們熟悉的十二辰的方向順序正好相反，

而太歲的運行就和十二辰的方向順序相一致了。如此一來，當人們使用太歲紀年時，太歲的方位移動方向，就與地理上的習慣（北上南下、左西右東）相符合了。《淮南子‧天文訓》云：「天維建元，常以寅時起，右徙一歲而移，十二歲而大周天，終而復始。」〔註38〕就是指這種太歲紀年法。另外古人又規定太歲每年行走 30 度（1 次），12 年剛好繞天一圈，所以可以更準確地用來紀年，不會發生誤差。史書《漢書‧天文志》所載的天象記錄，經常是歲星和太歲一起使用。如某年歲星在星紀，太歲便在析木，這一年就是「太歲在寅」；第二年歲星在玄枵，太歲便在大火，這一年就記作「太歲在卯」。有了太歲與十二辰、十二次的對應，古人紀年就方便多了。

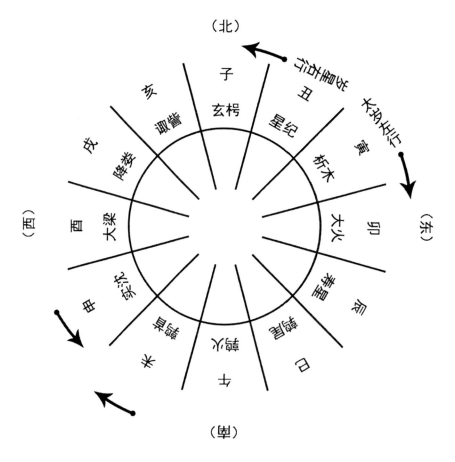

歲星、太歲運行對照圖

〔註38〕劉文典撰：《淮南鴻烈集解》卷 3《天文訓》，第 122 頁。

此外，古人在標記太歲與十二辰對應時，又有專門稱謂。《爾雅・釋天》載：「太歲在甲曰閼逢，在乙曰旃蒙，在丙曰柔兆，在丁曰強圉，在戊曰著雍，在己曰屠維，在庚曰上章，在辛曰重光，在壬曰玄黓，在癸曰昭陽。」「太歲在寅曰攝提格，在卯曰單閼，在辰曰執徐，在巳曰大荒落，在午曰敦牂，在未曰協洽，在申曰涒灘，在酉曰作噩，在戌曰閹茂，在亥曰大淵獻，在子曰困敦，在丑曰赤奮若。」〔註39〕如前文提到的公元前365年，歲星紀年法第一次出現之年，史書中就用太歲紀年法標記當年為閼逢攝提格之歲，即甲寅年。又比如北宋時司馬光編撰歷史著作《資治通鑒》也以這套干支術語紀年。《資治通鑒》開頭記載「起著雍攝提格，盡玄黓困敦，凡三十五年」〔註40〕，也就是起於戊寅年，盡於壬子年，總共三十五年。

太歲十天干運行對照表

十天干	甲	乙	丙	丁	戊	己	庚	辛	壬	癸
太歲在	閼逢	旃蒙	柔兆	強圉	著雍	屠維	上章	重光	玄黓	昭陽

太歲十二辰運行對照表

十二辰	寅	卯	辰	巳	午	未	申	酉	戌	亥	子	丑
太歲在	攝提格	單閼	執徐	大荒落	敦牂	協洽	涒灘	作噩	閹茂	大淵獻	困敦	赤奮若

三、歲星紀年法與太歲紀年法新說：二者均起於占驗而非紀年

長久以來，人們習慣於把歲星、太歲與紀年聯繫在一起。認為古人先以歲星紀年，因為歲星有超辰現象且運行方向與十二辰相反，故而設想出作反向運動的理想天體太歲（後又演變為歲星在地面上的對應物，二者分處天地，反向運行）。太歲不與歲星一起超辰，且運行方向與十二辰相同，因此，很快替代歲星紀年法成為新的紀年工具。由於太歲紀年法形成了穩定的連續循環，不受外在天象的干擾，能充當長期性的紀年標誌，此後的干支紀年法即以此為基礎建立起來。

〔註39〕《十三經注疏》，第2608頁。
〔註40〕（宋）司馬光編著、（元）胡三省音注：《資治通鑒》卷1《周紀一》，北京：中華書局，1956年，第1頁。

　　但是有相當一部分學者提出，沿用至今的干支紀年法起源於太歲紀年法，太歲紀年法源自歲星紀年法的舊說是後人反推出來的。其說的理論依據是，既然流傳至今的干支紀年法起源於太歲紀年法，而太歲位於哪一辰原本取決於歲星在十二次的位置。因此太歲紀年之前首先興起的是歲星紀年。但由於歲星有超辰的現象，會造成曆法及占星術的混亂，因此為了彌補歲星紀年法的不足，人們發明了太歲紀年法。但是，以上邏輯是後人從干支紀年法反推出來的，並沒有確實的文獻證據來證明。對此，陳侃理指出：「歷史研究不能將後世的情況視作當然之理。如果簡單地根據東漢以後干支紀年法的序列，從戰國秦漢之際乃至更早尋找源頭，容易抹殺差異，反而消解了研究意義。」〔註41〕事實上自上個世紀初，已有學者陸續指出這種習慣性說法的錯誤。但是由於古代天文曆法、占星術等術數涉及內容冷僻艱深、晦澀難懂，常人甚至一般學者難以掌握，因此這些聲音傳播幾於停滯。至今，我們仍多沿襲舊說。這些學者指出，歲星和太歲的觀測、記錄本是為了占驗，而非為了紀年。「戰國至秦漢之際的歲星和太歲都還不具備普遍的長期性紀年意義，只是偶而被用作某一年歲的標誌性特徵。」〔註42〕直到西漢太初曆頒行以後，太歲不再嚴格對應歲星宿次，才大大強化了太歲的紀年功能，並由此導致了兩個後果：一是後世逐漸放棄了歲星體系；二是逐漸確立了太歲紀年，並為後世干支紀年奠定了基礎。

　　古人觀測歲星的宿次，設想太歲的循環，首要目的均在於占驗。王勝利強調：「《左傳》、《國語》中的歲星紀年法實際上是一種以每年歲星視位置為吉凶徵兆的占星術。……其主要用途與其說是為了紀年，不如說是為了星占。」並且他認為戰國時期創設的太歲的宗旨也在於占卜。〔註43〕歲星和太歲的占驗屬性，在馬王堆帛書《五星占》和《刑德》等篇中表現地很清楚。歲星用於星占，太歲用於式占。星占的時候，要觀察歲星在哪一次，因此這種占驗需要天文觀測者的觀測結果。式占的時候，人們借助宇宙圖式，模仿天文曆算，將天象轉化成數字、干支和神煞組合，用以占卜。式占雖脫胎於星占，以日

〔註41〕陳侃理：《秦漢的歲星與歲陰》，北京大學歷史學系、北京大學中國古代史研究中心編《祝總斌先生九十華誕頌壽論文集》，北京：中華書局，2019年。本節所論內容及觀點主要採自本文。

〔註42〕陳侃理：《秦漢的歲星與歲陰》。

〔註43〕王勝利：《星歲紀年管見》，《中國天文學史文集》（第五集），北京：科學出版社，1989年。

月、星宿為關注點,但是不依賴於觀測,只需要在式盤、式圖上推演。因此,歲星的星占與天文學關聯密切,而太歲的式占與天文學若即若離。歲星和太歲,二者本是古代術數的理想設計,但是與這種理想設計相衝突的是,歲星大約每86年會有超辰,與之相應的太歲系統,在與歲星系統的對應上就會出現衝突。然而超辰現象在漢武帝之前似乎沒有被重視。無論是馬王堆帛書《五星占》還是《史記·天官書》,在描寫歲星時,只是提到歲星十二年運行一周天,均未提到超辰現象。如果戰國以來人們已經用歲星來紀年,不可能不發現歲星超辰的現象。因此在當時,歲星不太可能成為紀年的工具。而太歲在戰國時期已經被創設出來,它創設的目的自然也不可能是為了彌補歲星紀年的缺陷。二者創設之初的目的,只能是均用於占驗。

戰國秦朝之世,魏國石申(或其後學)創立了《石氏》星法,一種將歲星與歲名、太歲一一對應起來的星歲體系。其以歲星十一月與斗、牛二宿一同晨出東方為攝提格歲,太歲在寅,從而確立起一個太歲在十二辰循環的序列。《石氏》星法是以秦王政元年或之後不久的天文觀測為基礎建立起來的星歲體系。其所設定的歲星、歲名與太歲的關係得自於觀測。〔註44〕現代部分學者認為,《石氏》太歲序列可能創制於秦王政統治時期,以秦王政元年為起點。〔註45〕這是由於甲寅年是戰國秦漢時期曆法學家推崇的起始之年,而按照《石氏》的太歲序列,秦王政元年(前246)恰好是公元前276至前191年間唯一的甲寅年。無獨有偶,馬王堆帛書《五星占》中的五星行度表也以這一年為起點。二者皆以秦王政元年為甲寅年,以為太歲序列的開端和新曆法推步的起點。〔註46〕

隨著時間推移,歲星超辰現象發生,這種星歲體系的問題會逐漸凸顯。如何順應歲星超辰,調整歲星、太歲、歲名之間的關係,成為後世占星家和天文學者必須面對的問題。漢朝時期的人不得不面對兩種選項:一是調整歲星宿次的對應關係,以符合實際;二是改變太歲序列,與歲星一同超辰。

〔註44〕劉坦指出,《石氏》歲星紀年的有效期間為公元前276~前191年,意即歲星、歲名在此期間的對應符合天文觀測。參見劉坦著《中國古代之星歲紀年》,北京:科學出版社,1957年,第11、17頁。

〔註45〕郭津嵩、陳侃理皆認為,漢代所傳《石氏》歲陰序列可能創制於秦王政統治時期,以秦王政元年為起點。參見陳侃理《秦漢的歲星與歲陰》。

〔註46〕按照《石氏》星法推演,秦王政元年(前246)為甲寅年,而按照今日之推演,該年為乙卯年。二者相錯一年。這是因為太初改曆後調整了歲星與太歲、歲名的對應,根據歲星宿次重新擬定。

　　漢文帝時期下葬的馬王堆帛書《五星占》雖然沿用了《石氏》星法的歲名序列，但是其中有關歲星的記述與《石氏》星法已經不同。由於此時歲星已經超次一辰，故而《五星占》根據實際觀測調整歲名對應的歲星宿次，讓太歲隨歲星超辰，使歲名較之《石氏》星法前進了一至二次。太歲隨歲星而超辰，正說明馬王堆帛書中的相關內容主要功能不是紀年，而是占驗。

　　漢武帝太初元年（前104），頒行太初曆。太初曆的星歲體系保持了《石氏》星法中太歲、歲名的序列，但是由於此時歲星已較《石氏》星法創制時超兩次，人們保持了太歲與歲名的循環體系，而調整了歲星所在宿次，以匹配當時歲星實際宿次。這次改變，一方面意味著對《石氏》星法確立的紀年歲次進行了微調（如秦王政元年由甲寅變為乙卯），另一方面也意味著對歲星體系的放棄。此後，太歲不再隨歲星超辰而變動，形成固定不變的程序，太歲紀年由此興焉，並在其後逐漸演變為干支紀年。而歲星體系實際上遭到廢棄。

《石氏》、《五星占》、《太初曆》星歲關係異同對照表 〔註47〕

太歲	《石氏》			《五星占》			《太初曆》		
	歲　星		歲　名	歲　星		歲　名	歲　星		歲　名
	出月	宿次		出月	宿次		出月	宿次	
子	十一	氐、房、心	困敦	十	心	大淵獻	十一	斗、牛	困敦
丑	十二	尾、箕	赤奮若	十一	斗	困敦	十二	女、虛、危	赤奮若
寅	正	斗、牛	攝提格	十二	女、虛	赤奮若	正	室、壁	攝提格
卯	二	女、虛、危	單閼	正	室	攝提格	二	奎、婁	單閼
辰	三	室、壁	執徐	二	壁	單閼	三	胃、昴、畢	執徐
巳	四	奎、婁	大荒落	三	婁、胃	執徐	四	觜、參	大荒落
午	五	胃、昴、畢	敦牂	四	畢	大荒落	五	井、鬼	敦牂
未	六	觜、參	協洽	五	井	敦牂	六	柳、星、張	協洽
申	七	井、鬼	涒灘	六	柳	協洽	七	翼、軫	涒灘
酉	八	柳、星、張	作噩	七	張	涒灘	八	角、亢	作噩
戌	九	翼、軫	掩茂	八	軫	作噩	九	氐、房、心	掩茂
亥	十	角、亢	大淵獻	九	亢	掩茂	十	尾、箕	大淵獻

〔註47〕該表轉引自陳侃理《秦漢的歲星與歲陰》，轉引時有刪減。

調整		歲星：調整宿次。 歲名：保持循環，調整 與歲星宿次的對應。 太歲：打破循環，保持 與歲星宿次的對應。	歲星：調整宿次。 歲名：保持循環，調整與 歲星宿次的對應。 太歲：保持循環，調整與 歲星宿次的對應。

　　新莽時期，歲星又較太初改曆時超辰。當時人們對太歲、歲名序列沿用不變，並由太歲反推歲星，取代了對歲星的天文觀察，於是造成所載歲星宿次皆不合於天象，滯後於實際一個星次的現象。如《漢書・王莽傳》載，始建國五年，「歲在壽星，……倉龍癸酉」；「以始建國八年，歲躔星紀」；「天鳳七年，歲在大梁，倉龍庚辰……厥明年，歲在實沈，倉龍辛巳」。〔註48〕倉龍，即太歲的別名。按，陳侃理考證，始建國五年（13），歲星九月晨出氐宿，大火之次，太歲在戌，而詔書言歲星在壽星，太歲在酉；始建國八年（16），歲星在虛宿，玄枵之次，而詔書言歲星在星紀；天鳳七年（20），歲星在參宿，實沈之次，太歲在巳，而詔書言歲星在大梁，太歲在辰；次年歲星在鶉首，太歲在午，而詔書言歲星在實沈，太歲在巳。以上諸例，王莽所用歲星宿次皆滯後一個星次，原因就在於當時的人們沿用了太初曆中的星歲體系，拋棄了歲星體系。

　　太初曆繼承了戰國以來的太歲循環序列，改變了太歲與歲星對應關係，事實上放棄了歲星體系。這種做法確立了太歲的紀年功能。現行干支紀年法就承自太初改曆所定的太歲序列。〔註49〕無論前推後退，都以此年（太初元年）為起始點。然而在實際推測中，又遇到一些波折。由於太初曆恢復夏曆，實行正月建寅。而此前漢初行秦曆，以十月為歲首，故而改曆當年從十月開始，直到第二年十二月才結束，一共包含15個月。故此年太歲歷經兩辰。其中前十月至前十二月為丙子，正月至後十二月為丁丑。前三個月太歲在子，後十二個月太歲在丑（如《漢書・律曆志》載太初改曆在正月以前，云「太歲在子」）。由於太初元年改曆導致太歲歷經兩辰，上推改曆前所用太歲序列的起始年代，不能數自丁丑，而必須數自丙子。下推改曆後所用太歲序列的起始年代，不能數自丙子，而必須數自丁丑。因此，上推太初元年此前的年干

〔註48〕（漢）班固撰：《漢書》卷99《王莽傳》，第4131、4132、4134頁。
〔註49〕如劉坦指出：「後世干支紀年歲次雖定自漢章帝元和二年改行四分曆，而四分曆之干支紀年歲次，則實沿襲太初歲名紀年之歲次二來。」參見氏著《中國古代之星歲紀年》，第148頁。

支當從丙子推起，下推太初元年以後的年干支當從丁丑推起。如《淮南子‧天文訓》稱，「淮南元年冬，太一在丙子」。太一即太歲。淮南王劉安元年正是漢文帝十六年（前165），該年干支為丁丑。與自太初元年丙子上推正合。至於太初元年後的干支紀年，皆起於丁丑，茲不贅述。

延伸閱讀：太歲信仰與肉靈芝

　　太歲本是中國古代天文和占星中虛擬的一顆與歲星（木星）相對並相反運行的星，爾後又演變成一種神祇信仰。傳說太歲運行到哪，相應的方位下會出現一塊肉狀物，是太歲星的化身，在此處動土，會驚動太歲，所以說「不能在太歲頭上動土」。避太歲的信仰則是從避歲星的占星術中分化出來的，兩種信仰在戰國時代常常混淆，一直要到漢代以後才逐漸釐清。古時候將太歲視為君王，南宋祝泌的《六壬大占》說：「帝王繫命於太歲。」太歲並不是凶神，而是君王守護神。明代《淵海子平》記載：太歲乃年中之天子，故不可犯，犯之則凶。清代《協紀辯方書》扼要總結道：「太歲，君象，其方固上吉之方，而非下民之所敢用。」太歲為貴神，其所在之向當然也是尊貴吉利的，但是黎民百姓卻因為太歲所在的方向太過於尊貴，反而必須避開，以符合上下尊卑的身份。

　　現實世界中，生長於地下的太歲又稱「肉靈芝」，是由黏菌、細菌和真菌三類菌構成的一種稀有的聚合體。而關於「太歲」的存在、作用和藥效，在生物學界始終有爭議。現代科學發現，肉靈芝是介於原生物與真菌之間的大型黏菌複合體，其結構不是由單一的細胞構成，而是由細菌、黏菌和真菌三類構成的一個聚合體。研究表明，肉靈芝是以細菌、酵母菌、黴菌孢子等微小生物為食，以纖維素、幾丁素、甲殼質等為營養，肌體含有豐富的蛋白質、核酸以及假絲酵母菌和白地黴。它的細胞中含光合色素。按照《生命起源及進化譜系圖》分析，它的位置應在菌（藻）類植物和原生物、動物之間。既有營養體又有實體。可惜的是該生物進化到此種程度後，因受外界光的限制，停止了進化。因此生物專家稱它為「盲支」，處於生命演化的一個岔道口上。往左會發展到植物界，往右就會向動物界發展，原地不動就會變成像蘑菇靈芝一樣的真菌類，為自然界中非植物、非動物和非菌類的第四種生命形式，是迄今發現的最古老的古生物活體標本，是人類和一切動植物的祖先。

　　早在《山海經》中就有對太歲的記載。在《山海經》中太歲也被稱為「視

肉」、「聚肉」、「肉芝」。據記載，堯、舜、禹等帝王皆過百歲，他們都食用過「視肉」、「聚肉」。古人認為「視肉」、「聚肉」有長命百歲的功效，所以後世歷代帝王都在尋找這種能使人長生不老的仙藥。「肉靈芝，無毒，補中，益精氣，增智慧，治胸中結，久服輕身不老。」《神農本草經》由此將其歸為上品藥。李時珍在《本草綱目》中記載：肉芝狀如肉，附於大石，頭尾皆有，乃生物也。赤者如珊瑚，白者如截肪，黑者如澤漆，青者如翠羽，黃者如紫金，皆光明洞徹，如堅冰也。」並把其收入「菜」部「芝」類，可食用，入藥，奉為「本經上品」，功效為「久食輕身不老，延年神仙」。

　　雖然在許多典籍中都記載「太歲」有增強人體免疫力的功效，是滋補上品，具有補脾潤肺、補腎益肝，抗癌的功效。但實際上真菌類品種十分複雜，「太歲」自身可能會附著各種有害生物或有毒物質，在沒有弄清楚它的物質成份前，並不建議大家輕易服用。全球的科學家對於菌類的研究還非常有限，存在於自然界的包括黏細菌在內的真菌在 150 萬～200 萬種，科學界只對其中 5%有研究。現階段人類對「太歲」的研究還處於初級階段。

第二章　干支曆法

　　東漢以後，無論是歲星紀年法還是太歲紀年法都被棄用，而改為干支紀年。干支曆法承自太初改曆後的太歲紀年法，一般認為興自東漢。東漢元和二年（85）政府命令以干支紀年，此後沒有中斷，一直沿用至今。

　　我國古代的曆法農曆，因其含有 19 年 7 閏的陰曆和中國的陽曆干支曆，因此既不是純陽曆，也不是純陰曆，而是陰陽合曆。干支曆法又稱甲子曆法，是中國所特有的陽曆，是中國人民的智慧結晶，其主要由干支紀年、干支紀月、干支紀日、干支紀時四部分組成。干支曆法作為曆法已施行了數千年，它完全參照黃道地日關係創建，以立春為元旦，一個回歸年為一年。天干地支共二十二個符號錯綜有序，充滿圓融性與規律性。該曆顯示了大自然運行的規律，即時與空互動，和「陰」與「陽」的作用結果。中國干支曆法包含了陰陽五行的思想和自然圓圈運化的規律。而就中醫而言，後世中醫的運氣理論及其他相關理論皆與之有著緊密聯繫，故干支曆法一直以來也是中醫不可缺少的基礎理論知識。

第一節　干支的含義

　　在歷史上，天干地支一開始並沒有和陰陽五行發生任何聯繫，它們只是用來紀日的工具。十干古稱十日，十二支古稱十二辰。十干和十二支各取一字相配，遂得六十甲子。干支的出現很早。《史記‧五帝本紀》中張守節《正

義》曰：「黃帝受神筴，命大撓造甲子，容成造曆是也。」〔註1〕《尚書正義》解釋說：「二人皆黃帝之臣，蓋自黃帝以來，始用甲子紀日，每六十日而甲子一周。」此說於後世影響頗大，多有史書轉引，隋朝的《五行大義》一書同意了干支是由大撓創制這一觀點。宋代命理書籍亦見此說：「夫六十甲子者，起於軒轅，作於大撓。」〔註2〕可惜的是，人們至今尚未找到相關的證據來證明此說的可靠性。古人用干支紀日很早，早在甲骨文時代就已經開始了，但是用來紀年、紀月、紀時比較晚。從今天的考古發現來看，干支作為紀日工具最早於殷商時期即已出現。「殷墟中出土的十數萬片甲骨刻辭中，記有干支日的甲骨俯拾即是。」〔註3〕而且，彼時十天干與十二地支互相搭配，已產生出完整的六十甲子干支。現存最早的完整的干支表就是刻在屬於黃組的即《合集》37986號的一塊牛胛骨上的六十甲子干支〔註4〕。在該牛胛骨上，六十組干支分刻六行，每行天干自甲至癸，以甲子為首，按照今日干支序列排列六十位。六十甲子表的出現，顯示出殷商時期干支紀日的高度成熟。

六十甲子順序表

1 甲子	2 乙丑	3 丙寅	4 丁卯	5 戊辰	6 己巳	7 庚午	8 辛未	9 壬申	10 癸酉
11 甲戌	12 乙亥	13 丙子	14 丁丑	15 戊寅	16 己卯	17 庚辰	18 辛巳	19 壬午	20 癸未
21 甲申	22 乙酉	23 丙戌	24 丁亥	25 戊子	26 己丑	27 庚寅	28 辛卯	29 壬辰	30 癸巳
31 甲午	32 乙未	33 丙申	34 丁酉	35 戊戌	36 己亥	37 庚子	38 辛丑	39 壬寅	40 癸卯
41 甲辰	42 乙巳	43 丙午	44 丁未	45 戊申	46 己酉	47 庚戌	48 辛亥	49 壬子	50 癸丑
51 甲寅	52 乙卯	53 丙辰	54 丁巳	55 戊午	56 己未	57 庚申	58 辛酉	59 壬戌	60 癸亥

〔註1〕 （漢）司馬遷撰《史記》卷1《五帝本紀》，第8頁。
〔註2〕 （宋）廖中撰：《五行精紀》卷1《論六十甲子上》，北京：華齡出版社，2010年，第1頁。
〔註3〕 常玉芝著：《殷商曆法研究》，長春：吉林文史出版社，1998年，第88頁。
〔註4〕 參見常玉芝著《殷商曆法研究》，第89頁。

　　干支的名稱，東漢以前是沒有的。西漢時干支與五行相配，遂有母子干枝之稱，而後簡寫為干支。《淮南子‧天文訓》稱：「數從甲子始，子母相求。」《史記‧律書》稱：「十母十二子。」《白虎通》稱：「甲乙者干也，子丑者枝也。」此由母子的含義變為干枝，後又由干枝簡化為干支。

　　十天干的含義在《史記‧律書》、《漢書‧律曆志》、《釋名》都有記載，其解釋較為一致，都保留著十天干較為原始的意義。〔註5〕

天干釋義表

天干	《史記‧律書》	《漢書‧律曆志》	《釋名》
甲	言萬物剖符甲而出也	出甲於甲	甲，孚也；萬物解孚甲而生也
乙	言萬物生軋軋也	奮軋於乙	乙，軋也；自抽軋而出也
丙	言陽道著明	明炳於丙	丙，炳也；物生炳然皆著見也
丁	言萬物之丁壯也	大盛於丁	丁，壯也；物體皆丁壯也
戊		豐楙於戊	戊，茂也；物皆茂盛也
己		理紀於己	己，紀也。皆有定形，可紀識也
庚	言陰氣庚萬物	斂更於庚	庚，猶更也；庚，堅強貌也
辛	言萬物之辛生	悉新於辛	辛，新也，物初新者皆收成也
壬	壬之為言任也，言陽氣任養萬物於下也	懷妊於壬	壬，妊也。陰陽交，物懷妊也。至子而萌也
癸	癸之為言揆也，言萬物可揆度	陳揆於癸	癸，揆也。揆度而生，乃出之也

　　十二地支的含義在《淮南子‧天文訓》、《史記‧律書》、《漢書‧律曆志》、《釋名》亦都有記載，其解釋都表示萬物從發生，經過繁茂、成熟、衰減，乃至胚胎新萌芽的狀態。〔註6〕

〔註5〕參見陳遵媯著《中國天文學史》，第973頁。
〔註6〕參見陳遵媯著《中國天文學史》，974頁。

地支釋義表

地支	《淮南子·天文訓》	《史記·律書》	《漢書·律曆志》	《釋名》
寅	指寅，則萬物螾	寅言萬物始生螾然也	引達於寅	寅，演也，演生物也
卯	指卯，卯則茂茂然	卯之為言茂也，言萬物茂也	冒茆於卯	卯，冒也，載冒土而出也
辰	指辰，辰則振之也	辰者，言萬物之蜄也	振美於辰	辰，伸也，物皆伸舒而出也
巳	指巳，巳則生已定也	巳者，言陽氣之已盡也	已盛於巳	巳，已也，陽氣畢布已也
午	指午，午者忤也	午者，陰陽交	咢布於午	午，仵也。陰氣從下上，與陽相仵逆也
未	指未，未，昧也	未者，言萬物皆成，有滋味也	昧曖於未	未，昧也。日中則昃，向幽昧也
申	指申，申者呻也	申者，言陰用事，申賊萬物	申堅於申	申，身也。物皆成其身體，各申束之，使備成也
酉	酉者飽也	酉者，萬物之老也	留孰於酉	酉，秀也；秀者，物皆成也
戌	戌者滅也	戌者，言萬物盡滅	畢入於戌	戌，恤也。物當牧斂，矜恤之也。亦言脫也，落也
亥	亥者閡也	亥者，該也，言陽氣藏於下	該閡於亥	亥，核也。收藏百物，核取其好惡真偽也。亦言物成皆堅核也
子	指子，子者，茲也	子者，滋也，言萬物滋於下也	孳萌於子	子，孳也。陽氣始萌，孳生於下也
丑	指丑，丑者，紐也	丑者，紐也，言陽氣在上未降，萬物厄紐未敢出也	紐牙於丑	丑，紐也，寒氣自屈紐也

第二節　干支紀年

　　干支紀年源自太歲紀年。前引《爾雅·釋天》曰：「太歲在甲曰閼逢，在乙曰旃蒙，在丙曰柔兆，在丁曰強圉，在戊曰著雍，在己曰屠維，在庚曰上章，在辛曰重光，在壬曰玄黓，在癸曰昭陽。」「太歲在寅曰攝提格，在卯曰單閼，在辰曰執徐，在巳曰大荒落，在午曰敦牂，在未曰協洽，在申曰涒灘，在酉曰作噩，在戌曰閹茂，在亥曰大淵獻，在子曰困敦，在丑曰赤奮若。」〔註7〕司馬貞《索隱》引《爾雅·釋天》曰：「歲陽者，甲、乙、丙、丁、戊、己、庚、辛、壬、癸十干是也。歲陰者，子、丑、寅、卯、辰、巳、午、未、申、酉、戌、亥十二支是也。歲陽在甲云焉逢，謂歲干也。歲陰在寅云攝提格，謂歲支也。」〔註8〕是以知太歲紀年已經引用干支來標記，其十干叫做歲陽，其十二支叫做歲陰。東漢章帝元和二年（85）實行四分曆以後，正式確定以干支紀年。這也意味著此後中國人開始用天干地支記錄年、月、日、時。從這以後直至今日，紀年法完全和歲星或者虛擬太歲的運行沒有什麼關係，只按六十干支的次序來紀年。

　　以干支紀年、月、日、時，可以十分經濟、有效地標記時間的序列。無論年、月、日、時，均可表現為以 60 為一個循環週期的節律。如六十週年一輪甲子的周而復始，習慣性地被國人視作時空歷史的循環往復。如 1644 年甲申之變，李自成雖推翻了明王朝的統治，然而很快失敗，其政權不久後亦消失。五個甲子週期後的 1949 年中共定鼎中原，亦要進入北京，於是有了郭沫若的《甲申三百年祭》。又如 1894 年甲午海戰，極大加深了晚清中國的社會政治危機，促使中國走向涅槃。120 年後的甲午年 2014 年，國人深刻反思這場戰爭對中日兩國近代化走向造成的深刻影響。再如 1898 年戊戌變法雖百日夭折，但是其留下的寶貴政治遺產和精神財富亦足慰後人。恰兩個甲子週期後的 2018 年戊戌年，中國修憲亦為世人矚目。有人戲稱，戊戌年不變法不足以慰天下。

　　干支紀年也成為判斷古代醫易學文獻形成時間的重要依據。如《素問·天元紀大論》曰：「子午之歲，上見少陰；丑未之歲，上見太陰。」〔註9〕《素

〔註7〕《十三經注疏》，第 2608 頁。
〔註8〕（漢）司馬遷撰：《史記》卷 26《曆書》，第 1263 頁。
〔註9〕《黃帝內經素問》卷 19《天元紀大論》，北京：人民衛生出版社，1963 年，第 369 頁。

問·六微旨大論》曰：「甲子之歲，初之氣，天數始於水下一刻，終於八十七刻半⋯⋯」〔註10〕上述二文取自王冰的「七篇大論」，據王冰本人言，這七篇文章均為《黃帝內經》遺文。但據干支紀年知識判斷，毫無疑問，這兩篇文獻應是東漢元和二年以後的文獻，不會是早期《黃帝內經》本有之篇章。

下面說一下公元年數與干支紀年轉換的方法。若已知公元年數，求該年干支，其具體轉換方法如下〔註11〕：

方法一：若為公元後年數，用已知公元年數減去3，其差再除以60，取餘數。年干求法：餘數的個位即為年干代數；年支的求法：餘數若小於等於12，餘數即為年支代數；餘數若大於12，則用餘數減去12的倍數，其差即為年支代數。如若正好除盡，則該年干支為癸亥。

例如：

求2008年年干支：

（2008－3）÷60，餘數是25，個位是5，即得年干戊；25－24＝1，即得年支子。故該年干支為戊子。

求1127年年干支：

（1127－3）÷60，餘數是44，個位是4，即得年干丁；44－36＝8，即得年支未。故該年干支為丁未。

求183年年干支：

（183－3）÷60，餘數是0，則該年恰為癸亥年。

若公元年數不及60，則減去3後，不再除以60，而是直接以剩餘數判斷干支。如公元25年，25－3＝22，個位是2，年干為乙；22－12＝10，年支為酉。該年年干支為乙酉，是為光武帝劉秀建武元年。

方法二：先將天干地支進行編碼：

天干地支編碼表（公元後）

數字	0	1	2	3	4	5	6	7	8	9	10	11	12
天干	庚	辛	壬	癸	甲	乙	丙	丁	戊	己			
地支		酉	戌	亥	子	丑	寅	卯	辰	巳	午	未	申

〔註10〕《黃帝內經素問》卷19《六微旨大論》，第393頁。
〔註11〕這裡的公曆年轉換成的干支，僅表示此公曆年立春（2月4日左右）至下一個公曆年立春（2月4日左右）之間的回歸年干支。

　　然後關注公元後某年的最後一位數字以確定該年天干。如個位數是「4」，那麼該年的天干就是「甲」，「5」就是「乙」，餘類推。如 2003 年的天干就是「癸」。反之，凡是天干確定的公元後干支紀年，其公曆數最後一位數亦可確定。如「辛」必為「1」，「癸」必為「3」，餘類推。如辛酉政變（1861）、辛丑條約（1901）、辛亥革命（1911）發生年代的最後一位數字都是「1」，而「1」剛好對應天干中的辛。

　　再次，把公元某年的數字除以 12，以所得餘數確定該年地支。如餘數為「4」，那麼該年的地支就是「子」；餘數為「5」，就是「丑」；餘類推。如 2013 年，用 2013 除以 12，餘數為「9」，「9」為「巳」，故該年必為巳年。

　　最後將天干、地支合在一起，就是公元某年的干支紀年。如 1861 年，最後一位數字是「1」，天干為「辛」。將 1861 除以 12，餘數為「1」，地支為「酉」，所以公元 1861 年就是辛酉年。

　　但是公元前的年干支，就不能這樣推求了。必須另據公元前天干地支編碼表進行推算。其推算方法同上。

天干地支編碼表（公元前）

數字	0	1	2	3	4	5	6	7	8	9	10	11	12
天干	辛	庚	己	戊	丁	丙	乙	甲	癸	壬			
地支		申	未	午	巳	辰	卯	寅	丑	子	亥	戌	酉

　　如公元前 2013 年，先用年份尾數 3 查出天干，天干為「戊」。再用 2013 除以 12，餘數為 9，9 為「子」。那麼公元前 2013 年就是戊子年。

　　兩種推算方法，無論何種，其實都是對干支與公曆年份數字對應關係的總結，只是推算途徑不一。

第三節　干支紀月

一、正月建寅

　　古人有月建的觀念。月建，是指以十二支紀月。紀月一般把十二辰與十二月相配。通常以冬至所在的月份配子，因為該月日南至，北斗斗柄指十二辰之子，所以是子月。這就是建子之月（陰曆 11 月）。由此順推，北斗斗柄順時針

移動，以下依次是建丑之月（12月）、建寅之月（正月）、建卯之月（2月）、建辰之月（3月）、建巳之月（4月）、建午之月（5月）、建未之月（6月）、建申之月（7月）、建酉之月（8月）、建戌之月（9月）、建亥之月（10月）。〔註12〕

關於每月月建的起止時間，歷史上有不同的說法。有人認為應該以朔望月為準，即到每月的初一朔日，就把月干支換成下一個；有人認為應該以二十四節氣為標準，即每到一個節令換一個月干支。那麼，換月干支，到底以「初一」為標準，還是以「節令」為標準呢？我們認為，早先應該是以朔望月為準。因為有一個問題恐怕毋庸置疑，那就是節氣的劃分，雖然相對準確，但是技術要求比較高，在圭表等天文儀器發明之前，古人很難弄清節氣的相對準確時間。而月亮的圓缺望朔，古人是能一目了然，靠肉眼就能確定的。因此對於朔望月的觀察、掌握和運用，要早於節氣。古人仰觀天文，既看到了北斗的變化，又看到了月亮的盈虧，將北斗柄一年所指的十二辰，與陰曆的十二月相結合，是為最自然最直接的做法。例如，春秋時期，十二月就被叫做「十二辰」。《左傳》認為該「辰」即指能形成每月初一朔的「日月交匯」。因此十二月建，最先對應十二朔望月是毋庸置疑的。查詢明清時期的老黃曆，皆以每月初一換月干支，證明這種月建對應法則在中國古代社會長期運用，並作為民俗一直被保留下來。

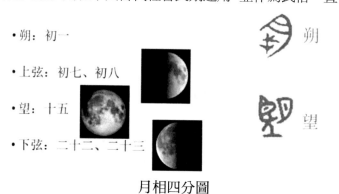

- 朔：初一
- 上弦：初七、初八
- 望：十五
- 下弦：二十二、二十三

月相四分圖

〔註12〕《類經圖翼·氣數統論》這樣解釋這種差異：「然而一歲之氣始於子，四季之春始於寅者何也？蓋以建子之月，陽氣雖始於黃鐘，然猶潛伏地下，未見發生之功，及其曆丑轉寅，三陽始備，於是和風至而萬物生，萌芽動而蟄藏振，遍滿寰區，無非生意，故陽雖始於子，而春必起於寅。」參見張介賓著《類經圖翼》卷1《運氣上·氣數統論》，北京：人民衛生出版社，1965年，第28頁。說明月建以子為始，象徵陽氣之始。月建以寅為始，則象徵陽氣之備。因為冬至所在的十一月（子月），陰陽二氣正處在消長轉化的轉折點上。此時正是陰消陽生之時，陽氣開始發生，故該月建子。而至正月，陽氣完備，純陽主事，故該月建寅，為一年之始。

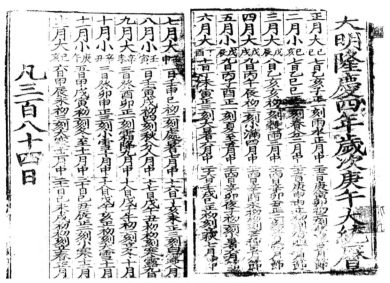

明代隆慶四年庚午年黃曆〔註13〕

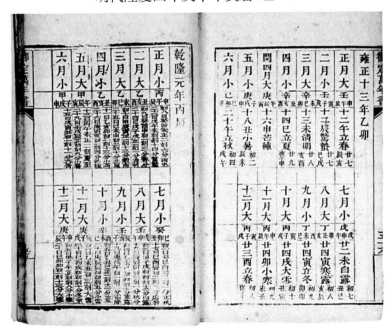

清代雍正十三年乙卯年黃曆〔註14〕

〔註13〕資料來源於《國家圖書館藏明代大統曆日彙編》。從該黃曆可以看出，隆慶
　　　　四年正月無立春，第一個節氣為雨水，十二月含立春，證明明代黃曆遵循每
　　　　月月建始於朔望月初一的標準，社會上也以大年初一為歲次新年伊始。

〔註14〕該年正月出現一次立春，十二月再次出現一次立春。但都算在乙卯年之下。
　　　　乙卯年次年為丙辰年，無立春。證明清代的月建亦是以朔望月為建立依據。

　　但是，由於日月運轉週期差的存在，以朔望月為基礎建立的月建用起來其實並不是太方便，因此北宋時期，沈括寫了《十二氣曆》，只根據太陽運行所帶來的節氣變化，將一年等分，並以立春為年首。即干支月，只屬於陽曆月，每月含一節一氣，以節為始，以氣為中。月初為節，月中為氣。不過值得一提的是，沈括的這一創新，始終沒能取代已經根深蒂固的傳統曆法。明清以來風行的八字命理術，倒是以沈括的以節令配干支的曆法為推命基礎的。不過時至今日，民俗仍以陰曆十二月與十二辰搭配，每年的大年初一仍是一年寅月之始。故二十四節氣與十二辰的掛鉤，不是數千年來傳統曆法的延綿，而是隨著天文曆算技術越來越精準，所逐步衍生出的更簡便、更工整的創新。

二十四節氣月建對照表

月份	春			夏			秋			冬		
	正月	二月	三月	四月	五月	六月	七月	八月	九月	十月	十一月	十二月
斗柄所指	寅	卯	辰	巳	午	未	申	酉	戌	亥	子	丑
節氣	立春	驚蟄	清明	立夏	芒種	小暑	立秋	白露	寒露	立冬	大雪	小寒
	雨水	春分	穀雨	小滿	夏至	大暑	處暑	秋分	霜降	小雪	冬至	大寒

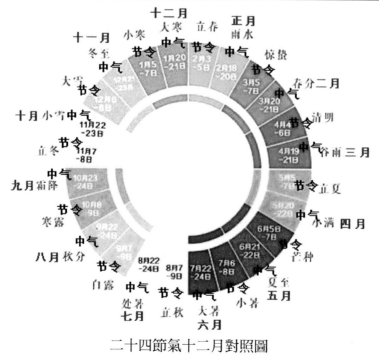

二十四節氣十二月對照圖

　　講到古代的月建，就不得不提到古代的「三正」問題。先秦時期有所謂
的夏曆、殷曆和周曆。三者的區別之一就在於歲首的月建不同，也就是正月
不同，亦即三正不同。《尚書大傳》云：「夏以孟春月為正，殷以季冬月為正，
周以仲冬月為正。」夏曆以建寅之月（夏曆 1 月、公曆 2 月）為歲首。殷曆
以建丑之月（夏曆 12 月、公曆 1 月）為歲首。周曆通常以冬至所在之月即子
月（夏曆 11 月、公曆 12 月）為歲首。夏朝的正月比殷朝晚一個月，而殷朝
的正月比周朝晚一個月。戰國秦漢以來，「三正論」盛行，成為一種重要的政
治信仰。司馬遷在《史記》中記載：「夏正以正月，殷正以十二月，周正以十
一月。蓋三王之正若循環，窮則反本。天下有道，則不失紀序；無道，則正朔
不行於諸侯。」〔註 15〕這就是所謂的「三正論」的政治內涵。故秦朝統一中
國後，以「三正論」為據，改以夏曆 10 月（亥月）為一年之始。但是後世亦
有人認為，先秦時期建寅、建丑、建子是當時不同地域的曆日制度，不應該
看作是三代對正朔的改變。〔註 16〕事實上，我們閱讀先秦古籍就會發現，夏
商周的三正制度確實是春秋戰國時期不同地區所使用的不同的曆日制度。舉
例來說，《春秋》和《孟子》多用周曆，晉國地區還有《楚辭》、《呂氏春秋》
用夏曆，《詩經》則夏曆、周曆並用。如《春秋》載「成公八年」，「二月無冰」，
史官把這一罕見現象載入史冊，這是指周曆二月（公曆 1 月）。而同是魯國的
史書，《春秋》和《左傳》裏，對同一歷史事實時月的記載，也經常會有出入。
例如《春秋》載「隱公六年」，「冬，宋人取長葛」。《左傳》記載則是「秋，宋
人取長葛」；《春秋》載「僖公五年」，「春，晉侯殺其世子申生」。《左傳》記載
此事則是發生在僖公四年十二月。很顯然，《春秋》用的是周曆，《左傳》用的
是夏曆。二者相錯兩個月。

　　秦始皇統一中國後，又以建亥之月（夏曆 10 月、公曆 11 月）為歲首，
但秦人不稱亥月為正月，正月還是夏曆的正月。漢初沿襲秦制，也以亥月為
歲首。這種曆法的混亂一直持續到漢武帝元封七年，也就是太初元年（前 104）。
從漢武帝太初元年開始，政府推行太初曆，以建寅之月為歲首，此後大約兩
千年間，正月建寅便作為一項曆法制度延續下來，直至今日。這中間，只有
王莽和魏明帝一度改用殷正，武則天和唐肅宗一度改用周正。

〔註 15〕（漢）司馬遷撰：《史記》卷 26《曆書》，第 1258 頁。
〔註 16〕錢寶琮：《從春秋到明末的曆法沿革》，見氏著《錢寶琮科學史論文選集》，北
　　　　京：科學出版社，1983 年。

二、五虎遁與月干的確立

在確定下了十二地支與十二月的對應關係後，古人還要進一步確定十天干與十二月支的搭配。古代天文學者和命理術士們在長年的實踐中，創造了一套依年干確定月干的「五虎遁」歌訣。所謂五虎遁，是命理術中以年干確定月干的一種基本方法。通常，當確定了年干之後，就可以依五虎遁之歌訣很快推出月柱的天干。《五行精紀》中五虎遁歌訣如下：「甲己之年丙作首，乙庚之歲戊為頭，丙辛庚位依次數，丁壬壬起順行流，戊癸更徙何處起，正月便向甲寅求。」〔註 17〕依此歌訣，凡甲年和己年出生之人，其月柱天干是從丙開始順排，正月為丙寅，二月為丁卯，三月為戊辰，四月為己巳……十二月為丁丑。這就是「甲己之年丙作首」的含義。其餘乙庚、丙辛、丁壬、戊癸年出生之人亦以此歌訣一一確定各月干。今依五虎遁歌訣，製作以下以年干起月干表：

年干起月干表

年干＼月支月干	寅	卯	辰	巳	午	未	申	酉	戌	亥	子	丑
甲己	丙	丁	戊	己	庚	辛	壬	癸	甲	乙	丙	丁
乙庚	戊	己	庚	辛	壬	癸	甲	乙	丙	丁	戊	己
丙辛	庚	辛	壬	癸	甲	乙	丙	丁	戊	己	庚	辛
丁壬	壬	癸	甲	乙	丙	丁	戊	己	庚	辛	壬	癸
戊癸	甲	乙	丙	丁	戊	己	庚	辛	壬	癸	甲	乙

依照上述知識，就可以推出一個人月柱的干支。如一個己酉年出生的人生於立春與驚蟄之間，可以很快確定此人生於寅月，然後依「甲己之年丙作

〔註 17〕（宋）廖中撰：《五行精紀》卷 28《雜釋諸例》，第 217 頁。此歌訣在後世《淵海子平》、《三命通會》中均有轉引，為後人研習命理術的基礎知識。不過，五虎遁歌訣究竟出現於何時，我們還難以下定論。筆者發現的最早的五虎遁歌訣出現於晚唐五代宋初之敦煌文獻 S.0612V。該文獻的後半部分講述了一些命理術的基礎知識，其中有「五子元例正建法」，就是年干推算月干的方法。由於該文獻起自民間祿命知識，故其歌訣的形成時間必然早出許多，絕非宋人所創。參見黃正建著《敦煌占卜文書與唐五代占卜研究》，北京：學苑出版社，2001 年，第 127、128 頁。

首」，推斷出其月干為丙；一個壬戌年出生的人生於寒露與立冬之間，可以確定此人生於戌月，然後依「丁壬壬起順行流」，推出其月干為庚。至於此表從何生成，則因干支紀年中，年、月、日、時四柱起始計數皆為甲子。60 個月（亦 5 年）一循環，此時恰好從甲年至己年，乙年至庚年，丙年至辛年，丁年至壬年，戊年至癸年。故年干依次組合而月干支重複相同。

延伸閱讀：二十四節氣

　　中國傳統的農曆是以陰曆（夏曆）〔註 18〕為基礎，融合太陽曆（二十四節氣）成分而成的一種曆法，所以中國的農曆從嚴格意義上說不應該叫陰曆，而是陰陽合曆。其中的太陽曆，是以地球繞太陽公轉的運動週期為基礎而制定的曆法。二十四節氣是其基本內容。中國的二十四節氣，以立春為起始，將全年十二等分，一節一氣為一分，交節日為分界點，年長即回歸年。至於節氣紀年與陰曆紀年的關係，2000 年多年前的《史記》已經作了重要區分。《史記·天官書》明言：「正月旦，王者歲首；立春日，四時之始也。四始者，候之日。」〔註 19〕由此可知，月朔，往往作為歲首和月首。宋代吳自牧《夢粱錄·正月》亦載：「正月朔，謂之元旦，俗呼為新年。一歲節序，此為之首。」而節令，往往作為氣候農時的判斷依據。

　　二十四節氣並非一次性出現。在商代和西周前期，一年只有春秋二時，所以當時春秋就指代一年。《春秋》、《春秋左傳》等史書名稱即源於此。後來曆法逐漸發展，又生出冬夏二時，所以有些先秦古書所列四時順序不是春夏秋冬，而是春秋冬夏。如《禮記》有「天有四時，春秋冬夏」，《管子》有「修春秋冬夏之嘗祭」，《墨子》載「制為四時春秋冬夏」等皆如此。到了《尚書·堯典》中，我們已經見到了最早出現的節氣二分和二至。這是古人使用土圭測量日影而得出的。只不過當時還未有春分、夏至、秋分、冬至的名稱，而是採用日中、日永、宵中、日短四個詞來表述。

〔註 18〕陰曆，又稱夏曆，也叫太陰曆，是月亮曆，是以月亮圍繞地球轉動的規律制定的。取月相的變化週期即朔望月為月的長度，以月球繞行地球一周為一月，即以朔望月作為確定曆月的基礎。陰曆的一個月叫做「朔望月」。每月初一為朔日，十五為望日，「朔望月」是月相盈虧的平均週期。陰曆只管朔望月，不管回歸年，所以和一年四季無關。

〔註 19〕（漢）司馬遷撰：《史記》卷 27《天官書》，第 1340 頁。

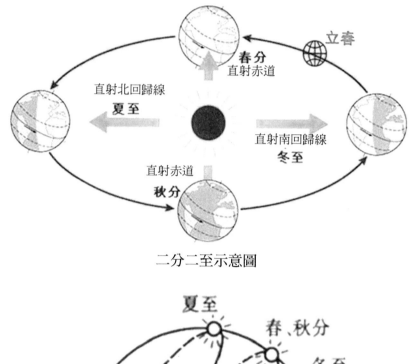

二分二至示意圖

太陽南北回歸線視運動圖

　　冬至、春分、夏至、秋分，把一年差不多等分成了四等分。再細分下去二十四等分的話，便是二十四節氣了。完整的二十四節氣名稱，最早見於西漢時期的《淮南子·天文訓》，它和現在通用的二十四節氣名稱和順序完全相同。古人在長期的生產實踐中逐步認識到一年中季節變換和氣候變化的規律，他們把一年平分為二十四個節氣，以反映四季氣溫、降雨、物候等方面的變化。

一年當中有 24 個節氣。由年初開始，它們依次是立春、雨水、驚蟄、春分、清明、穀雨、立夏、小滿、芒種、夏至、小暑、大暑、立秋、處暑、白露、秋分、寒露、霜降、立冬、小雪、大雪、冬至、小寒、大寒。以上 24 個節氣中，包含著 12 個節氣，12 個中氣。其中逢單為節氣（簡稱節），逢雙為中氣（簡稱氣）。嚴格來說，一年不可能平分為二十四等分，有的節氣如冬至占 14 日多，有的節氣如夏至占 16 日多。二十四節氣實際上是表示地球在圍繞太陽公轉的軌道上的二十四個不同的位置。

二十四節氣與公曆時間、太陽黃道對照表

<table>
<tr><td rowspan="3">春季</td><td>節氣節名</td><td>立春
（正月節）</td><td>雨水
（正月中）</td><td>驚蟄
（二月節）</td><td>春分
（二月中）</td><td>清明
（三月節）</td><td>穀雨
（三月中）</td></tr>
<tr><td>節氣節日</td><td>2 月 4 或 5 日</td><td>2 月 19 或 20 日</td><td>3 月 5 或 6 日</td><td>3 月 20 或 21 日</td><td>4 月 4 或 5 日</td><td>4 月 20 或 21 日</td></tr>
<tr><td>太陽到達黃經</td><td>315°</td><td>330°</td><td>345°</td><td>0°</td><td>15°</td><td>30°</td></tr>
<tr><td rowspan="3">夏季</td><td>節氣節名</td><td>立夏
（四月節）</td><td>小滿
（四月中）</td><td>芒種
（五月節）</td><td>夏至
（五月中）</td><td>小暑
（六月節）</td><td>大暑
（六月中）</td></tr>
<tr><td>節氣節日</td><td>5 月 5 或 6 日</td><td>5 月 21 或 22 日</td><td>6 月 5 或 6 日</td><td>6 月 21 或 22 日</td><td>7 月 7 或 8 日</td><td>7 月 23 或 24 日</td></tr>
<tr><td>太陽到達黃經</td><td>45°</td><td>60°</td><td>75°</td><td>90°</td><td>105°</td><td>120°</td></tr>
<tr><td rowspan="3">秋季</td><td>節氣節名</td><td>立秋
（七月節）</td><td>處暑
（七月中）</td><td>白露
（八月節）</td><td>秋分
（八月中）</td><td>寒露
（九月節）</td><td>霜降
（九月中）</td></tr>
<tr><td>節氣節日</td><td>8 月 7 或 8 日</td><td>8 月 23 或 24 日</td><td>9 月 7 或 8 日</td><td>9 月 23 或 24 日</td><td>10 月 8 或 9 日</td><td>10 月 23 或 24 日</td></tr>
<tr><td>太陽到達黃經</td><td>135°</td><td>150°</td><td>165°</td><td>180°</td><td>195°</td><td>210°</td></tr>
<tr><td rowspan="3">冬季</td><td>節氣節名</td><td>立冬
（十月節）</td><td>小雪
（十月中）</td><td>大雪（十一月節）</td><td>冬至（十一月中）</td><td>小寒（十二月節）</td><td>大寒（十二月中）</td></tr>
<tr><td>節氣節日</td><td>11 月 7 或 8 日</td><td>11 月 22 或 23 日</td><td>12 月 7 或 8 日</td><td>12 月 21 或 22 日</td><td>1 月 5 或 6 日</td><td>1 月 20 或 21 日</td></tr>
<tr><td>太陽到達黃經</td><td>225°</td><td>240°</td><td>255°</td><td>270°</td><td>285°</td><td>300°</td></tr>
</table>

　　而如果比照二十四節氣與黃道十二宮，我們會發現中國古代的節氣分段與西方古代的黃道十二宮所主時段亦嚴格吻合。如西方白羊座所主時段為 3 月 21 日～4 月 20 日，這一時間段恰好對應從春分（3 月 20 日或 21 日）至穀雨（4 月 20 日或 21 日）的這段時間。金牛座所主時段 4 月 21 日～5 月 21 日，也恰好是從穀雨至小滿（5 月 21 日或 22 日）的這段時間。其餘十宮與節氣也大體能對應。這說明，西方曆法與中國的二十四節氣都是建立在準確的太陽曆基礎之上的。

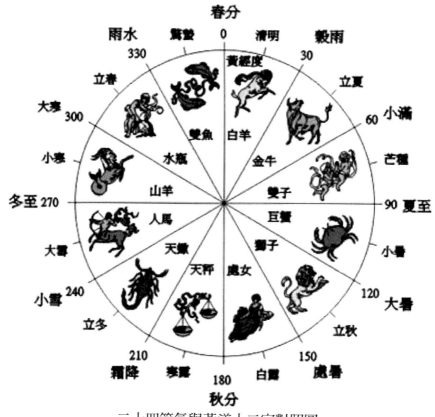

二十四節氣與黃道十二宮對照圖

　　二十四節氣與季節、溫度、降水及物候有密切的聯繫。立春、立夏、立秋、立冬分別表示春、夏、秋、冬四季的開始；春分、秋分、夏至、冬至是季節的轉折點；小暑、大暑、處暑、小寒、大寒五個節氣是表示最熱、最冷的出現時期；白露、寒露、霜降表示低層大氣中水汽凝結現象，也反映氣溫下降程度；雨水、穀雨、小雪、大雪反映降水情況和程度；穀雨、小滿、芒種、驚蟄、清明等反映了物候特徵和農作物生長情況（穀雨——雨水增多，大大有

利穀類作物的生長。小滿——其含義是夏熟作物的籽粒開始灌漿飽滿，但還未成熟，只是小滿，還未大滿。芒種——麥類等有芒作物成熟，夏種開始）。

二十四節氣對人體的影響也很大。據《黃帝內經》記載，中醫運氣學說中主氣的六氣，初之氣為厥陰風木，歷大寒、立春、雨水、驚蟄，如果氣候異常，這段時間為風病、肝病發病較多的時間；二之氣為少陰君火，歷春分、清明、穀雨、立夏，如果氣候異常，這段時間為火病、心病發病較多的季節；三之氣為少陽相火，歷小滿、芒種、夏至、小暑，如果氣候異常，這段時間為心病、暑病發病較多的季節；四之氣為太陰濕土，歷大暑、立秋、處暑、白露，如果氣候異常，這段時間為濕病、脾病發病較多的季節；五之氣為陽明燥金，歷秋分、寒露、霜降、立冬，如果氣候異常，這段時間為燥病、肺病發病較多的季節；終之氣為太陽寒水，歷小雪、大雪、冬至、小寒，如果氣候異常，這段時間為寒病、腎病發病較多的季節。

第四節　干支紀日

中國使用干支紀日，已有數千年之久。甲骨卜辭皆以干支紀日。只是其順序是否間斷或錯亂，已無可考。今日無間斷錯亂的干支紀日始自春秋時期魯隱公三年（前720）二月己巳日。從那時起至今，干支紀日法的應用，已超過2700年，成為世界上最長久的紀日法。

干支紀日法雖應用最為長久，但是其與公曆的轉換也頗費周章。為求公曆年、月、日干支的方便，特編成五個表以備轉換之用。[註20]

表 A 世紀年表（公元前用）

世紀年	公　曆	世紀年	公　曆
0	15*	1200	24*
100	30	1300	39
200	46	1400	55
300	2	1500	11
400	18*	1600	27*
500	33	1700	42

〔註20〕以下五個表格轉引自陳遵媯著《中國天文學史》，第983～986頁。個別細節作出糾正。

600	49	1800	58
700	5	1900	14
800	21*	2000	30*
900	36	2100	45
1000	52	2200	1
1100	8	2300	17

表 A 世紀年表（公元後用）

世紀年	公　曆	世紀年	公　曆
0	9*	1200	0*
100	54	1300	45
200	38	1400	29
300	22	1500	13
400	6*	1600	57*
500	51	1700	42
600	35	1800	26
700	19	1900	10
800	3*	2000	54*
900	48	2100	39
1000	32	2200	23
1100	16	2300	7

表 B 世紀內年表（公元前用）

世紀內年	*		世紀內年	*	
1	54*	55*	51	32	33
2	49	50	52	27	28
3	44	45	53	21*	22*
4	39	40	54	16	17
5	33*	34*	55	11	12
6	28	29	56	6	7
7	23	24	57	0*	1*
8	18	19	58	55	56
9	12*	13*	59	50	51
10	7	8	60	45	46
11	2	3	61	39*	40*

12	57	58	62	34	35
13	51*	52*	63	29	30
14	46	47	64	24	25
15	41	42	65	18*	19*
16	36	37	66	13	14
17	30*	31*	67	8	9
18	25	26	68	3	4
19	20	21	69	57*	58*
20	15	16	70	52	53
21	9*	10*	71	47	48
22	4	5	72	42	43
23	59	0	73	36*	37*
24	54	55	74	31	32
25	48*	49*	75	26	27
26	43	44	76	21	22
27	38	39	77	15*	16*
28	33	34	78	10	11
29	27*	28*	79	5	6
30	22	23	80	0	1
31	17	18	81	54*	55*
32	12	13	82	49	50
33	6*	7*	83	44	45
34	1	2	84	39	40
35	56	57	85	33*	34*
36	51	52	86	28	29
37	45*	46*	87	23	24
38	40	41	88	18	19
39	35	36	89	12*	13*
40	30	31	90	7	8
41	24*	25*	91	2	3
42	19	20	92	57	58
43	14	15	93	51*	52*
44	9	10	94	46	47
45	3*	4*	95	41	42
46	58	59	96	36	37

47	53	54	97	30*	31*
48	48	49	98	25	26
49	42*	43*	99	20	21
50	37	38	-	-	-

表 B 世紀內年表（公元後用）

世紀內年	*		世紀內年	*	
1	6	5	51	28	27
2	11	10	52	33*	32*
3	16	15	53	39	38
4	21*	20*	54	44	43
5	27	26	55	49	48
6	32	31	56	54*	53*
7	37	36	57	0	59
8	42*	41*	58	5	4
9	48	47	59	10	9
10	53	52	60	15*	14*
11	58	57	61	21	20
12	3*	2*	62	26	25
13	9	8	63	31	30
14	14	13	64	36*	35*
15	19	18	65	42	41
16	24*	23*	66	47	46
17	30	29	67	52	51
18	35	34	68	57*	56*
19	40	39	69	3	2
20	45*	44*	70	8	7
21	51	50	71	13	12
22	56	55	72	18*	17*
23	1	0	73	24	23
24	6*	5*	74	29	28
25	12	11	75	34	33
26	17	16	76	39*	38*
27	22	21	77	45	44
28	27*	26*	78	50	49

29	33	32	79	55	54
30	38	37	80	0*	59*
31	43	42	81	6	5
32	48*	47*	82	11	10
33	54	53	83	16	15
34	59	58	84	21*	20*
35	4	3	85	27	26
36	9*	8*	86	32	31
37	15	14	87	37	36
38	20	19	88	42*	41*
39	25	24	89	48	47
40	30*	29*	90	53	52
41	36	35	91	58	57
42	41	40	92	3*	2*
43	46	45	93	9	8
44	51*	50*	94	14	13
45	57	56	95	19	18
46	2	1	96	24*	23*
47	7	6	97	30	29
48	12*	11*	98	35	34
49	18	17	99	40	39
50	23	22	-	-	-

表C 月份表

月　份	*		月　份	*	
1	0	0	7	2	1
2	31	31	8	33	32
3	0	59	9	4	3
4	31	30	10	34	33
5	1	0	11	5	4
6	32	31	12	35	34

　　上表中，表A代表公曆世紀年的成數。表B代表世紀內年代的成數。表A和表B各分為公元前和公元後兩種。換算時，取表A的數若有星號（＊）者，表B也當有星號，即用左行的數。取表A的數若無星號者，表B也當無

星號，即用右行的數。取表 B 的數若有星號者，表 C 亦當取有星號的左行的數，否則取右行的數。

若所需換算年代屬於世紀年，可以省掉表 B。公曆換算成干支時，需要將表 A、B、C 三數與日數相加，其和減去六十或六十的倍數，所得餘數就是六十甲子順序表中的干支次序，其和在六十以內就直接查六十甲子順序表中干支次序。

今舉數例如下：

1. 求公元前 30 年 10 月 10 日的干支。

$$A = 15$$
$$B = 22$$
$$C = 33$$
$$日 = 10$$

———————

$$80$$

$80 - 60 = 20$.查六十甲子順序表，次序為 20 的干支為癸未，故該日干支為癸未。

2. 求公元 1900 年 7 月 17 日干支。

$$A = 10$$
$$C = 1$$
$$日 = 17$$

———————

$$28$$

查六十甲子順序表，次序為 28 的干支為辛卯，故該日干支為辛卯。

3. 求公元 2020 年 1 月 1 日干支。

$$A = 54$$
$$B = 45$$
$$C = 0$$
$$日 = 1$$

———————

$$100$$

$100 - 60 = 40$。查六十甲子順序表，次序為 40 的干支為癸卯，故該日干

支為癸卯。

干支紀日比起記載某月某日，其優勢是非常容易計算歷史事件的日期間隔，而不用慮及是否有閏月存在。因為農曆每個月 29 或 30 日不定，而且有沒有閏月也不定，故如果日期跨月，則計算起來很容易出錯。例如，從洪武三十一年五月廿九日到六月初一日，一共多少天？我們會查到，洪武三十一年五月有 29 天，所以中間只有 1 天。但事實上答案是錯誤的，因為洪武三十一年有閏五月（共 29 天）。所以該問題答案應是 1＋29＝30 天。《明史》記載，洪武三十一年閏五月，朱元璋駕崩。

延伸閱讀：羿射九日的傳說：從十干紀月到十干紀日

最早的紀日法應是以十天干來紀日，但是這一紀日方法的出現卻帶有濃厚的神話色彩。十干紀日的出現和古代羿射九日的傳說緊密相連。

《淮南子》載：「逮至堯之時，十日並出。焦禾稼，殺草木，而民無所食。猰貐、鑿齒、九嬰、大風、封豨、修蛇皆為民害。堯乃使羿誅鑿齒於疇華之野，殺九嬰於凶水之上，繳大風於青邱之澤。上射十日，而下殺猰貐，斷修蛇於洞庭，擒封豨於桑林。萬民皆喜，置堯以為天子。」[註21]

這就是羿射九日的神話，想必大家對此都不陌生。但是這個的神話背後，所隱含的歷史信息是什麼，卻十分晦澀。《淮南子》以及之前的《山海經》中都指出了當時有十個太陽。但全人類都知道，天上只有一個太陽，即便是在太古時期，先民們也不可能同時看到有十個太陽，進而做出這樣的想像。這也是除中國外，其他國家歷史神話中難覓十個太陽的重要原因。那麼，我們的先民為什麼會想像出有十個太陽？十日的背後究竟代表著什麼樣的意象呢？

十日本質是一種十月制曆法。這種曆法，在后羿時代（夏代）曾經存在過。根據盧央、劉堯漢先生的研究成果，在中國西南的彝族地區，確實曾實行過十月制曆法。並且指出《詩經》及《夏小正》中，都有十月曆在上古中原實行過的證據。根據何新先生《諸神的起源》的論述，羿射九日的神話，反映了一個事實，即太陽神中心地位的衰落。由太陽作為宇宙中心神到諸神之一的宗教觀念的演變，反映了太古人類對太陽運動認識的深化，即由直觀中的太陽中心，向綜合的太陽天文運動與黃道運動的認知的理性深化。中國上古

[註21] 劉文典撰：《淮南鴻烈集解》卷 8《本經訓》，第 305、306 頁。

時代，曾經歷經了一個天文觀念及宗教的一系列大變革，這一變革很可能發生在殷商後期及商周之際。

《左傳‧昭公五年》載「日元數十，故有十時，亦當有十位」；《左傳‧昭公七年》載「天有十日（杜預注：甲至癸也）」。〔註22〕郭沫若說，蓋古人初十干記日。這大概就是人們最初的曆法觀念。也就是說，十日制就是我國最早採用的曆法。但是事實上，自甲至癸的十干，最早可能並不是一種紀日的方法，而是紀月的方法。上古時代，可能存在過一種曆法，把一年的週期，劃為十個等分，或者說，劃分為十個「太陽」月。然後每月用十干中的一個字為其命名。十干輪完，即度過一年。而這種以十進的紀年方法，當然是不準確的，而其誤差不斷累積的結果，就必定會在某一年，終於造成曆法的全面混亂。曆法上預告的寒季變成暑季，而曆法上預告的暑季變作寒季，這種寒暑顛倒的結果，在古人腦海中就很自然地轉化成這樣一種意象：

「十日並出，焦禾稼，殺草木，民無所食。」

正是在這樣的情況下，產生了帝堯命羿射十日的神話。

在古籍中，存在著兩個羿。一是生活於帝堯時代的羿；一是生活於夏朝的后羿，屬有窮部落。古籍記載的是「羿彈日」、「大羿射日」、「后羿篡權」。《帝王紀》中說，帝羿是帝嚳之後。而帝嚳是商族的高祖，也就是說，羿是商族的後裔，至少可以說明羿是與商同族的。商族最早採用曆法很可能是十個太陽月組成的太陽曆。《史記‧夏本紀》載：「帝康時，羲、和湎淫，廢時亂日。」孔安國曰：「羲氏，和氏，掌天地四時之官。太康之後，沉湎於酒，廢天時，亂甲乙也。」〔註23〕夏代前期，曾爆發過一場曆法混亂。此事極有可能與后羿射日的傳說密切相關。

堯，作為五帝之一，是傳說中高辛族的古帝。而高辛族在曆法上，與商族的太陽曆不同，採用的是「火曆」。即以觀測大火星在天空中的位置來定節氣、紀歲年。「火曆」的一年分為十二個月。每個月的天數根據月亮的圓缺循環來確定，因此他們採用的是與後世相同或類似的朔望月。后羿進入中原以後，「因夏民行夏政」，學習了帝堯高辛族這種先進的曆法，廢止了每年十「日」輪流值月的辦法，這可能就是所謂的「羿射十日」。從此以後，商族也採用了

〔註22〕（戰國）左丘明撰、（西晉）杜預集解：《左傳》，上海：上海古籍出版社，2015年，第 750、735 頁。

〔註23〕（漢）司馬遷撰：《史記》卷 2《夏本紀》，第 85 頁。

以火曆紀年的方法，將一年也劃分為十二個朔望月。

羿射九日的事件發生後，商朝人的十干紀月的曆法被廢除了，僅存十干紀日。十天幹用來紀日的話，就是十天一循環。後來，隨著干支系統的形成完善，古人開始以干支合而紀日，每個干支代表一天，60天一個循環。

第五節　干支紀時

干支紀時法源流甚早，湖南雲夢睡虎地 11 號墓出土的秦簡《日書》乙種，就出現了十二時辰的名稱與十二地支的對應：「雞鳴丑，平旦寅，日出卯，食時辰，莫（暮）食巳，日中午，日（失）未，下市申，舂日酉，牛羊入戌，黃昏亥，人定子。」《史記·曆書》中已經用十二支來紀時：「時雞三號，卒（平）明。撫十二節，卒於丑。」〔註24〕古人以日影測時的方法來規定一天的十二個時辰，從半夜的子時開始，依次為丑時、寅時、卯時、辰時、巳時、午時、未時、申時、酉時、戌時、亥時。一般來說，日影最短的時刻為午時，天剛亮的時刻為卯時，太陽落山的時刻為酉時。由此可見，古人的十二時辰是對太陽運行規律的充分體現。今人將十二時辰與北京時間的二十四小時做了一一的對應，只能說大體可以依照具體鐘點推導出具體的時辰：

十二時辰與北京時間對照表

時　辰	子	丑	寅	卯	辰	巳
鐘　點	23～1	1～3	3～5	5～7	7～9	9～11
時　辰	午	未	申	酉	戌	亥
鐘　點	11～13	13～15	15～17	17～19	19～21	21～23

僅僅有十二地支表示時辰還不夠，與干支紀日一樣，干支紀時也是以六十甲子來表示時間的。而且時柱的干支確定與日柱的干支還有著緊密的聯繫。通常，時柱以日柱甲子為起點，起於該日的甲子時，至第五日戊辰日結束，

〔註24〕 （漢）司馬遷撰：《史記》卷 26《曆書》，第 1255 頁。又，夏商周三代，一日起始時間不一。《尚書大傳》稱：「夏以十三月為正，以平旦為朔；殷以十二月為正，以雞鳴為朔；周以十一月為正，以夜半為朔。」即夏代以日出（卯時）為一日之始，殷商以雞鳴（寅時）為一日之始，周代以夜半（子時）為一日之始。

正好至該日的癸亥時。五天裏，共歷六十時辰。所以干支紀時每五天一循環。古人早已掌握了時柱的這一循環規律，所以編成日上起時干法以供人們確定時辰干支。宋代命理文獻《三命纂局》便錄有此訣：「甲己還生甲，乙庚丙作初，丙辛當戊子，丁壬庚子居，戊癸起壬子，此是遁時書。」〔註25〕

日干起時干表

日干 時支	甲 己	乙 庚	丙 辛	丁 壬	戊 癸
子	甲	丙	戊	庚	壬
丑	乙	丁	己	辛	癸
寅	丙	戊	庚	壬	甲
卯	丁	己	辛	癸	乙
辰	戊	庚	壬	甲	丙
巳	己	辛	癸	乙	丁
午	庚	壬	甲	丙	戊
未	辛	癸	乙	丁	己
申	壬	甲	丙	戊	庚
酉	癸	乙	丁	己	辛
戌	甲	丙	戊	庚	壬
亥	乙	丁	己	辛	癸

人們只要熟記此口訣，即可很快確定一個人時柱的干支。比如一位己巳日午時出生的人，按「甲己還生甲」，己日子時的天干為甲，丑時天干為乙，寅時天干為丙……一直數到午時，其天干為庚，其時柱應為庚午；又比如一位乙酉日子時出生的人，按「乙庚丙作初」，其時柱為丙子。〔註26〕

〔註25〕（宋）廖中撰：《五行精紀》卷28《雜釋諸例》，第218頁。

〔註26〕筆者這裡舉出的最後一例乙酉日子時出生之人，其時柱的確定方法在宋代即如是，但是在今天，我們卻又細分子時為早子時與夜子時。同一個子時，其前半部分（23點至24點）叫夜子時，其後半部分（零點至1點）叫早子時。夜子時出生者，其日柱仍用前日日柱，時柱卻用本日推出的子時干支；早子時出生者，其日柱用本日日柱，其時柱亦用本日推出的子時干支。舉例來講，一個甲、己日子時出生的人，若是早子時，時柱應為甲子；若為夜子時，其日柱天干應為戊、癸，但其時柱仍為甲子。這種早子時與夜子時的區分，應該是隨著近代以來西方天文曆法，尤其是鐘錶的傳入而逐漸產生的，並非傳統命理學所關注的問題。二十世紀二十年代韋千里就批評了當時命理術所引

　　中國古代數千年中，數次改曆，時間的整理確認本是頗費周章之事。〔註 27〕干支曆法則省去其中周折。干支曆法，以六十為一周，周而復始，今之學者可以借之定古代年月日時的確切時間。有賴干支曆法的應用，我們今天可以順利梳理出古代歷史年表。同時，該曆法的理論，也對中國古代命理文化、醫學等學科產生深遠影響。因為中國古代的算命術，即是以人出生的年、月、日、時四柱干支為推理依據。中國古代中醫，嚴格來說亦為時間醫學。唐代以後形成的中醫運氣學、子午流注法等醫易學知識，莫不以時間干支為理論依託。

　　入的早子時與夜子時之說：「俗有所謂早子時、夜子時之分別者，乃以夜間 12 時前，為本日之夜子時。12 時後，為下日之早子時。……此論曆法則可，論命則萬萬不可。」（韋千里著：《千里命稿》，鄭州：中州古籍出版社，1995 年，第 271 頁。）

〔註 27〕按照陳遵媯先生的統計，中國歷代曆法共有 104 種，但不包括本文論述的干支曆法。詳見氏著《中國天文學史》，第 1005～1012 頁。

第三章　干支與陰陽五行、易卦的結合

第一節　陰陽說與五行說的起源

一、陰陽說的起源

今人龐樸說:「五四以前的中國固有文化,是以陰陽五行作為骨架的,陰陽消長,五行生剋的思想,彌漫於意識的各個領域,深嵌到生活的一切方面,如果不明白陰陽五行圖式,幾乎就無法理解中國的文化體系。」〔註1〕陰陽說產生於何時,不可詳考。梁啟超認為陰陽五行說創始於燕齊方士,後經鄒衍、董仲舒、劉向的發揮方才建立起來。但是陰陽思想的出現,不應以古籍記載為據。陰陽符號在周易的陰陽爻裏最先產生。《周易·繫辭下》:「古者庖犧氏之王天下也,仰則觀相於天,俯則觀法於地,觀鳥獸之文與地之宜,近取諸身,遠取諸物,於是始作八卦,以通神明之德,以類萬物之情。」〔註2〕易象通過陰爻和陽爻兩種基本符號組成四象(太陰、少陰、少陽、太陽)與八卦(坤、艮、坎、巽、震、離、兌、乾),繼而重疊而為六十四卦。伏羲當初畫卦的基本符號陰爻、陽爻,無論其稱謂為何,其象上的根本含義,無疑為陰陽。陰陽爻就是陰陽的符號。《莊子·天下篇》云「易以道陰陽」,極扼要把握

〔註1〕龐樸:《陰陽五行探源》,《中國社會科學》1984年第3期。
〔註2〕黃壽祺、張善文譯注:《周易譯注》卷9《繫辭下傳》,上海古籍出版社,2007年,第402頁。

住易思想本質。故陰陽爻產生之初，陰陽思想即已產生。

八純卦生成圖

至西周末年，陰陽學說已初見端倪。《國語‧周語上》載：

> 幽王三年，西周三川皆震。伯陽父曰：「周將亡矣！夫天地之
> 氣，不失其序；若過其序，民之亂也。陽伏而不能出，陰迫而不能
> 烝，於是有地震。今三川實震，是陽失其所而鎮陰也。陽失而在陰，
> 川源必塞。夫水土演而民用也。水土無演，民乏財用，不亡何待？
> 昔伊、洛竭而夏亡，河竭而商亡。今周德若二代之季矣，其川源又
> 塞，塞必竭。夫國必依山川，山崩川竭，亡之征也。川竭，山必崩。
> 若國亡不過十年，數之紀也。夫天之所棄，不過其紀。」是歲也，
> 三川竭，岐山崩。十一年，幽王乃滅，周乃東遷。〔註3〕

《國語》中伯陽父用陰陽二氣來解釋地震。周幽王二年，涇水、渭水、
洛水流域都發生了地震，伯陽父認為這是國家將亡的徵兆。馮友蘭先生認為：
「他以『天地之氣』陰陽的『失序』解釋地震，企圖向自然界的物質現象中尋
找自然界變化的原因，這是他的這一段話的『合理的內核』，是唯物主義的思
想。」〔註4〕後人也往往認為伯陽父是一位樸素的唯物主義者，但是卻往往忽
略掉伯陽父話語的上下文背景。首先，伯陽父認為地震是國家將亡的徵兆，
這是上古時期至上天神通過自然現象顯示意志的傳統觀念；其次，伯陽父認
為這是上天因為人作惡而降下的災害，也是上古時期天道福善禍淫的傳統觀

〔註3〕（戰國）左丘明著、（三國吳）韋昭注：《國語》，上海：上海古籍出版社，2015
年，第18、19頁。
〔註4〕馮友蘭著：《中國哲學史新編》，北京：人民出版社，1998年，第87頁。

念。也就是說，陰陽二氣都是天意的顯現。陰陽協調，是上天降福。陰陽失序，是上天降禍。而福禍的根由，皆由人所作。

從《左傳》開始，陰陽逐漸被抽象化為兩種彼此對立的物質性的氣，並用於解釋人事。也就是說在春秋時期，陰陽消長已經作為一種極具解釋力的思想模型被廣泛應用。〔註5〕到了漢代，在道家方士人物的領導下，易經開始與陰陽思想合流。西漢孟喜的卦氣說，不僅標誌著象數易學的問世，也標誌著陰陽思想正式納入易學體系，成為易家之物。於此同時，董仲舒大力宣揚陰陽之說，其著《春秋繁露》中有《陰陽位》、《陰陽義》、《陰陽終始》、《陰陽出入》等篇，專以陰陽言天人感應。西漢陰陽思想至此犖犖大端。

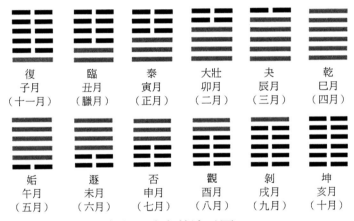

復	臨	泰	大壯	夬	乾
子月	丑月	寅月	卯月	辰月	巳月
（十一月）	（臘月）	（正月）	（二月）	（三月）	（四月）

姤	遯	否	觀	剝	坤
午月	未月	申月	酉月	戌月	亥月
（五月）	（六月）	（七月）	（八月）	（九月）	（十月）

孟喜十二消息卦演示圖〔註6〕

〔註5〕李震：《先秦陰陽五行觀念的政治展開》，《管子學刊》2017年第3期。

〔註6〕孟喜的卦氣說，是以六十四卦三百八十四爻象配合一年中四時、十二月、二十四節氣、七十二候、三百六十五日的一套龐大的組織系統。其中的十二消息卦，為從六十四卦中選取十二卦配合十二月。此十二卦以陰陽相對進退為用。十一月為冬至月，微陽生於地下，故為復卦。依次陽漸進而陰漸退，至四月為純陽乾卦，陽氣至盛。五月微陰生於地下，故為姤卦。依次陰漸進而陽漸退，至十月為純陰坤卦，陰氣至盛。如此周而復始，與一年四季寒暑相應。恰如張介賓總結：「故十一月建在子，一陽卦復；十二月建在丑，二陽卦臨；正月建在寅，三陽卦泰；二月建在卯，四陽卦大壯；三月建在辰，五陽卦夬；四月建在巳，六陽卦乾；五月建在午，一陰卦姤；六月建在未，二陰卦遯；七月建在申，三陰卦否；八月建在酉，四陰卦觀；九月建在戌，五陰卦剝；十月建在亥，六陰卦坤，是為一歲之氣而統言其月日也。」參見（明）張介賓著《類經圖翼》卷1《運氣上‧氣數統論》，北京：人民衛生出版社，1965年，第27頁。孟喜的十二消息卦，以陰陽爻位的進退表明一年十二個月的寒暑周流，甚為允當，故此卦氣說在漢以後極為流行。今日民間所書「一元復始」、「三陽開泰」即從此卦氣說中來。

　　陰陽學說出現之後，也很快進入醫學領域。早在春秋戰國時期，醫和、扁鵲在論述醫理時就運用到了陰陽學說概念。如《左傳・昭公元年》載，醫和的六氣致病說裏就有陰氣和陽氣、陰淫和陽淫：「天有六氣，降生五味，發為五色，徵為五聲。淫生六疾。六氣曰陰、陽、風、雨、晦、明也。分為四時，序為五節，過則為災：陰淫寒疾，陽淫熱疾，風淫末疾，雨淫腹疾，晦淫惑疾，明淫心疾。」〔註7〕《史記・扁鵲倉公列傳》記述扁鵲與中庶子之對話，扁鵲提到「陽緩而陰急」、「病之陽」、「陽入陰中」、「陽脈下遂，陰脈上爭」、「陰上而陽內行」等等。〔註8〕雖然上述中醫病因學和診斷學等概念後人已難以準確詮釋，但是這些都無疑是早期陰陽思想在中醫裏的應用。至西漢《黃帝內經》成書時代，完整的陰陽理論方運用中醫中，並在此基礎上建立起應用至今的中醫學理論。

二、五行說的起源

　　五行學說作為一種龐大複雜的思想體系，且歷經數千年的發展演變，很難確定某種具體的觀念或現象就是其肇始。目前，學界較為公認的起源線索有「五數說」「五方說」「五材說」。相較於陰陽學說的形成，五行學說的形成略晚一些，不過先秦時期中國的貴五現象已經非常明顯，五類結構比比皆是。如《尚書》中有五典、五禮、五玉、五器、五行、五品、五教、五服、五流、五宅、五用等概念。《山海經》中有五歲、五色、五味、五殘、五穀、五采等記載。〔註9〕《易・繫辭上》亦有：「天數五，地數五，五位相得而各有合。」〔註10〕五類結構之所以在先秦時期廣泛流行，可能與先民早期的五指計數方式有關。五指計數導致五進制，這從春秋時期的「什五制」、「行伍制」可見一斑。

　　五行的最早記載是在《尚書・周書・洪範》。該文記述了周武王克商後問箕子以天道。箕子講到天地大法共九項，也就是洪範九疇，其中第一項就是五行：

〔註7〕（戰國）左丘明撰、（西晉）杜預集解：《左傳》，第 704 頁。

〔註8〕（漢）司馬遷撰：《史記》卷 105《扁鵲倉公列傳》，第 2788～2792 頁。

〔註9〕《山海經・崟山》：「丹木五歲，五色乃清，五味乃馨。」《山海經・玉山》：「是司天之厲及五殘。」《山海經・共工之臣曰相柳氏》：「禹殺相柳，其血腥，不可以樹五穀種。」《山海經・五采鳥三名》：「有五采鳥三名：一曰皇鳥，一曰鸞鳥，一曰鳳鳥。」

〔註10〕黃壽祺、張善文譯注：《周易譯注》卷 9《繫辭上傳》，第 387 頁。

武王勝殷，殺受，立武庚，以箕子歸。作《洪範》。惟十有三祀，王訪於箕子。王乃言曰：「嗚呼！箕子。惟天陰騭下民，相協厥居，我不知其彝倫攸敘。」箕子乃言曰：「我聞在昔，鯀堙洪水，汩陳其五行。帝乃震怒，不畀洪範九疇，彝倫攸斁。鯀則殛死，禹乃嗣興，天乃錫禹洪範九疇，彝倫攸敘。初一曰五行，次二曰敬用五事，次三曰農用八政，次四曰協用五紀，次五曰建用皇極，次六曰乂用三德，次七曰明用稽疑，次八曰念用庶徵，次九曰嚮用五福，威用六極。一，五行：一曰水，二曰火，三曰木，四曰金，五曰土。水曰潤下，火曰炎上，木曰曲直，金曰從革，土爰稼穡。潤下作鹹，炎上作苦，曲直作酸，從革作辛，稼穡作甘。」

值得關注的是，《尚書・洪範》沒有涉及五行彼此之間的結構和關係，只是表明五種自然材質的某些屬性。這在《尚書・大傳》中亦有相同記載：「水火者，百姓之所飲食也；金木者，百姓之所興生也；土者，萬物之所滋生，是為人用。」所以，最早期的五行，純粹指人民生活中最普遍又最主要的五種生活要素，非有一絲玄虛氣息在內。

隨著人類歷史的演進，五行物質材料逐漸轉換成五種基本的物質屬性。在此基礎上五行說開始對大千世界進行分析和歸類。雖然從現實中考量，事物分類個數並不全部統一於五，例如四季、七政、八律、十天干、十二地支、二十四節氣、二十八宿等。然而貴五思想一旦出現，先民就會把越來越多的系統納入到五類結構之中。恰如《左傳・昭公二十五年》所論：「天地之經，而民實則之。則天之明，因地之性，生其六氣，用其五行。氣為五味，發為五色，章為五生。淫則昏亂，民失其性。是故為禮以奉之。為六畜、五牲以奉五味；為九文、六材以奉五色；為九歌、八風、七音、六律以奉五聲。」[註11]可見，凡是與五類結構不合的事物都可以合併同類項，數量亦可折算，以便與五相配。由於先民的這種貴五習慣形成巨大的慣性和凝聚效應，世間萬物都逐漸納入這一系統，從而加速五行學說的形成。這也是五行說試圖擴充其解釋力的內在邏輯延伸的結果。

五行概念在發展演化過程中經歷思孟時代補充，於鄒衍時代得以完善，共同導源了五行配位系統、生剋制化關係的形成，最終從簡單的符號上升成為一種兼具方法論和認識論的哲學理論體系。

〔註11〕　（戰國）左丘明撰、（西晉）杜預集解：《左傳》，第 876、877 頁。

　　春秋末年，已經偶有對五行之間關係的探討，如《左傳‧昭公三十一年》及《左傳‧哀公九年》中用「火勝金」「水勝火」的論斷來解釋夢境卦象、預測戰局勝敗。

　　　　十二月辛亥朔，日有食之。是夜也，趙簡子夢童子贏而轉以歌。旦占諸史墨，曰：「吾夢如是，今而日食，何也？」對曰：「六年及此月也，吳其入郢乎！終亦弗克。入郢，必以庚辰，日月在辰尾。庚午之日，日始有謫。火勝金，故弗克。」〔註12〕

　　　　晉趙鞅卜救鄭，遇水適火，占諸史趙、史墨、史龜。史龜曰：「是謂沈陽，可以興兵。利以伐姜，不利子商。伐齊則可，敵宋不吉。」史墨曰：「盈，水名也。子，水位也。名位敵，不可干也。炎帝為火師，姜姓其後也。水勝火，伐姜則可。」史趙曰：「是謂如川之滿，不可遊也。鄭方有罪，不可救也。救鄭則不吉，不知其他。」〔註13〕

　　戰國時期，五行的相剋相生關係漸次顯現。《墨子‧經下》有「五行毋常勝」之語。但是直到戰國後期，鄒衍以摻雜著五行相剋的五德終始說來解釋王朝興替，天命所歸。這些相剋的思維是在為朝代更迭、天地現象從人情天道方面作出相對合理的解釋。此一思想方大行於世，並為秦皇漢武等帝王所承，成為後世覬覦天子寶座者煽動人心的理論根基。

　　　夏　→　商　→　周　→　秦　→　西漢

　　　木　←　金　←　火　←　水　←　土

五德終始說示意圖

　　相較於五行相剋學說的誕生，傳統觀點認為，五行相生的學說遲至西漢方才建立。顧頡剛先生提出：「五行相生說，始見於董仲舒書。」〔註14〕這是指董子在《春秋繁露》中第一次總結五行相生相剋的規律，五行相生說正式體系化。董仲舒注意到四時之變導致五行相剋，明確提出五行生剋有序，並將其規律總結為「比相生而間相勝也」。而後來者發現，董子的五行生剋學說應抄自《淮南子》。但無論如何，前賢認為五行相生說最早於漢武帝時期方見明確記載。

　　其實五行的相生與相剋，在邏輯上並非相距甚遠。先秦時期人們能夠創

〔註12〕（戰國）左丘明撰、（西晉）杜預集解：《左傳》，第 919 頁。
〔註13〕（戰國）左丘明撰、（西晉）杜預集解：《左傳》，第 1014、1015 頁。
〔註14〕顧頡剛著：《古史辨》（第五冊），上海：上海古籍出版社，1982 年，第 486 頁。

建五行相剋，自然對相生之理也能及見。戰國至漢初文獻，雖無五行相生之名，但當時亦有五行相生之實。扒梳史料，五行相生的思想早在戰國中葉成書的《說卦傳》中已有清晰的體現。〔註15〕《說卦傳》第五章言：

> 帝出乎震，齊乎巽，相見乎離，致役乎坤，說言乎兌，戰乎乾，勞乎坎，成言乎艮。萬物出乎震，震東方也。齊乎巽，巽東南也，齊也者，言萬物之潔齊也。離也者，明也，萬物皆相見，南方之卦也，聖人南面而聽天下，嚮明而治，蓋取諸此也。坤也者地也，萬物皆致養焉，故曰致役乎坤。兌正秋也，萬物之所說也，故曰說；言乎兌。戰乎乾，乾西北之卦也，言陰陽相薄也。坎者水也，正北方之卦也，勞卦也，萬物之所歸也，故曰勞乎坎。艮東北之卦也，萬物之所成，終而所成始也，故曰成言乎艮。〔註16〕

此段文字言及八卦的一種圓圖排列方式，也就是宋代邵雍稱其為的文王後天八卦。該文字中，以八卦配八方，同時以震、離、兌、坎四正卦配春夏秋冬四時。我們據之將其繪為圓圖，表示如下：

文王後天八卦圖

〔註15〕清末民初諸易家多以五行相生說見於漢而推斷《說卦傳》為漢代人偽作。但是高懷民先生考證，《說卦傳》文字必為先秦之作，其產生於戰國中葉五行思想最盛行之時，當時儒門學者受了時代思想的衝擊，乃合八卦於五行而言易。參見高懷民著《先秦易學史》，桂林：廣西師範大學出版社，2007年，第173～175頁。本文據高氏觀點而闡述。

〔註16〕黃壽祺、張善文譯注：《周易譯注》卷10《說卦傳》，第431、432頁。

「帝出乎震」，震卦排在東方，於五行為木，於四季為春，言草木在春生長。「齊乎巽」，巽卦排在東南方，於五行為木，處春夏之交，言草木漸長於此時。「相見乎離」，離卦排在南方，於五行為火，於四時為夏，言草木於夏天茂盛著明。「致役乎坤」，坤卦安在西南方，於五行為土，處夏末秋初，言草木將葉落歸根致養於大地。「說言乎兌」，兌卦排在西方，於五行為金，於四時為秋，秋實成熟，萬物所說（悅）。「戰乎乾」，乾卦排在西北方，於五行為金，為深秋初冬之時，陽氣退而陰氣升，陰陽相薄而戰，草木最易折損。「勞乎坎」，坎卦排在北方，於五行為水，於四季為冬，草木歸藏。「成言乎艮」，艮卦排在東北方，於五行為土，處冬春之交，萬物終而所成。在此圓圖中，震巽二卦合木，兌乾二卦合金，坎離二卦本為水火，在道理上都說的過去，唯有坤艮二卦於五行皆為土，卻不能置於比鄰，頗為不妥。但恰好坤卦經文中有「利西南，不利東北」、「西南得朋，東北喪朋」之言，艮之山與坤之地皆為土，而艮者止也，如此乃置艮卦於東北，與西南之坤卦遙遙相對；又處坎卦之次，象徵冬末初春，言一年四時之循環到此為止。高懷民稱，此一卦圖的排列方式，在易學史上為一革命性的創制，它不止是第一個圓形卦圖，而且其八卦的安排與乾象天在上、坤象地在下的觀念全不相當，而且也無法以伏羲「太極生兩儀」與孔子《彖傳》的思想來解釋。

事實上，細查此卦圖的八卦位置安排，會發現其乃依五行相生之序而排列。此圖首次將八卦納入五行中，依照木生火，火生土，土生金，金生水，水生木之序列，再合以八方四時而成。以五行配合四時、五方等，無疑是先秦以來流行的思想。高氏言此章卦圖為一革命性創制的原因，不僅是因為其吸收了五行思想的新血，唯先秦唯一的五行相生說的遺跡，更是因為其說竟不惜改變乾坤二卦天地之方位，而將其置於西北、西南二隅之地以與五行相生之意相合。同時為了符合五行相生的次序，古人寧可犧牲四時的整齊劃一，而將坤土配於季夏（非如此，則此圓道循環不能成功），從而開創後世的「土王季夏說」。至於此圖為何不以彼時盛行的「相勝」為序，反以「相生」為序，蓋因易哲學以「生」為天地之大德故。如《繫辭上》云：「富有之謂大業，日新之謂盛德，生生之謂易。」〔註17〕《繫辭下》與之對應的「天地之大德曰生」和「天地絪縕，萬物化醇。男女構精，萬物化生」，莫不以「生生」為陰

〔註17〕黃壽祺、張善文譯注：《周易譯注》卷9《繫辭上傳》，第381頁。

陽更相交替化生萬物的恒生狀態及變化運動不息的表現。〔註18〕

　　先秦以來五行生剋學說的出現，將關聯思維模式和科學邏輯思維模式對應起來，對於中國古代知識體系構建發揮了重要的作用。五行學說的實質，是人們把眾多的可分為五類的事物或概念，關照關聯思維和分類配位的模式構建成龐大知識、理論系統。五行學說的構建是一個結構關聯的過程。某一範疇內部劃分為幾個基本類別，各個類別因為彼此的差異而組成一個結構。這些結構因為形式上的相似而產生關聯，或者因為兩個結構中的某一要素類似──具有同樣的價值或者具有隱喻關係而產生關聯。眾多結構相互對應、分類配位，把自然、社會、意識的方方面面捲進去，形成巨大的理論體系，許多概念也被賦予新的「價值」。在五行學說的框架裏，解釋和暗示成了依框填空，這為天文、醫學、占卜、文學等提供了有條理的觀念。〔註19〕

自然界及人體五行學說框架表

五行	自然界							人　體							
	五音	五味	五色	五化	五氣	五方	五季	五臟	五腑	五官	五體	五華	五志	五液	五聲
木	角	酸	青	生	風	東	春	肝	膽	目	筋	爪	怒	淚	呼
火	徵	苦	赤	長	暑	南	夏	心	小腸	舌	脈	面	喜	汗	笑
土	宮	甘	黃	化	濕	中	長夏	脾	胃	口	肉	唇	思	涎	歌
金	商	辛	白	收	燥	西	秋	肺	大腸	鼻	皮	毛	悲	涕	哭
水	羽	鹹	黑	藏	寒	北	冬	腎	膀胱	耳	骨	髮	恐	唾	呻

延伸閱讀：兩漢時期五臟、五行配屬模式轉換原因探尋

一、先秦時期五行五臟配屬模式的出現

　　先秦時期，最初的五行與五臟的配屬模式已經出現。《禮記·月令》曰：「孟春之月……其日甲乙……祭先脾……盛德在木……仲春之月……其日甲乙……祭先脾……季春之月……其日甲乙……祭先脾……孟夏之月……其日丙丁……祭先肺……盛德在火……仲夏之月……其日丙丁……祭先肺……季

〔註18〕黃壽祺、張善文譯注：《周易譯注》卷9《繫辭下傳》，第400、409頁。
〔註19〕此處論述參照王志軒《五行與四元素宇宙論的構建原理及其比較──從萬瑞漢的「陰陽與關聯思維的本質」談起》，載張濤編《周易文化研究》（第三輯），北京：社會科學文獻出版社，2011年，第215～223頁。

夏之月……其日丙丁……祭先肺……中央土，其日戊巳……祭先心……孟秋之月……其日庚辛……祭先肝……盛德在金……仲秋之月……其日庚辛……祭先肝……季秋之月……其日庚辛……祭先肝……孟冬之月……其日壬癸……祭先腎……盛德在水……仲冬之月……其日壬癸……祭先腎……季冬之月……其日壬癸……祭先腎……」〔註 20〕

《禮記‧月令》五行、五臟等諸元素相配表〔註 21〕

四季	五方	天干	五行	五臟	五帝	五神	五蟲	五音	五味
春	東	甲乙	木	脾	太皞	句芒	鱗	角	酸
孟夏、仲夏	南	丙丁	火	肺	炎帝	祝融	羽	徵	苦
季夏	南（中）	丙丁（戊巳）	火（土）	肺（心）	炎帝（黃帝）	祝融（后土）	羽（倮）	徵（宮）	苦（甘）
秋	西	庚辛	金	肝	少皞	蓐收	毛	商	辛
冬	北	壬癸	水	腎	顓頊	玄冥	介	羽	鹹

與之形成時間相近的《呂氏春秋》中，亦有類似記載。〔註 22〕無論是《禮記‧月令》還是《呂氏春秋》，文中一致的搭配方式是以春配脾、木和東方，夏配肺、火和南方，季夏配心、土和中央，秋配肝、金和西方，冬配腎、水和北方。其中五行、五方與四季的配屬為後世所熟知，唯有五臟之對應與今日大不同。究其原因，在於此處是以古代祭禮中動物內臟排列方位對應五方與五行。考周代祭祀，所獻犧牲頭朝南方，腹朝下。按肺在上、腎在下、脾在左、肝在右、心在中央之五臟布列，五臟排列方位恰與五方、五行有如上對應。故東漢鄭玄曰：「《月令》祭四時之位，乃其五臟之上下次之耳，冬位在後，而腎在下；夏位在前，而肺在上；春位小前，故祭先脾；秋位小卻，故祭先肝。腎也，脾也，俱在鬲下；肺也，心也，肝也，俱在鬲上。祭者必三，故

〔註 20〕潛苗金譯注：《禮記譯注》，杭州：浙江古籍出版社，2007 年，第 178～218 頁。

〔註 21〕該表中，心臟和其所對應的土行似乎並沒有完全納入五行與四時的搭配中。這樣安排的原因，恐怕是與五行與四時的不能完美對應有關。所以，在季夏之月的後面，《禮記‧月令》又附加上了有關中央土的一段論述，將土行寄於季夏之末。這種分配方法，稱為「土旺季夏」說，亦即中醫長夏說。

〔註 22〕《呂氏春秋》，上海：上海古籍出版社，1989 年，第 178～218 頁。

有先後焉，不得同五行之義。」〔註23〕唐代孔穎達亦注釋云：「所以春位當脾者，牲立南首，肺祭在前而當夏，腎最在後而當冬也。從冬稍前而當春，從腎稍前而當脾，故春位當脾；從肺稍卻而當心，故中央主心；從心稍卻而當肝，故秋位主肝。此等直據牲之五臟所在而當春、夏、秋、冬之位耳。」〔註24〕

上述配法從解剖學角度而言，本有所依。但是漢代以後，《黃帝內經》藏象學說與今文《尚書》歐陽家，採用的配法卻與此不同。其以肝屬木，心屬火，肺屬金，腎屬水，脾屬土。〔註25〕此後該模式漸佔據主導地位，流行後世兩千餘年，至今不衰。而先秦配屬模式竟鮮為人知。

二、兩漢時期五行五臟配屬模式轉換的原因

任何文獻的記載一定會被歷史有意篩濾。從歷史唯物主義的視角分析，兩漢時期五行與五臟配屬模式的轉換，並非出於偶然。其中包含著政治文化的影響、醫療實踐的檢驗和解剖學的式微等歷史深層原因，值得今人重做梳理。

1. 政治文化的影響

在王權至上的中國社會，政治文化的影響從來就是不可忽視的因素。在某些特定歷史時期，這種影響甚至會對學術走向產生決定性作用。五行、五臟配屬模式的轉換就是鮮明例證。該模式的轉換，與為政治造勢的五德終始說、今文經學等理論的興衰有著密切的聯繫。

始於戰國鄒衍的五德終始說，零星見於先秦文獻及西漢《史記》。按《呂氏春秋・應同》之說，上起黃帝，下至周代，按照五行相勝原理，各朝各代均有對應的五行、五色。具體而言，其配屬為黃帝—土—黃色，夏—木—青色，

〔註23〕段玉裁撰：《說文解字段注》，成都：成都古籍出版社，1987年，第177頁。

〔註24〕（漢）鄭玄注、（唐）孔穎達等正義：《禮記正義》卷14《月令》，上海：上海古籍出版社，1990年，第283頁。

〔註25〕《黃帝內經》與今文《尚書》歐陽家皆主今日流行之五行五臟搭配模式。二者究竟誰先誰後，尚無明確證據。部分學者認定應是《內經》在前，歐陽說在後。如近代劉師培認為是當時儒生有意吸收醫經內容，以為儒書之需：「治經之士，以五行配合醫術，說各不同。蓋《靈樞》、《素問》，均言五行，儒生以其與《洪範》、《月令》相似也，遂更以儒生所傳五行符合醫經，更以醫經之言入之儒書之注，此古醫學賴經生而傳者也。」參見張先覺編《劉師培書話》，杭州：浙江人民出版社，1998年，第57頁。今人鄭洪也認為，有可能是《黃帝內經》定此配法在前，今文經學借用醫家配法在後，而非醫家受政治影響改變配法。參見鄧鐵濤、鄭洪主編《中醫五臟相關學說研究——從五行到五臟相關》，廣州：廣東科技出版社，2010年，第57頁。

商—金—白色，周—火—赤色。周之後，代周者，無論何人，必以水為德，色尚黑。〔註 26〕這種五行、五色，是天命轉移的徵象，更是君權神授的證明。顧頡剛先生說：「五德終始說沒有別的作用，只在說明如何才可有真命天子出來，真命天子的根據是些什麼。」〔註 27〕故秦始皇統一天下之時，有意採納該說，以水德自居，尚黑衣，祀黑帝。西漢太初元年（前 104 年），漢武帝亦依此說改制漢為土德，尚黃色。〔註 28〕

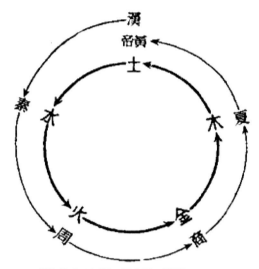

漢武帝時期五德世系圖〔註 29〕

西漢末年，為了給王莽篡漢尋求理論依據，劉歆又炮製出新的五行相生的五德終始說。該說以五行相生為序，黃帝亦為土德。其後的唐堯和虞舜，分別以火、土為德。火土相生，寓意堯舜禪讓。不過推算至漢，其土德卻變成火德。劉歆此處的意圖非常明顯：既然上古火土相生之際即是堯舜禪讓之時，那麼今日同樣屬火的大漢禪讓帝位於王莽，不也是順應火土相生之天命嗎？劉歆的五德終始說，為王莽受禪稱帝製造輿論基礎。雖然新莽政權存時較短，但是該說卻在當時產生廣泛影響。東漢建立者劉秀，就重新定義漢為火德。如此，東、西漢便有了不同的承天之德。

〔註 26〕《呂氏春秋》，第 94 頁。

〔註 27〕顧頡剛：《五德終始說下的政治和歷史》，選自《古史辨》（第五冊），上海：上海古籍出版社，1982 年，第 415 頁。

〔註 28〕（漢）班固撰：《漢書》，第 199 頁。

〔註 29〕顧頡剛：《五德終始說下的政治和歷史》，選自《古史辨》（第五冊），第 454 頁。

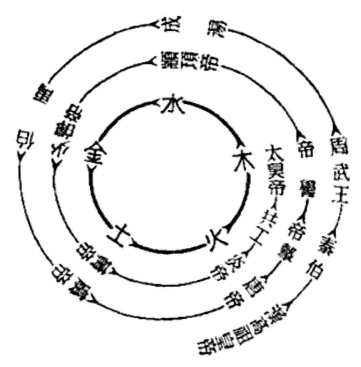

劉歆的五德世系圖〔註30〕

　　漢代五德的改變，對五行與五臟的配屬產生了微妙的影響。五臟之中，心臟最為重要。「心者，君主之官也」。故心所屬之五行，最受關注。《禮記‧月令》與《呂氏春秋》中，心屬土。西漢時，恰以土為德，於五行五方之中，中央土最為尊。故先秦這一配屬模式在西漢時亦備受官方認可。然而東漢時，又以火為德，故於五行之中，火代土為獨尊。《黃帝內經》與西漢時今文《尚書》歐陽家的五行五臟搭屬模式中，恰是以心屬火。這一配法顯然更為符合東漢人以火為德、以心為君的觀念。加之東漢初年，今文經學重新立為官學，與今文經學聯繫密切的讖緯之學定為官方統治思想。〔註31〕新的五行五臟配

〔註30〕顧頡剛：《五德終始說下的政治和歷史》，第454頁。

〔註31〕西漢平帝時期，王莽當政，把《左氏春秋》、《毛詩》、《逸禮》、《古文尚書》立為官學，此後大力推行古文經學二十多年。東漢王朝建立後，所立經學博士，都屬今文經學。王莽時期所立的各種古文經學被排斥在官學之外。西漢末年，隨社會矛盾的加劇，讖緯之說開始廣泛流行。東漢光武帝劉秀於中元元年（56）宣布圖讖於天下，把圖讖國教化。其後漢章帝於建初四年（79）召集白虎觀會議，這次會議的討論記錄，後來由班固整理成書，名為《白虎通德論》，或簡稱為《白虎通》、《白虎通義》，成了讖緯國教化的法典，使今文經學完成了宗教化和神學化。

屬模式遂風行天下，將先秦西漢模式取而代之。

2. 醫療實踐的檢驗

近兩千年的中醫史表明，《黃帝內經》五行五臟配屬模式，不僅在中醫理論體系的建立中起著重要作用，而且還對中醫臨床實踐具有重要指導意義。古人以五行的特性來分析歸納人體臟腑、經絡、形體、官竅等組織器官和精神情志等各種機能活動，構建以五臟為中心的生理病理系統，進而與自然環境相聯繫，建立天人一體的五臟系統。又以五行相生、相剋的兩種結構模式分析五臟之間的生理病理聯繫，指導疾病的診斷和防治。以上事實表明，中醫五行五臟配屬模式的出現，並非古人任意為之，而是建立在長期醫療實踐檢驗基礎之上的。東漢鄭玄指出，新模式的出現與醫學實踐有著緊密關聯：「今醫病之法，以肝為木，心為火，脾為土，肺為金，腎為水，則有瘳也。若反其術，不死為劇。」〔註32〕隋代蕭吉也認為漢代中醫體系中的五行五臟配屬以行實為驗，與醫學實踐密不可分：「《月令》中溜之禮，以陰陽進退為次；《白虎通》及《素問》醫治之書，用行實為驗，故其所配是也。」〔註33〕

漢代出現的新的五行五臟配屬，是醫家根據多年臨床實踐總結的理論，絕非隨意的產物，更不可能僅僅因為今文經學和五德終始說的政治利用而流傳千古。在特定的歷史時期，醫家的這一配法可以偶然被政治利用，並借政治之力推廣開來。但是在隨後的兩千年間，這一配法盛傳不衰的根本原因，在於其對醫學理論的合理建構及有效的臨床指導作用。相反，先秦時期五行五臟配屬源於古人祭祀時的解剖觀察，並非基於臨床總結，其醫學意義必定極為有限。故該模式在醫學領域的認可，亦不會廣泛而長久。雖然沒有確鑿的證據，但可以據此推測，先秦時期出現的五行五臟配屬模式，雖然長期以來得到官方的推崇，但是其在醫學的認可度必然較低；漢代出現的新的五行五臟配屬模式，或許長久以來已在醫家中廣泛應用，只是尚未提升至官方層面的認可。

3. 解剖學的式微

漢代五行五臟配屬模式轉換的最終完成，亦與當時解剖學的式微密不可分。漢代以降，解剖學與中醫學漸行漸遠。建立在解剖基礎之上的先秦五行

〔註32〕段玉裁撰：《說文解字段注》，第177頁。
〔註33〕（隋）蕭吉撰：《五行大義》，北京：學苑出版社，2014年。

五臟配屬模式，最終順理成章地讓位於建立在藏象學說理論基礎之上的漢代五行五臟配屬模式。

　　較之後世，商周時期的中國擁有遠為發達的解剖實踐。顧頡剛先生在《紂惡七十事的發生次第》中，不惜筆墨列舉了東周以降列朝列代對紂王惡行的記錄。其中不乏紂王解剖活人或加工人肉的記載，如「斮涉者脛而視其髓」，「殺梅伯而遺文王其醢」，「剖孕婦而觀其化」，「殺比干而觀其心」……〔註34〕雖然「三代之善，千歲之積譽也；桀紂之謗，千歲之積毀也」，後人往往將商族的血腥惡行集中到紂王一人身上，但是古人的記載即使充滿感情的想像力，依然有其憑依的史實。我們把目光投向殷墟和商代甲骨文上，會發現商代人體解剖活動的頻繁實出後世中國之想像。從出土的商王陵區人祭場和甲骨文的相關記載可知，商王在盛大祭祀中一次宰殺的人牲數量在三千名以上。人牲獻祭的方式有多種，多經過解剖，如有將人牲掏空內臟後，對半剖開來獻祭的卯祭；又有用人牲的特殊部位如內臟、頭顱來獻祭的專門人祭。頻繁盛大的人祭活動以及種類繁多的人牲獻祭方式，促使商朝的人體解剖異常發達。這種時代背景下，對這些屍體進行解剖研究不會有任何輿論阻力，甚至不排除有活體解剖的可能性。在這樣一個血腥的社會中，商代較之後代擁有更為發達的解剖學，也就在情理之中。

　　周代，在禮樂制度的規範下，人祭大為減少，但是周代同樣存在種類繁多的祭祀活動，祭祀過程中的動物解剖行為依然頻繁。周人的祭品犧牲，主要以羊、馬、牛為主，少數情況也有犬、豕。〔註35〕記錄在《禮記・月令》、《呂氏春秋》等先秦文獻的五行五臟配屬，即是以獻祭動物犧牲的解剖觀察為憑依。周代的解剖學，雖然不及商代那樣建立在真人解剖的基礎上，但是同樣有大量的動物解剖為依託。加之禮教的束縛遠不如後世嚴苛，周代的人體解剖行為也並未絕跡，所以，解剖學在此時依然擁有廣沃的成長土壤。〔註36〕建立在解剖

〔註34〕顧頡剛：《紂惡七十事的發生次第》，選自《古史辨》（第二冊），上海：上海古籍出版社，1981 年，第 82～93 頁。

〔註35〕曹建敦：《周代祭祀用牲禮制考略》，《文博》2008 年第 3 期。

〔註36〕周代解剖學成就可以通過《黃帝內經》中部分篇章得以瞭解。「解剖」一詞出自《黃帝內經》。《黃帝內經》162 篇中，有 117 篇與解剖有關，占 72%。其中包括如《靈樞・腸胃》這樣詳細記錄食道和下消化道長度數據的解剖文獻。考慮到漢代以後中醫發展軌跡與解剖學的日漸偏離，以及抵制人體解剖的思想在人民腦海中的逐漸固化，這些篇章源於漢代以後的可能性較小，更多地可能是周代後期的解剖記載的遺存。

基礎之上的先秦五行五臟配屬模式，更是在這一時期的官方文化中奠定其不可動搖的地位。

漢以降，解剖學在中國逐漸式微，其在醫學中的地位日趨下降。雖然過去不乏學者通過爬梳《黃帝內經》、《史記・扁鵲倉公列傳》、《三國志・華佗傳》的解剖記錄以及《漢書・王莽傳》所載王莽下令醫聖和巧屠將叛黨解剖，「云可治病」等史料，來證明漢代解剖學的成就，但是不可否認的是，古代解剖學在此時中醫的地位漸趨邊緣化。漢代以後的中醫始終未將解剖納入醫學的範疇，更沒有將人體解剖實踐確認為一種圭臬，並以此作為標準來衡量知識的可信度。〔註37〕取而代之的，是《內經》中藏象學說的崛起。這種將體表不同部位視為五臟之外候，身體不同組織視為五臟之功能表現的學說，已經遠離了對解剖學的依附。

解剖學在漢代醫學中的式微，卻對漢代中醫五行五臟配屬模式的最終定型起到促進作用。西漢《淮南子・地形訓》中，有一段專門述及五方五臟配屬的內容，有趣的是，文中五臟之一的脾臟在這裡竟被胃所取代：

《淮南子・地形訓》五方、五臟諸元素相配表〔註38〕

五 方	五 臟	五 色	五 竅	五 體
東方	肝	蒼色	竅通於目	筋氣屬焉
南方	心	赤色	竅通於耳	血脈屬焉
西方	肺	白色	竅通於鼻	皮革屬焉
北方	腎	黑色	竅通於陰	骨幹屬焉
中央	胃	黃色	竅通於口	膚肉屬焉

《淮南子・地形訓》的表格內容與後世中醫藏象學說相關內容大體相當，或可認定為中醫藏象學說的早期探索成果。文中五臟五方配屬模式亦與漢代新的五行五臟配屬模式相仿，唯一不同之處是五臟中脾臟被胃取代。無獨有偶，《史記・倉公傳》中亦有以胃代脾的記錄。為何在西漢前期的五行五臟配屬模式中，脾臟為胃取代？鄭洪等人認為，在臟腑學說形成過程中，胃的重要性曾一度高於脾。這主要是因為脾在解剖中並不直觀。《淮南子・地形訓》

〔註37〕陸敏珍：《刑場畫圖：十一、十二世紀中國的人體解剖事件》，《歷史研究》2013年第4期。

〔註38〕劉文典撰：《淮南鴻烈集解》卷4《地形訓》，第174～175頁。

和《史記・倉公傳》中均以胃代脾，即是明證。但根據中醫髒與腑的定義，胃只能為腑。在重氣化的中醫看來，消化功能的統帥自然是脾。〔註39〕隨著漢代解剖學的式微和藏象學說日漸成為漢代醫學主流思想，中醫學研究臟腑不再從解剖學出發。在解剖中更為直觀的胃被人有意忽視乃至取代，也就在情理之中。於此醫學背景下，漢代早期的中醫五行五臟配屬模式，最終完成轉換，成為今日我們熟知的中醫五行五臟配屬模式。

3. 小結

綜上所述，先秦時期，以古代祭禮中動物內臟排列方位對應五方為基礎而建立起來的五行五臟配屬模式，在漢代以後最終為中醫藏象學說中的五行五臟配屬模式所取代。後者的配屬模式在後世的中醫基礎理論中被定型並被沿用至今。兩漢時期五臟與五行配屬模式的轉換，包含著政治文化的影響、醫療實踐的檢驗和解剖學的式微等歷史深層原因，並非出於偶然，而是諸多因素造成的結果。

第二節　干支與陰陽五行的結合

有關陰陽說和五行說早期發展結合的論述，前賢的研究成果早已是汗牛充棟。〔註40〕故本文於此不再贅述。本文需要關注的，是五行在與陰陽四時逐漸結合的過程中，天干和地支又是如何與它們一步步發生聯繫。《淮南子・天文訓》曰：「天地之襲精為陰陽，陰陽之專精為四時，四時之散精為萬物。」〔註41〕古

〔註39〕鄧鐵濤、鄭洪主編：《中醫五臟相關學說研究——從五行到五臟相關》，廣州：廣東科技出版社，2010年，第55頁。
〔註40〕近年來的相關研究著作及論文，可以參閱羅桂成著《唐宋陰陽五行論集》之「陰陽五行學說探源」（志文出版社，1982年）、鄺芷人著《陰陽五行及其體系》（文津出版社，1998年）、葛兆光著《中國思想史》（第一卷）第二編之第一節、第六節、第七節（復旦大學出版社，2001年）、張立文主編、陸玉林著《中國學術通史》（先秦卷）第五章「子學支流」之「陰陽五行學說」（人民出版社，2004年）、彭華著《陰陽五行研究》（先秦篇）（華東師範大學2004年博士論文）、劉長林著《中國象科學觀——易、道與兵、醫》第二編之「陰陽自組——生化之綱」以及第三編之「疏五行」（社會科學文獻出版社，2007年）、馮達文著《中國古典哲學略述》「先秦篇」第三章「儒學的早期開展」之「宇宙論的引入與《易傳》的成德論」以及「漢唐篇」第一章「儒學的復興與董仲舒的『天人相與』說」（廣東人民出版社，2009年）、劉揚著《陰陽文化內涵及其英譯研究》（湖南大學出版社，2010年）。
〔註41〕劉文典撰：《淮南鴻烈集解》卷3《天文訓》，第95頁。

人很早就確立了這樣一種思維：由陰陽而生四時，再由四時而生五行萬物。但是這種聯繫的媒介是什麼，古人一開始也沒有做出明確的回答，而是歷經長期的摸索。

陰陽說與五行說的結合是一個漫長的過程。二者合而成為陰陽五行說，始於何時何人，時至今日，都難以確認。梁啟超以為：「春秋戰國以前所謂陰陽，所謂五行，其語甚希見，其義極平淡。且此二事從未嘗並為一談。諸經及孔、老、墨、孟、荀、韓諸大哲皆未嘗齒及。」〔註42〕梁氏此語可能屬實。「陰陽與五行，大抵是兩個不同的解釋世界的系統。解釋對象和方式都有所不同，陰陽學說主要是從變易的角度揭示宇宙萬物和人間事務的變化與推動的力量，主要屬於生成和變易問題；五行學說則主要是從構成和功用方面揭示宇宙萬物的構成材料和元素，主要屬於構成和質料的問題」〔註43〕。雖然陰陽和五行也屬於一個更大的系統，但二者並不是平級的關係，所以二者的結合併不緊密。陸玉林認為，陰陽說與五行說結合的關鍵點，是五行與時令如何結合。〔註44〕時令的轉換，反映了陰陽在四季的消長。五行與時令相結合，當然也體現出陰陽的變化。故而，四時與五行相配，長久以來被認為是陰陽與五行兩大思想傳統的合流。四時，也成為陰陽與五行合流的重要中介。〔註45〕

《左傳·昭公元年》載：「天有六氣，降生五味，發為五色，徵為五聲。淫生六疾。六氣曰陰、陽、風、雨、晦、明也。分為四時，序為五節，過則為災：陰淫寒疾，陽淫熱疾，風淫末疾，雨淫腹疾，晦淫惑疾，明淫心疾。」

〔註42〕 梁啟超：《陰陽五行說之來歷》，選自《古史辨》（第5冊），上海：上海古籍出版社，1982年，第353頁。

〔註43〕 張立文主編、陸玉林著：《中國學術通史》（先秦卷），第364頁。

〔註44〕 張立文主編、陸玉林著：《中國學術通史》（先秦卷），第366頁。

〔註45〕 武占江認為相較於四時五行，陰陽是後期概念，具有高度概括性，且具有廣泛的適用範圍；陰陽五行合流就是通過置換和概括四時觀念。參見武占江《四時與陰陽五行》，《河北師範大學學報》2003年第2期；李震也持此觀點，不過其重點更多在於從政治層面來理解陰陽五行的合流。參見李震《先秦陰陽五行觀念的政治展開——以稷下為中心》，《管子學刊》2017年第3期。王子劍認為，陰陽（四時）五行合流之所以成為一個潮流並存在形態差異則與戰國中後期普遍存在的政治改革思潮、理性祛魅思潮、區域性月令系統差異有關。參見王子劍《陰陽與政教：關於四時五行合流何以可能的再考察——重讀〈管子〉中〈幼官〉〈四時〉〈五行〉諸篇》，《管子學刊》2020年第1期。

〔註46〕此是晉侯患病後向秦國求醫，秦伯讓秦國名醫醫和為晉侯診病後，醫和提出的著名的「六氣致病」學說。此學說認為六氣以陰陽為綱，而淫生六疾統於陰陽。文中所謂「天有六氣，降生五味，發為五色，徵為五聲。……分為四時，序為五節」似說明春秋時已有將五行統於陰陽、配於一年四時之說。至少可以認為，陰陽五行說此時已在醞釀當中，或已萌芽。甚至也可以設想，將十個天干配於五行的嘗試此時已經開始實施。

　　陰陽與五行兩大思想系統的合流，尤其是四時五行如何相配成為《管子》、《禮記・月令》、《呂氏春秋》、《淮南子》等著作中研究之顯學。在四時五行合流的過程中，前人遇到的最大問題在於二者不存在一一對應的關係，落實到具體問題就是如何處理「土」的角色與地位，於是上述著作有了各種歧出的解釋。

一、《管子》中干支與五行、陰陽、四時的結合

　　我們先把目光投向戰國時期的《管子》一書，來看看《管子》是如何安排干支、五行與四時的對應關係的。今天可以確切認定的干支與陰陽五行有效結合的最早記載，出現在《管子》一書中。在《管子》一書中，陰陽說和五行說都有不同程度的發展，陰陽五行說也已正式出現。《管子》表述的陰陽五行說主要集中在《幼官》、《四時》、《五行》、《輕重己》等諸篇中。在這些篇章中，可以看到陰陽說和五行說已被初步整合成一個整體。其說的基本理路是，以陰陽為基礎，由陰陽引出四時，再以四時攝合五行，最後以五行統攝萬物。而天干也在這一論述過程中與五行、四時甚至陰陽建立起了初步的聯繫。

　　我們且來看該書是如何論證這一思想的。《管子・四時》篇云：「是故陰陽者，天地之大理也。四時者，陰陽之大經也。」〔註47〕是以陰陽統四時。《管子・五行》篇稱：「昔黃帝以其緩急作五聲，以政五鍾。令其五鍾，一曰青鍾大音，二曰赤鍾重心，三曰黃鍾灑光，四曰景鍾昧其明，五曰黑鍾隱其常。五聲既調，然後作立五行以正天時，五官以正人位。人與天調，然後天地之美生。」是以五行正天時。故一年四時，分別「睹甲子木行御，……七十二日而畢」、「睹丙子火行御，……七十二日而畢」、「睹戊子土行御，……七十

〔註46〕（戰國）左丘明撰、（西晉）杜預集解：《左傳》，第704頁。
〔註47〕黎翔鳳撰：《管子校注》卷14《四時》，北京：中華書局，2004年，第838頁。

二日而畢」、「睹庚子金行御，……七十二日而畢」、「睹壬子水行御，……七十二日而畢」。〔註48〕陰陽與五行在這裡初步結合，而部分天干也與五行結合起來，並且間接地也與陰陽有了聯繫。

然而《管子》在干支與陰陽、五行結合的嘗試中還是留下了一些不足。首先是代表五行的天干與陰陽之間的聯繫顯得若有若無。因為文中只有五陽干與五行的對應，我們並沒有見到五陰干以及十二地支與五行的準確對應。其次，《管子》在五行與四時的結合方面雖有突破卻仍嫌不足。《管子·五行》試圖建立一種能完美融合四時與五行的方案，但是，因為四時和五行無法一一對應，所以《管子·五行》在此處採用了將一年分為五等份來對應五行的方法。它按照木、火、土、金、水的順序，把一年五等分，分別由甲、丙、戊、庚、壬主事。一年被分為五等分，也就意味著五行也被賦予了時間意義。只是這樣做，雖然使得五行各能對應一年之中的七十二天，但是卻打亂了人們固有的四時觀念。《管子》這種天干、五行與四時、陰陽的對應方案，對後世影響頗深，一直到西漢的《淮南子》、《春秋繁露》中，還可以看到其內容。〔註49〕此外，大約形成於唐代以前的中醫運氣學說中五運等概念，也以五行均分四時。由此可見，這種以五干對應五行，以五行均分四時的思想貫穿於後世。

〔註48〕黎翔鳳撰：《管子校注》卷14《五行》，第865、868、869、872、874、876、878、879頁。

〔註49〕《淮南子·天文訓》云：「天地之襲精為陰陽，陰陽之專精為四時，四時之散精為萬物。」而後，其又言：「壬午冬至，甲子受制，木用事，火煙青。七十二日，丙子受制，火用事，火煙赤。七十二日，戊子受制，土用事，火煙黃。七十二日，庚子受制，金用事，火煙白。七十二日，壬子受制，水用事，火煙黑。七十二日而歲終，庚子受制。」《春秋繁露·五行相生》云：「天地之氣，合而為一，分為陰陽，判為四時，列為五行。」《春秋繁露·治順五行》云：「日冬至七十二日，木用事，其氣燥濁而青，七十二日，火用事，其氣慘陽而赤；七十二日，土用事，其氣濕濁而黃；七十二日，金用事，其氣慘淡而白；七十二日，水用事，其氣清寒而黑；七十二日，復得木。」和《管子·五行》篇思想一樣，《淮南子》、《春秋繁露》依然是以陰陽引出四時，再以四時攝合五行，也是將甲、丙、戊、庚、壬對應五行，然後以五行各對應一年當中的七十二天（《春秋繁露·治順五行》略而未言天干，但其內容顯然相同）。參見劉文典撰《淮南鴻烈集解》卷3《天文訓》，第80、88、89、105頁。張世亮、鍾肇鵬、周桂鈿譯注《春秋繁露》，北京：中華書局，2012年，第487、513、514頁。

二、《禮記‧月令》中干支與五行、陰陽、四時的結合

干支與陰陽、五行、四時的結合，在《禮記‧月令》〔註50〕篇中又有了新的進展。其文摘錄如下：

孟春之月，日在營室，昏參中，旦尾中。其日甲乙。其帝大皞，其神句芒。其蟲鱗。其音角，律中大蔟，其數八。其味酸，其臭膻，其祀戶，祭先脾。……是月也，以立春。先立春三日，大史謁之天子曰：「某日立春，盛德在木。」天子乃齊。立春之日，天子親帥三公、九卿、諸侯、大夫以迎春於東郊。……仲春之月，日在奎，昏弧中，旦建星中。其日甲乙，其帝大皞，其神句芒，其蟲鱗。其音角，律中夾鍾。其數八。其味酸，其臭膻。其祀戶，祭先脾。……季春之月，日在胃，昏七星中，旦牽牛中。其日甲乙。其帝大皞，其神句芒。其蟲鱗。其音角，律中姑洗。其數八。其味酸，其臭膻。其祀戶，祭先脾。……孟夏之月，日在畢，昏翼中，旦婺女中。其日丙丁。其帝炎帝，其神祝融。其蟲羽。其音徵，律中中呂。其數七。其味苦，其臭焦。其祀灶，祭先肺。……是月也，以立夏。先立夏三日，大史謁之天子曰：「某日立夏，盛德在火。」天子乃齊。立夏之日，天子親師三公、九卿、大夫以迎夏於南郊。……仲夏之月，日在東井，昏亢中，旦危中。其日丙丁。其帝炎帝，其神祝融。其蟲羽。其音徵，律中蕤賓。其數七。其味苦，其臭焦。其祀灶，祭先肺。……季夏之月，日在柳。昏火中，旦奎中。其日丙丁。其帝炎帝，其神祝融。其蟲羽。其音徵，律中林鍾。其數七。其味苦，其臭焦。其祀灶，祭先肺。……中央土，其日戊己。其帝黃帝，其神后土。其蟲倮。其音宮，律中黃鐘之宮。其數五。其味甘，其臭香。其祀中溜，祭先心。……孟秋之月，日在翼，昏建星中，旦畢中。其日庚辛。其帝少皞，其神蓐收。其蟲毛。其音商，律中夷則。其數九。其味辛，其臭腥。其祀門，祭先肝。……是月也，以立秋。

〔註50〕《禮記》(《小戴禮記》、《小戴記》)據傳是孔子的七十二弟子及其學生們所作，西漢禮學家戴聖所編的一部典章制度選集。該書共二十卷四十九篇，章法謹嚴，文辭婉轉，前後呼應，語言整飭而多變，主要記載了先秦的禮制，體現了先秦儒家的哲學思想、教育思想、政治思想、美學思想。因此該書只能約略認為成書於戰國至西漢時期。其中《月令》篇按一年十二月，逐月記載每月的天象特徵和天子所宜居處、車馬、衣服、飲食及所當實行的政令等。

先立秋三日，大史謁之天子曰：「某日立秋，盛德在金。」天子乃齊。
立秋之日，天子親帥三公、九卿、諸侯、大夫以迎秋於西郊。……
仲秋之月，日在角，昏牽牛中，旦觜觽中。其日庚辛。其帝少皞，
其神蓐收。其蟲毛。其音商，律中南呂。其數九。其味辛，其臭腥。
其祀門，祭先肝。……季秋之月，日在房，昏虛中，旦柳中。其日
庚辛。其帝少皞，其神蓐收。其蟲毛。其音商，律中無射。其數九。
其味辛，其臭腥。其祀門，祭先肝。……孟冬之月，日在尾，昏危
中，旦七星中。其日壬癸。其帝顓頊，其神玄冥。其蟲介。其音羽，
律中應鍾。其數六，其味鹹，其臭朽。其祀行，祭先腎。……是月
也，以立冬。先立冬三日，大史謁之天子曰：「某日立冬，盛德在水」。
天子乃齊。立冬之日，天子親帥三公、九卿、大夫以迎冬於北郊。……
仲冬之月，日在斗，昏東壁中，旦軫中。其日壬癸。其帝顓頊，其
神玄冥。其蟲介。其音羽，律中黃鍾。其數六，其味鹹，其臭朽。
其祀行，祭先腎。……季冬之月，日在婺女，昏婁中，旦氐中。其
日壬癸。其帝顓頊，其神玄冥。其蟲介。其音羽，律中大呂。其數
六，其味鹹，其臭朽。其祀行，祭先腎。……〔註51〕

在該篇中，十干與五行已經一一對應，那麼，我們似乎也可以認定十干
所分屬的陰陽也與五行一一對應起來。作者較細緻地列舉了天干與五行以及
五行與五音、四時的對應關係。這種類似的描述，我們在《靈樞·順氣一日分
為四時》以及《素問·金匱真言論》裏都可以看到。

但是在《禮記·月令》篇裏我們看到了兩種五行與四時的對應關係。第一
種對應關係，是以甲乙對應木行，以木行統攝春季；丙丁對應火行，以火行統
攝夏季；庚辛對應金行，以金行統攝秋季；壬癸對應水行，以水行統攝冬季。
很顯然，這種搭配中，天干戊己和其所對應的土行並不與四時相配，實質上將
其排除出了五行與四時的對應關係中。於是，十天干中只有八天干與四時對應
起來，戊己所代表的土行並沒有與四時產生關聯。這樣做的結果，一方面使得
另外四行與四時的對應順理成章；另一方面卻產生出了四時缺乏土行、四時與
五行無法完整對應的缺陷。《禮記·月令》將土行排除在了四時所主五行之外。
這樣安排的原因，恐怕是與五行與四時的不完全對應有關。這種排列只是四行
與四時的對應，這與中國先民腦海中具備的五行觀念是相矛盾的。

〔註51〕潛苗金譯注：《禮記譯注》，第 178～218 頁。

《禮記·月令》十二月紀天干五行相配表（一）

天干	五行	五帝	五神	五蟲	五音	五味	五臟	五方	四季
甲乙	木	太皞	句芒	鱗	角	酸	脾	東	春
丙丁	火	炎帝	祝融	羽	徵	苦	肺	南	夏
庚辛	金	少皞	蓐收	毛	商	辛	肝	西	秋
壬癸	水	顓頊	玄冥	介	羽	鹹	腎	北	冬

　　這種安排顯然不能令人滿意。大概是為了彌補這種缺陷，《禮記·月令》的作者於是在季夏之月的後面，又附加上了有關中央土的一段論述。這就是該篇的第二種五行四時搭配方法。文中將土行寄於季夏之末，是希望能將五行與四時對應起來。這種分配方法，稱為「土旺季夏」說。土旺季夏說使五行相生的法則得以順利解釋四時的轉換。它直接開啟了後世的中醫長夏說。〔註52〕不過，該說的最大不足是，火行與土行對應時間偏短，五行並不處於均等的地位。但不管怎樣，《禮記·月令》的這種雙重安排，還是對後世產生了深遠影響。首先，十干與五行的對應關係此時已經建立起來了。其次，之後的《呂氏春秋》、《春秋繁露》也承襲了這種雙重安排方式。〔註53〕當然，後世也注意到了這種安排的弊端，所以，他們一方面對《禮記·月令》的這種安排予以繼承，一方面也在不斷改進著干支、五行與四時的對應關係。

〔註52〕中醫長夏說廣泛見於《黃帝內經·素問》諸篇，參見《黃帝內經素問》卷1《金匱真言論篇第四》、卷7《藏氣法時論篇第二十三》、卷20《五常政大論篇第七十》，第22～30、141～149、419～456頁。

〔註53〕《呂氏春秋》的類似論述參見陳奇猷校釋《呂氏春秋校釋》卷1《孟春紀第一·孟春》、卷2《仲春紀第二·仲春》、卷3《季春紀第三·季春》、卷4《孟夏紀第四·孟夏》、卷5《仲夏紀第五·仲夏》、卷6《季夏紀第六·季夏》、卷7《孟秋紀第七·孟秋》、卷8《仲秋紀第八·仲秋》、卷9《季秋紀第九·季秋》、卷10《孟冬紀第十·孟冬》、卷11《仲冬紀第十一·仲冬》、卷12《季冬紀第十二·季冬》，北京：學林出版社，1984年，第1、63、121、185、241、311、375、421、467、515、567、615頁。《春秋繁露》的類似論述參見張世亮、鍾肇鵬、周桂鈿譯注《春秋繁露》，第394、396、408、409、507、508頁。此外，土旺季夏之說不僅為中醫所承，在後世五行書籍及命理文獻中還是有不少體現，並未消失在歷史的長河。

《禮記·月令》十二月紀天干五行相配表（二）

天干	五行	五帝	五神	五蟲	五音	五味	五臟	五方	四季
甲乙	木	太皞	句芒	鱗	角	酸	脾	東	春
丙丁	火	炎帝	祝融	羽	徵	苦	肺	南	夏
戊己	土	黃帝	后土	倮	宮	甘	心	中	季夏
庚辛	金	少皞	蓐收	毛	商	辛	肝	西	秋
壬癸	水	顓頊	玄冥	介	羽	鹹	腎	北	冬

三、《淮南子·時則訓》中干支與五行、陰陽、四時的結合

西漢時，人們在繼承《禮記·月令》、《管子》、《呂氏春秋》等先秦文獻的說法的同時，也在不斷探討著天干地支與陰陽、五行的對應關係。至《淮南子》一書中，不僅十天干，十二地支與五行四時的對應關係也真正建立起來。干支四時五行已經完全融為一個系統，且為陰陽所統攝。《淮南子·時則訓》中第一次將十二次所屬十二辰（十二地支）與十二月、十干、五行對應起來，茲摘錄如下：

> 孟春之月，招搖指寅，昏參中，旦尾中。其位東方，其日甲乙，盛德在木，其蟲鱗，其音角，律中太蔟，其數八，其味酸，其臭膻，其祀戶，祭先脾。……仲春之月，招搖指卯，昏弧中，旦建星中。其位東方，其日甲乙，其蟲鱗，其音角，律中夾鍾，其數八，其味酸，其臭膻，其祀戶，祭先脾。……季春之月，招搖指辰，昏七星中，旦牽牛中，其位東方，其日甲乙，其蟲鱗，其音角，律中姑洗，其數八，其味酸，其臭膻，其祀戶，祭先脾。……孟夏之月，招搖指巳，昏翼中，旦婺女中，其位南方，其日丙丁，盛德在火，其蟲羽，其音徵，律中仲呂，其數七，其味苦，其臭焦，其祀灶，祭先肺。……仲夏之月，招搖指午，昏亢中，旦危中，其位南方，其日丙丁，其蟲羽，其音徵，律中蕤賓，其數七，其味苦，其臭焦，其祀灶，祭先肺。……季夏之月，招搖指未，昏心中，旦奎中，其位中央，其日戊己，盛德在土，其蟲嬴，其音宮，律中百鍾，其數五，其味甘，其臭香，其祀中，祭先心。……孟秋之月，招搖指申，昏斗中，旦畢中，其位西方，其日庚辛，盛德在金，其蟲毛，其音商，律中夷則，其數九，其味辛，其臭腥，其祀門，祭先肝。……仲秋之月，招搖指酉，昏牽牛中，旦

觜觿中。其位西方，其日庚辛，其蟲毛，其音商，律中南呂，其數九，其味辛，其臭腥，其祀門，祭先肝。……季秋之月，招搖指戌，昏虛中，旦柳中，其位西方，其日庚辛，其蟲毛，其音商，律中無射，其數九，其味辛，其臭腥，其祀門，祭先肝。……孟冬之月，招搖指亥，昏危中，旦七星中，其位北方，其日壬癸，盛德在水，其蟲介，其音羽，律中應鍾，其數六。其味鹹，其臭腐，其祀井，祭先腎。……仲冬之月，招搖指子，昏壁中，旦軫中，其位北方，其日壬癸，其蟲介，其音羽，律中黃鍾，其數六，其味鹹，其臭腐，其祀井，祭先腎。……季冬之月，招搖指丑，昏婁中，旦氐中，其位北方，其日壬癸，其蟲介，其音羽，律中大呂，其數六，其味鹹，其臭腐，其祀井，祭先腎。……[註54]

參以文中天干五行與四時、五方的搭配，大體上可以歸納出一個干支五行對照萬物的系統：

《淮南子・時則訓》十二月紀干支五行相配表

天干	十二辰	五行	五蟲	五音	五味	五臟	五方	四季
甲乙	寅卯辰	木	鱗	角	酸	脾	東	春
丙丁	巳午	火	羽	徵	苦	肺	南	夏
戊己	未	土	嬴	宮	甘	心	中	季夏
庚辛	申酉戌	金	毛	商	辛	肝	西	秋
壬癸	亥子丑	水	介	羽	鹹	腎	北	冬

至《淮南子・時則訓》中，土行與季夏（長夏）正式搭配起來。這一搭配也在稍後的董仲舒的《春秋繁露》中有所反映。《春秋繁露・五行對》：「天有五行，木火土金水是也。木生火，火生土，土生金，金生水。水為冬，金為秋，土為季夏，火為夏，木為春。春主生，夏主長，季夏主養，秋主收，冬主藏。」四時中增加了季夏而成為五時，以與五行相對應。

延伸閱讀：土旺長夏說與土旺四季說

漢武帝時土行與季夏的這種搭配，也開啟了後世中醫長夏之說。五行學說引進醫學時，為了與脾、土、濕相配合，故古之醫者，將土旺長夏說引入中

[註54] 劉文典撰：《淮南鴻烈集解》卷5《時則訓》，第159～184頁。

醫。這是五行學說引進醫學成熟的標誌。惲鐵樵《群經見智錄》：「《內經》言五行配以五藏，其來源於天之四時。藏有五，而時僅四，故以六月為長夏，以配脾。」《素問・六節藏象論》王冰次注云：「長夏者，六月也。土生於火，長在夏中，既長而旺，故云長夏也。」《素問・藏氣法時論》王冰次注云：「長夏，謂六月也。夏為土母，土長干中，以長而治，故云長夏。」《素問・金匱真言論》云：「所謂得四時之勝者，春勝長夏，長夏勝冬，冬勝夏，夏勝秋，秋勝春，所謂四時之勝也。」王冰注云：「四時之中，加之長夏，故謂得五行（五）時之勝也。」〔註55〕

至此，五季與十二月建對應時間為：春季（立春——穀雨）對應寅月、卯月、辰月；夏季（立夏——夏至）對應巳月、午月；長夏（小暑、大暑）對應未月；秋季（立秋——霜降）對應申月、酉月、戌月；冬季（立冬——大寒）對應亥月、子月、丑月。

中醫關於土行的說法之二，土旺四季說，是指土行旺於春夏秋冬換季的最後 18 天。在《淮南子・天文訓》中，人們看到了另外一種以五行統攝四時的方法：「甲乙寅卯，木也。丙丁巳午，火也。戊己四季，土也。庚辛申酉，金也。壬癸亥子，水也。」〔註56〕這裡最重要的改變是「戊己四季，土也」。所謂四季，指春夏秋冬四季的最後一個月，即季春、季夏、季秋、季冬之月。《天文訓》將戊己土配於這四個月，故曰「戊己四季，土也」，這就是「土旺四季」說。

與《淮南子・天文訓》同一時期成書的董仲舒的《春秋繁露》也提到了土旺四季之說。《春秋繁露・五行之義》：「土居中央，為（謂）之天潤。土者，天之股肱也，其德茂美，不可名以一時之事，故五行而四時者，土兼之也。金木水火雖各職，不因土，方不立，若酸鹹辛苦不因甘肥不能成味也。甘者，五味之本也；土者，五行之主也。五行之主土氣也，猶五味之有甘肥也，不得不成。是故聖人之行，莫貴於忠，土德之謂也。人官之大者，不名所職，相其是也；天關之大者，不名所生，土是矣。」〔註57〕這段話中，董仲舒從土之德、

〔註55〕《黃帝內經》中涉及土旺長夏說的篇章還有《素問・四時刺逆從論》、《素問・宣明五氣》、《素問・平人氣象論》、《素問・五常政大論》、《素問・六元正紀大論》、《素問・風論》、《靈樞・本神》、《靈樞・經筋》、《靈樞・順氣一日分為四時》、《靈樞・五音五味》等。

〔註56〕劉文典撰：《淮南鴻烈集解》卷3《天文訓》，第148頁。

〔註57〕（漢）董仲舒撰、（清）凌曙注：《春秋繁露》卷11《五行之義》，北京：中華書局，1975年，第392、393頁。

性角度論述土「不可名以一時之事」，力主土旺四時之說。

《淮南子・天文訓》與《春秋繁露》對土行與四季的這一調整，雖避免了「土旺季夏」時火土偏少、四季五等分時四時混亂以及四行配四時五行不全等諸多不足，但是又矯枉過正，留下了土行過重的缺陷。後人為此又做了一些改進，只將四季月的後十八天來配土行。稍後的《黃帝內經》之《素問・太陰陽明論》中，已經將這種五行與四時的搭配法則呈現出來：「帝曰：脾不主時何也？岐伯曰：脾者土也，治中央，常以四時長四髒，各十八日寄治，不得獨主於時也。」〔註58〕就是說脾不主時，脾主四時，既每季的最後18天。長夏雖由脾所主，但從時間來說卻又不盡合理，時間搭配不均勻。長夏是從夏季分出的一個月，夏季則是二個月，而春、秋、冬則各為三個月。這樣一來，《太陰陽明論》的作者為了均衡這個時間，又云「脾不主時」，即在每季之末各勻出十八天由脾所主。18×4＝72天，3個月−18天＝72天，如此則每季皆係72天。而五行也終於每行各占七十二日，不用再五等分四時了。土旺四季的觀念的成立，基本上奠定了後世的天干五行與四季的搭配方式〔註59〕。

最後，當我們從技術性層面思考四時、五行如何搭配的問題時，會發現似乎永遠沒有辦法真正解決雙方不可調和的矛盾——如果土只與季夏相對，它似乎被矮化了；如果土旺四季，似乎又將其權益拔高了，且與五行生剋之序分道揚鑣。故而千百年來，後來者要麼擇取其一，要麼融合創新，但終究莫衷一是。

第三節　《京氏易傳》中干支與易卦的結合

一、《京氏易傳》以八卦納十干

無論是先秦文獻《管子》還是西漢的《淮南子》、《春秋繁露》，都在試圖通過時令與五行的結合來說明干支與陰陽、五行的關聯。而隨著西漢孟喜的

〔註58〕《黃帝內經素問》卷8《太陰陽明論》，第180頁。
〔註59〕《五行大義・論生死所》援引《龜經》中的話：「土，木動為辰土，火動為未土，金動為戌土，水動為丑土。」又云：「甲乙寅卯為辰土，丙丁巳午為未土，庚辛申酉為戌土，壬癸亥子為丑土。凡五行之王，各七十二日。土居四季，季十八日，並七十二日，以明土有四方，生死不同。」很顯然，隋以前人們已將土行安排於四季的最後十八天。參見（隋）蕭吉撰《五行精紀》卷2《論相生》，第180頁。

卦氣說正式納陰陽思想入易學體系，通過陰陽五行與八卦的關聯，後人又逐漸將干支體系納入卦爻系統，進而完成了干支與易卦系統的結合。西漢後期的京房正是通過納甲法將天干地支納入易卦系統，從而將五行生剋的屬性賦予到卦爻系統之中。

所謂納甲，就是把陰陽五行、天干地支系統和周易六十四卦結合起來，把八宮卦各配以十天干，每卦各爻各配以十二地支。因為甲為十天干之首，故稱為納甲。

首先來看《京氏易傳》〔註60〕是如何將十天干分配到八卦的。京房將十天干的陰陽與八卦的陰陽相配，而八卦的陰陽可由《周易・說卦傳》中的「乾坤父母六子說」得出：「乾，天也，故稱乎父；坤，地也，故稱乎母；震一索而得男，故謂之長男；巽一索而得女，故謂之長女；坎再索而得男，故謂之中男；離再索而得女，故謂之中女；艮三索而得男，故謂之少男；兌三索而得女，故謂之少女。」〔註61〕是以知八卦之中，乾震坎艮四卦為陽，坤巽離兌四卦為陰。由此，得到乾震坎艮四陽卦與坤巽離兌四陰卦。

八卦分陰陽乾坤父母六子圖

〔註60〕京房所著《京氏易傳》今存三卷，為唐代僧一行所集，書中有三國吳陸績之注和北宋晁公武之跋，收入《四庫全書》「子部七」之「術數類四」中。

〔註61〕黃壽祺、張善文譯注：《周易譯注》卷10《說卦傳》，第437、438頁。

隨後，《京氏易傳》卷下又將十天干與八純卦一一相配：「分天地乾坤之象，益之以甲乙壬癸，震巽之象配庚辛，坎離之象配戊己，艮兌之象配丙丁。八卦分陰陽，六位配五行，光明四通，變易立節。」吳陸績注曰：「乾坤二分天地陰陽之本，故分甲乙壬癸，陰陽之始終。……庚陽入震，辛陰入巽。……戊陽入坎，己陰入離。……丙陽入艮，丁陰入兌。」〔註62〕是以知八純卦中，乾為天內卦納甲，外卦納壬；坤為地內卦納乙，外卦納癸；震為雷納庚；巽為風納辛；坎為水納戊；離為火納己；艮為山納丙；兌為澤納丁。於是十干與八純卦的對應關係便確定下來。

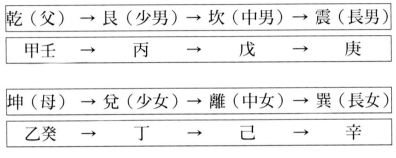

八純卦納干次序圖

至於十天干與八純卦為何如此搭配，這與天干、八卦之陰陽屬性以及八卦象徵的男女長幼之序有關。考京氏有「一三五七九，陽之數；二四六八十，陰之數」之說法，可以判明，甲、丙、戊、庚、壬為陽干，乙、丁、己、辛、癸為陰干。他將十天干分為陰陽，居於奇數位的甲丙戊庚壬為陽干，居於偶數位的乙丁己辛癸為陰干。隨後，他將陰干、陽干與八純卦的陰陽相匹配。以陽干配陽卦，陰干配陰卦。首先是乾坤二卦的納干，乾納甲壬而坤納乙癸。其納甲原因如蕭吉所言：「甲是陽干之始，乾下三爻取之；壬是陽干之末，乾上三爻取之；乙是陰干之始，坤下三爻取之；癸是陰干之末，坤上三爻取之。」至於其餘六純卦所納天干之原則亦按蕭吉所言，以陽干順排分別納丙、戊、庚於少男艮卦、中男坎卦、長男震卦；以陰干順排分別納丁、己、辛於少女兌卦、中女離卦、長女巽卦：「餘有六干，陽付其男，陰付其女，甲乙之後，次於丙丁，故以丙付少男艮，以丁付少女兌；丙丁之後，次於戊己，故以戊付中男坎，以己付中女離；戊己之後，次於庚辛，故以庚付長男震，以辛付長女巽。所以從少而付老，自小及大，從微至著故也。」

〔註62〕盧央著：《京氏易傳解讀》，北京：九州出版社，2004年，第519頁。

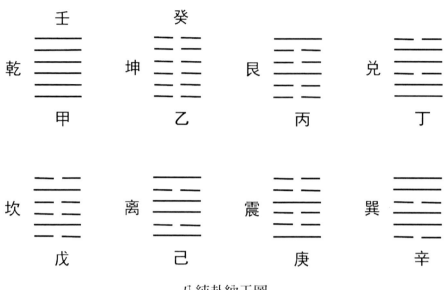

八純卦納干圖

二、《京氏易傳》以卦爻納十二支

京房對卦爻納支的思考更為縝密。《京氏易傳》卷下云：「初為陽，二為陰，三為陽，四為陰，五為陽，六為陰。一三五七九陽之數，二四六八十陰之數。陰從午，陽從子，子午分行。子左行，午右行，左右凶吉。吉凶之道，子午分時。」[註63] 這段話至少包含以下幾個重要信息：一是京房將十二支分為陰陽。由陰陽之數可知，子寅辰午申戌為陽支，丑卯巳未酉亥為陰支。陽支配陽卦，陰支配陰卦；二是確定了陽支與陰支的起點。由「陰從午，陽從子」可以推出陽支以子為首，而陰支表面上以午為首，實質上因為午亦為陽支，故京氏是以未為陰支之首；三是確定了陰支與陽支的運行順序。「陰從午，陽從子，子午分行。子左行，午右行，左右凶吉。」《京氏易傳》中，陽支與陰支在六爻中的運行順序是相反的。陽支順行，自子始，依次是寅辰午申戌；陰支逆行，自未始，依次是巳卯丑亥酉。

陽支：子 ① → 寅 ② → 辰 ③ → 午 ④ → 申 ⑤ → 戌 ⑥

陰支： 丑 ④ ← 卯 ③ ← 巳 ② ← 未 ① ← 酉 ⑥ ← 亥 ⑤

爻納支次序圖

〔註63〕盧央著：《京氏易傳解讀》，第 520 頁。

在卦納干而爻納支的基礎上，京房遂建立起其縝密的納甲法。納甲法的顯著特點，即以干支納入卦爻。

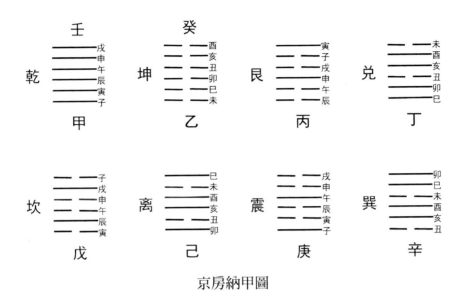

京房納甲圖

京房納甲表

爻位 ＼ 八卦		乾	坎	艮	震	巽	離	坤	兌
外卦	六爻	壬戌	戊子	丙寅	庚戌	辛卯	己巳	癸酉	丁未
	五爻	壬申	戊戌	丙子	庚申	辛巳	己未	癸亥	丁酉
	四爻	壬午	戊申	丙戌	庚午	辛未	己酉	癸丑	丁亥
內卦	三爻	甲辰	戊午	丙申	庚辰	辛酉	己亥	乙卯	丁丑
	二爻	甲寅	戊辰	丙午	庚寅	辛亥	己丑	乙巳	丁卯
	一爻	甲子	戊寅	丙辰	庚子	辛丑	己卯	乙未	丁巳

仔細觀察這個表，可以發現一些規律：首先，乾震坎艮四陽卦地支皆為陽支，順行排列；坤巽離兌四陰卦地支皆為陰支，逆行排列。之所以卦爻納支會出現如此差別，是因為京氏八卦分四陽卦和四陰卦，乾、震、坎、艮是四陽卦，坤、離、巽、兌是四陰卦。陽卦納陽支（子寅辰午申戌）而自初爻順行排列，陰卦納陰支（丑亥酉未巳卯）而自初爻逆行排列。順行就是子丑寅卯的正常順序，逆行就是卯寅丑子的相反順序。

　　其次，乾震二純卦納支情況相同，皆以子為初爻，由下到上，順排六陽支。這是因為《周易・說卦傳》謂乾為父而震為長男，長男承襲其父，故納支相同。接著往下看，乾、震二純卦以子為初爻，六陽支中，子後為寅，寅後為辰。細看該表，坎為水以寅為初爻，艮為山以辰為初爻。京房之所以這樣安排，是因為「坎再索而得男。故謂之中男」，「艮三索而得男，故謂之少男」。原來，京房是按照長幼之序，安排的四陽卦之納支順序。乾為父，震長男，坎中男，艮少男，故乾震以子為首，坎以寅為首，艮以辰為首。六陽支與四陽卦之卦爻即是如此對應起來的。

　　與之類似，京房亦以長幼之序，安排四陰卦之納支順序。只是，除了坤為地外，其餘三純卦是以由幼到長的順序來納支的。坤為母，坤為地的初爻從「未」開始排列，隔位逆行，即未、巳、卯、丑、亥、酉。兌為少女，兌為澤的初爻從「巳」開始排列，隔位逆行，即巳、卯、丑、亥、酉、未。離為中女，離為火的初爻從「卯」開始排列，隔位逆行，即卯、丑、亥、酉、未、巳。巽為長女，巽為風的初爻從「丑」開始排列，隔位逆行，即丑、亥、酉、未、巳、卯。

　　京房納甲說的本質是將西漢時發展起來的干支、陰陽五行說與易卦系統統一起來。京房在納甲法裏提出了一個新的周易卦序排列體系，即八宮卦理論體系。八宮卦說將六十四卦按卦、爻的陰陽及其消長規律進行分類，將其分為八組，每組八卦，以模擬天地變易之道。〔註64〕

京房八宮卦表

宮次	本宮卦	一世卦	二世卦	三世卦	四世卦	五世卦	遊魂卦	歸魂卦
乾宮	乾為天	天風姤	天山遯	天地否	風地觀	山地剝	火地晉	火天大有
坎宮	坎為水	水澤節	水雷屯	水火既濟	澤火革	雷火丰	地火明夷	地水師
艮宮	艮為山	山火賁	山天大蓄	山澤損	火澤睽	天澤履	風澤中孚	風山漸

〔註64〕參照盧央著《京氏易傳解讀》，第113～119頁。

震宮	震為雷	雷地豫	雷水解	雷風恆	地風升	水風井	澤風大過	澤雷隨
巽宮	巽為風	風天小畜	風火家人	風雷益	天雷无妄	火雷噬嗑	山雷頤	山風蠱
離宮	離為火	火山旅	火風鼎	水火未濟	山水蒙	風水渙	天水訟	天火同人
坤宮	坤為地	地雷復	地澤臨	地天泰	雷天大壯	澤天夬	水天需	水地比
兌宮	兌為澤	澤水困	澤地萃	澤山咸	水山蹇	地山謙	雷山小過	雷澤歸妹

　　通過卦納干和爻納支，京房建立起嶄新的八宮卦，解決了干支、陰陽五行與易卦的結合問題。至此，干支被納入易卦系統，陰陽五行與易卦的關係確定下來，也為後世周易與中醫的結合奠定了基礎。

三、京房納甲法與六爻疾病預測

　　西漢後期京房創立的納甲法，在後世逐漸成為周易預測最流行的筮法六爻法（亦稱火珠林法）。早期的六爻法起卦需用蓍草，《繫辭傳上》對演蓍法有明確記載：「大衍之數五十，其用四十有九。分而為二以象兩，掛一以象三，揲之以四以象四時，歸奇於扐以象閏，五歲再閏，故再扐而後掛。」〔註65〕宋代朱熹斟酌古法，參以己見，製成演蓍法筮儀。宋朝時開始「以錢代蓍」，預測人將三枚銅錢放於手中，思其所測之事，讓所測信息融貫於銅錢之中，合掌搖晃後放入卦盤中，擲六次而成卦。配以卦爻，及動變以後，通過測卦當日的干支，配以六親及六獸，結合易經的卦辭、爻辭，而判斷事物的發展過程和結果。

　　「以錢代蓍」的起卦方法據傳起自五代宋初的麻衣道人，其說真偽已不可考，但始自宋代的火珠林法，確以銅錢起卦。占卦時，首先將三個銅錢平入於手心，兩手合扣，問事之人要集中意念，腦子只准專想所要預測之事，

〔註65〕黃壽祺、張善文譯注：《周易譯注》卷9《繫辭傳上》，第387頁。

反覆搖動手中銅錢，然後將銅錢擲於盤中，看銅錢的背和字的情況。一個背，兩個字，為少陽（陽爻）；兩個背，一個字，為少陰（陰爻）；三個背，沒有字，為老陽（陽爻動），變出少陰；三個字，沒有背，為老陰（陰爻動），變出少陽。搖卦時共搖六次，第一次為初爻，畫在卦的最下面，依次上升，第六次為第六爻，畫在卦的最上邊。如遇有變爻，再畫出變卦來。

起卦完畢，接著裝卦。

裝卦時，除納入干支外，還需裝上世應、六親、六獸。先來說世應。京房八宮卦說包含著世應說。其中八純卦上爻為世爻，一世卦初爻為世爻，二世卦二爻為世爻，三世卦三爻為世爻，四世卦四爻為世爻，五世卦五爻為世爻，遊魂卦四爻為世爻，歸魂卦三爻為世爻。在實際解卦過程中，由於世爻往往代表占卦者本人，因此占本人吉凶世爻是必看之項。京房認為，「定吉凶只取一爻之象」，這一爻即為世爻。除世爻之外，一卦中還有與世爻相應的應爻。所謂的應爻，指的是卦內與世爻間隔兩位的那一爻。在實際解卦過程中，應爻往往代表他人他事，因此也是占卜者需要關注的選項。京氏納甲法及後世的六爻法主要通過卦中世爻與應爻之間剛柔生剋的關係來顯示吉凶之象。

京房用五行分別配八宮卦，又用地支五行配每卦六爻，以卦和爻之間的生剋關係來定六親進而解說吉凶。京房曰：「八卦，鬼為繫爻，財為制爻，天地為義爻（天地即父母也），福德為寶爻（福德即子孫也），同氣為專爻（兄弟爻也）。」[註66] 這裡是說，八宮卦為母，每卦各爻為子，按五行生剋說明卦與爻之間的六親關係。繫爻指剋母卦之爻，陸績稱之為官鬼爻；制爻為母卦所剋之爻，陸績稱之為財爻；義爻是生母卦之爻，陸績稱為父母爻；寶爻是指母卦所生之爻，陸績稱之為子孫爻；專爻是指與母卦屬性相同的爻，陸績稱為兄弟爻。一卦六爻，分排六親。

六獸，又稱六神，分別為青龍、朱雀、勾陳、螣蛇、白虎、玄武。其配法依照搖卦日辰而定。通常甲乙日起卦初爻配青龍，二至六爻依次配朱雀、勾陳、螣蛇、白虎、玄武；丙丁日起卦初爻配朱雀，二至六爻依次配勾陳、螣蛇、白虎、玄武、青龍；戊日起卦初爻配勾陳，二至六爻依次配螣蛇、白虎、玄武、青龍、朱雀；己日起卦初爻配螣蛇，二至六爻依次配白虎、玄武、青龍、朱雀、勾陳；庚辛日起卦初爻配白虎，二至六爻依次配玄武、青龍、朱雀、勾陳、螣蛇；壬癸日起卦初爻配玄武，二至六爻依次配青龍、朱雀、勾

[註66] 盧央著：《京氏易傳解讀》，第 520 頁。

陳、螣蛇、白虎（見下表）。卦爻配六獸，用以區別事物類別，揭示一種信息之象，參斷吉凶。一般來說，青龍主吉慶之事，朱雀主官非口舌之事，勾陳主田土牢役之事，螣蛇主虛驚怪異之事，白虎主凶傷孝服之事，玄武主匪盜曖昧之事。這些意象，在斷卦時可以參考，以增加信息量。

十天干起六獸表

日干 六爻 ＼ 六獸	甲　乙	丙　丁	戊	己	庚　辛	壬　癸
六爻	玄武	青龍	朱雀	勾陳	螣蛇	白虎
五爻	白虎	玄武	青龍	朱雀	勾陳	螣蛇
四爻	螣蛇	白虎	玄武	青龍	朱雀	勾陳
三爻	勾陳	螣蛇	白虎	玄武	青龍	朱雀
二爻	朱雀	勾陳	螣蛇	白虎	玄武	青龍
初爻	青龍	朱雀	勾陳	螣蛇	白虎	玄武

裝卦完畢，最後一步便是解卦。

首先分析卦象的內部條件。預測凶吉和得失主要分析卦內的用神、元神、忌神、仇神、世爻、六神，如果應該查伏神的，就外加分析伏神七個方面的內容。其次分析卦的外部環境。卦的外部環境是指起卦當時的年、月、日對卦內各爻所產生的影響。年、月、日在此稱謂的術語是：太歲、月建、日辰，其中日辰和月建對內部條件起到非常重大的影響。最後，分析其他制約因素。這些制約因素，大都是以五行生克制化原理為基礎，經過多年的具體實踐整理提煉出來的，其中不少的規定也是卦的內部條件與外部環境的綜合應用，是高度慨括的一種形式。有些卦內部條件非常複雜，結合這些規定進行分析，情況相對就清晰，對於把握卦的主要矛盾，正確判斷用神的處境，事態變化發展情況與最終的結果，都是十分有用的。

六爻所佔，於仕途、財富、婚姻、學業、考試、疾病、不測等靡不涉之。其中，六爻疾病之預測，亦可納入醫易學涵蓋之範圍。姑以疾病為例，看清代《增刪卜易》對其辯證：

　　占病者如自占病，若得世爻旺相或日月動爻生合世爻，或子孫持世，或子孫動於卦中，不拘久病近病，或求神或服藥，立保安康。

　　近病者世值旬空或世動化空，或卦逢六沖及卦變六沖，不須服藥，

即許安痊。久病者官鬼持世，遇休囚，或遇日月動爻尅世，或值旬空月破，世動化空化破或卦逢六沖，卦變六沖，或世動化鬼及化回頭尅者，速宜救治，遲者扁鵲難醫。

占父母病以父母爻為用神。若得父爻旺相，或日月動爻生父母，或父動化旺，不拘久病近病，求神服藥立見安寧，近病者父爻值旬空，父動化空，或卦逢六沖，不藥而痊。久病者父爻值旬空月破，父動化空、化破，父動化財，財化父母，卦逢六沖，卦變六沖，或父爻休囚又出被日月動爻沖尅，為子者須宜急急求醫，親嘗湯，勿遠離也。

占兄弟病者，若得兄爻旺相，或臨日月動爻相生，或動化旺化生，不拘病之遠近，立許全安。近病者，兄爻值旬空及動而化空，卦逢六沖，服藥即愈。久病者兄爻值旬空月破及動而化空化破，卦逢六沖，卦變六沖，兄動化鬼，鬼動化兄，或兄爻休囚被日月動爻沖尅，急急服藥求神，遲則難調理。

占子孫病者，子孫爻旺相，或臨日月，或日月動爻生合，或子孫爻化回頭生，化旺，不拘病之新久，服藥求神即愈，近病者子孫爻值旬空及動而化空，卦逢六沖，卦變六沖，不藥而愈，出痘者不宜六沖，久病者子孫逢旬空月破及動而化空化破，卦逢六沖，卦變六沖，子孫動而化鬼，鬼化子孫，父化子，子化父及日月動爻沖尅者，速宜服藥，心則難於治矣。

占妻妾病者，以財爻為用神，財爻旺相或臨日月，或日月動爻相生，或財爻化子孫及化帝旺者，不拘久病近病，治之即愈，近病者妻財逢旬空及動而化空，或爻逢六沖，卦變六沖，何須服藥，即許災除。久病者財爻逢旬空月破及動而化空化破，卦逢六沖，卦變六沖，或財動化鬼，鬼化財爻，兄動化財，財化兄弟，名醫亦難取效。〔註67〕

試以以下三卦說明之。

卦例1：庚子年戊寅月辛丑日某女士自占產後疾病發作走勢。旬空：辰巳占得澤火革之震為雷

〔註67〕 （清）李文輝撰、孫正治注：《增刪卜易‧野鶴老人自序》，北京：中醫古籍出版社，2012年。

		坎宮：澤火革	震宮：震為雷（六沖）
六神	伏神	本卦	變卦
螣蛇		官鬼丁未土 ▇▇ ▇	官鬼庚戌土 ▇▇ ▇ 世
勾陳		父母丁酉金 ▇▇▇ ○→	父母庚申金 ▇▇ ▇
朱雀		兄弟丁亥水 ▇▇▇ 世	妻財庚午火 ▇▇▇
青龍	妻財戊午火 兄弟己亥水	兄弟己亥水 ▇▇▇ ○→	官鬼庚辰土 ▇▇ ▇ 應
玄武		官鬼己丑土 ▇▇ ▇	子孫庚寅木 ▇▇ ▇
白虎		子孫己卯木 ▇▇▇ 應	兄弟庚子水 ▇▇▇

　　解卦過程：自占疾病以官鬼爻為用神。本卦中官鬼爻兩現，但並未旺動，沒有對世爻占者造成太大身體傷害。倒是之卦中的六三爻官鬼辰土反剋亥水，造成一定惡果。九五爻父母酉金動而生身，九三爻兄弟亥水動而助身。動爻兩現而生助己身，總體向好。但是父母爻酉金動化退神申金，兄弟爻亥水動化回頭剋，故兩動爻雖動而助身，但助力有限。從疾病時間節點分析，變爻官鬼辰土暫時旬空，故兄弟爻亥水所受衝擊不是太強，待三日出空後，回頭剋力強勁，占者身體狀況可能更差。官鬼爻辰土至清明穀雨之時（陽曆四月份）走向旺相，疾病在此時纏綿反覆。此後會逐漸走向好轉。

　　之卦六沖，凡近病喜逢六沖，未來疾病向好。

　　九三：徵，凶，貞厲。革言三就，有孚（出征，吃了敗仗，卜問得凶兆。但是只要振奮精神，整頓裝備，重新開戰，則能轉敗為勝，生擒強敵）。

　　九五：大人虎變，未佔有孚（王公大人赫然大怒，化柔弱為威猛，不用卜占，即知將大獲勝仗）。

　　占者情況：占者為剛生完孩子的產婦。懷孕時身體狀況便不是很好，妊娠高血壓，重度子癇。後提前終止妊娠，緊急剖腹產生下兒子，孩子早產。占者在醫院住了十幾天，方才回家。寶寶則在醫院保溫箱裏住了一個月。出院幾天後占者又因為血管或者神經方面的問題住院，病因沒有查出來，醫生說其可能有腦梗，血壓也很高，故占者心理負擔極重，當時想知道此次重疾能否痊癒，以及何時痊癒。該卦世爻己身沒有受到明顯傷害，但助身之動爻亦乏力。官鬼變爻正蓄勢回頭剋伐助身之兄弟爻，未來一段時間占者身體狀況不會理想。所幸之卦六沖，會逢凶化吉。結合爻辭來看，九三爻逢凶化吉，九五爻明顯變為利好，未來疾病走向應轉為利好。其向好時間可能至立夏以後。

後回訪得知，數月後，其各種產後疾病逐漸消失，目前健康狀況良好。

卦例2：庚子年乙酉月癸亥日某女士占其母今年健康狀況如何。旬空：子丑占得風山漸卦

艮宮：風山漸（歸魂）

六神	伏神		
白虎		官鬼辛卯木 ■■■■■	應
螣蛇	妻財丙子水	父母辛巳火 ■■■■■	
勾陳		兄弟辛未土 ■■　■	
朱雀		子孫丙申金 ■■■■■	世
青龍		父母丙午火 ■■　■	
玄武		兄弟丙辰土 ■■　■	

解卦過程：占父母病以父母爻為用神。用神父母爻巳火休囚，反觀伏神（忌神）妻財爻子水得時令相助，出伏制飛神父母爻。父母爻受剋嚴重，又臨螣蛇，主父母有怪病。其母現狀不佳。至今冬，忌神更為旺相，用神更加休囚，狀況會進一步加重。

占者情況：其母生重病，肺癌轉移到肝上，已進行多次化療，然效果並不理想。醫生預計病情會逐漸加重。至當年冬月，果病逝。

卦例3：庚子年己丑月戊午日某女士占其夫健康走勢。旬空：子丑占得火雷噬嗑之天風姤

神煞：貴人—丑，未

巽宮：火雷噬嗑　　　　　　　　　乾宮：天風姤

六神	本　卦			變　卦	
朱雀	子孫己巳火 ■■■■■			妻財壬戌土 ■■■■■	
青龍	妻財己未土 ■■　■	世	×→	官鬼壬申金 ■■■■■	
玄武	官鬼己酉金 ■■■■■			子孫壬午火 ■■■■■	應
白虎	妻財庚辰土 ■■　■		×→	官鬼辛酉金 ■■■■■	
螣蛇	兄弟庚寅木 ■■　■	應	×→	父母辛亥水 ■■■■■	
勾陳	父母庚子水 ■■■■■		○→	妻財辛丑土 ■■　■	世

解卦過程：妻占夫健康，官鬼爻為用神，妻財爻為原神，子孫爻為忌神，兄弟爻為凶神。卦內四爻變，正是人生多事之秋。其中用神官鬼雖不動，但

財爻兩動，且得時，原神極為有力。其夫得地利人和之助。四動爻變爻中，合出申子辰三合水局，父母爻旺，剋忌神子孫，其夫所患疾病可治癒。妻財持世臨青龍，生官鬼，且世爻未土為貴人，占者夫君健康向好，能得貴人相助。

九四：包無魚。起凶（兇險苗頭開始顯現）。

占者情況：占者家庭條件優渥，其夫為南昌某大學教授，近期體檢忽查出有大腸癌，且已到晚期。占者泣淚之下占得此卦。該卦妻占夫健康，單從世爻來看，占者心想事成。從原神、父母爻來看，其夫健康根基雄厚，醫療效果明顯，亦有力佐證世爻之象。唯變卦爻辭凶，加之動爻多現，此次情形必有一番磨難，但吉人自有天相，命中此劫必能化解。後數月間，占者與其夫往返於南昌、廣州之間做手術和化療，花費巨額藥資，如今病情穩定，生活又趨安祥。一年後又據反饋，其夫癌細胞已經擴散至肝臟，預後仍不理想。不過短期無虞。

第四章　正五行、真五行與納音五行

第一節　正五行

一、正五行的內涵

正五行的運用，在中國古代文化中最為久遠，亦最為普遍。其中，從先秦以來應用持續至今的干支計時，即是以正五行為基礎建立起來的一套計時工具。正五行包括十天干與十二地支。十天干為甲、乙、丙、丁、戊、己、庚、辛、壬、癸；十二地支為子、丑、寅、卯、辰、巳、午、未、申、酉、戌、亥。天干地支又分陰陽五行，其中甲、寅為陽木，乙、卯為陰木，丙、巳為陽火，丁、午為陰火，戊、辰、戌為陽土，己、丑、未為陰土，庚、申為陽金，辛、酉為陰金，壬、子為陽水，癸、亥為陰水。

正五行天干地支陰陽五行對照表

五　行	木		火		土		金		水	
陰陽	陽木	陰木	陽火	陰火	陽土	陰土	陽金	陰金	陽水	陰水
天干	甲	乙	丙	丁	戊	己	庚	辛	壬	癸
地支	寅	卯	巳	午	辰戌	丑未	申	酉	亥	子

地支中除了含有本氣外，還含有餘氣（或稱中氣）。由於每一個地支，都對應著一年中的某一個月份，而每一個月份，由於節氣的改變，其五行性質

也在不斷變化中，故而地支所含五行內容較為複雜。在此基礎上形成的地支藏遁，就是指每一個地支中含有一到三種不同的天干，其中發揮主要作用的天干稱為本氣，其餘次要的天干稱為餘氣或中氣。《淵海子平》在書中用《地支藏遁歌》詳細概括了各支藏干的情況：

> 子宮癸水在其中，丑癸辛金己土同，寅宮甲木兼丙戊，卯宮乙木獨相逢，辰藏乙戊三分癸，巳中庚金丙戊叢，午宮丁火並己土，未宮乙巳丁其宗，申位庚金壬水戊，酉宮辛字獨豐隆，戌宮辛金及丁戊，亥中壬甲是真蹤。〔註1〕

據此，製成地支藏遁表，詳示十二地支本氣、餘氣之分布：

地支藏遁表

地　支	子	丑	寅	卯	辰	巳	午	未	申	酉	戌	亥
本　氣	癸水	己土	甲木	乙木	戊土	丙火	丁火	己土	庚金	辛金	戊土	壬水
餘　氣		癸水 辛金	丙火 戊土		乙木 癸水	庚金 戊土	己土	乙木 丁火	戊土 壬水		丁火 辛金	甲木

但是在該書中，地支藏遁的布列規定卻並非僅此一處。在卷1《又論節氣歌》中，我們又看到了不一樣的地支藏遁細則：

> 看命先須看日主，八字始能究奧理。假如子上十日壬，中旬下旬方是癸。丑宮九日癸之餘，除卻三辛皆屬己。寅宮戊丙各七朝，十六甲木方堪器。卯宮陽木朝初旬，中下兩旬陰木是。三月九朝仍是乙，三日癸庫餘戊奇。初夏九日生庚金，十六丙火五戊時。午宮陽火屬上旬，丁火十日九日己。未宮九日丁火明，三朝是乙餘是己。孟秋己七戊三朝，三壬十七庚金備。酉宮還有十日庚，二十辛金屬旺地。戌宮九日辛金盛，三丁十八戊土具。亥宮七戊五日甲，餘皆壬旺君須記。須知得一擬三分，此訣先賢與驗秘。〔註2〕

據此可發現此種地支藏遁布列方式較之上文更為詳盡：

〔註1〕李峰注解：《新刊合併官板音義評注淵海子平》卷1《又地支藏遁歌》，海口：海南出版社，2002年，第86頁。

〔註2〕李峰注解：《新刊合併官板音義評注淵海子平》卷1《又論節氣歌》，第85、86頁。

《淵海子平・又論節氣歌》中地支藏遁表

月　份	地　支	藏　遁	月　份	地　支	藏　遁
十一月	子	壬 10 日	六月	未	丁 9 日
		癸 20 日			乙 3 日
十二月	丑	癸 9 日			己 18 日
		辛 3 日	七月	申	己 7 日
		己 18 日			戊 3 日
正月	寅	戊 7 日			壬 3 日
		丙 7 日			庚 17 日
		甲 16 日	八月	酉	庚 10 日
二月	卯	甲 10 日			辛 20 日
		乙 20 日	九月	戌	辛 9 日
三月	辰	乙 9 日			丁 3 日
		癸 3 日			戊 18 日
		戊 18 日	十月	亥	戊 7 日
四月	巳	戊 5 日			甲 5 日
		庚 9 日			壬 18 日
		丙 16 日			
五月	午	丙 10 日			
		己 9 日			
		丁 11 日			

　　作為傳統的曆法工具，干支可以用來紀年、紀月、紀日、紀時。然而干支不僅僅是用來表示時間，更重要的是，它還是用來標記和推算宇宙間陰陽五行運行消息的工具。換言之，干支符號不僅承載著計時的任務，還是記錄陰陽五行運動狀態的代碼。

二、正五行中蘊含的生命信息

　　一個人的生辰八字，就是用正五行表示出來的這個人的出生時間。但與西方等國家計時工具不同的是，中國的生辰八字正五行事實上還蘊含著一個人的生命信息。古代先哲認為，人處天地之間，稟受天地之氣而生。「人之生，

氣之聚也。聚則為生，散則為死。」〔註3〕「萬物之生，皆稟元氣。」〔註4〕
「人秉氣而生，含氣而長，得貴則貴，得賤則賤。」〔註5〕《黃帝內經》亦言
「人以天地之氣生，四時之法成……夫人生於地，懸命於天，天地合氣，命
之曰人。人能應四時者，天地為之父母……」〔註6〕因此，「在一個人出生之
瞬時就決定了一個人的運氣週期節律，正因為如此，人的體質必然會受到流
年氣候影響他的健康狀況」〔註7〕。

　　但豈止是健康信息，古人認為，人的性格、學業、事業、人際關係、婚姻
等人生信息莫不包含其中。人們通常所說的四柱八字命理術，就是以一個人
出生的年、月、日、時四柱八字干支為推斷上述內容的術數。

　　不過，命理學從本質上來說是玄學，而非現在某些人所宣揚的是什麼科
學。玄學是難以捉摸的，難以數據化的；而科學是可以捉摸的，可以數據化
的。近代以來，有許多人想把命理學數據化，當下亦有不少電腦軟件用分數
計算生辰八字五行的強弱度，但是從數據的來源看，所有數據的生成皆源於
心授，而非基於現實的實驗生成。因此命理學就目前來說還只是玄學，不是
科學。不過，如果通過大數據的臨床檢驗，輔以對這些數據的不斷調整，使
命理推算無限接近於事實的話，命理學或許終有一日可以走向科學。況且，
命理學所蘊含的古代天人合一思想、陰陽五行理論、社會倫理觀念、術數運
算法則等，都是古人留給我們的寶貴財富，值得我們今天深入的研究。

　　魏晉時期，已經能夠找到多處以正五行推命的案例。《晉書‧戴洋傳》載：
「王導遇病，召洋問之。洋曰：『君侯本命在申，金為土使之主，而於申上石
頭立冶，火光照天，此為金火相爍，水火相煎，以故受害耳。』導即移居東
府，病遂差。」〔註8〕戴洋在分析王導本命時所用為正五行申金，故有「君侯
本命在申，金為土使之主」之說。又，當時王導任丹陽太守，住在冶城。戴洋
認為該地以火冶金，危及王導本命，故致其病：「而於申上石頭立冶，火光照

〔註3〕（戰國）莊周著：《莊子》卷2《外篇‧知北遊》，北京：中國華僑出版社，2018
　　　　年，第 261 頁。
〔註4〕黃暉撰：《論衡》卷 23《言毒》，第 1103 頁。
〔註5〕黃暉撰：《論衡》卷 2《命義》，第 53 頁。
〔註6〕《黃帝內經素問》卷 8《寶命全形論》，第 158、159 頁。
〔註7〕田合祿等著：《中醫自然體質論治》，太原：山西科學技術出版社，2012 年。
〔註8〕（唐）房玄齡等撰：《晉書》卷九五《戴洋傳》，北京：中華書局，1974 年，
　　　　第 2470 頁。

天，此為金火相爍，水火相煎，以故受害耳。」

　　隋唐五代時期，命理術古法（李虛中術）逐漸完善定型。雖然由於文獻的缺乏，今人難以全面考量這一時期命理術的發展狀況，但是從隋代唐初留下的一些記載以及近代以來發現的敦煌文獻的相關文書中，還是可以看到當時命理術發展的大體情況。中唐時期，韓愈（768～824）為擅長命理術的李虛中（761～813）所作的《殿中侍御史李君墓誌銘》，成為後人追述這位命理界名人的唯一依據。這段墓誌銘，也是中唐時期為數不多的命理術史料之一，為今人瞭解當時的「李虛中術」留下了寶貴資料：

> 　　殿中侍御史李君，名虛中，字常容。其十一世祖沖，貴顯拓跋世。父惲，河南溫縣尉，娶陳留太守薛江童女，生六子，君最後生，愛於其父母。年少長，喜學；學無所不通，最深於五行書。以人之始生年、月、日、所值日辰，支干相生、勝、衰、死、王、相斟酌，推人壽夭、貴賤、利不利；輒先處其年時，百不失一二。其說汪洋奧美，關節開解，萬端千緒，參錯重出。學者就傳其法，初若可取，卒然失之。星官曆翁，莫能與其校得失。〔註9〕

這段話所提到的命理術非常簡單：「以人之始生年、月、日、所值日辰，支干相生、勝、衰、死、王、相斟酌，推人壽夭、貴賤、利不利；……」就是以年、月、日、時四柱的天干和地支為依據，根據干支之間生剋刑合等關係來推測人生的貴賤壽夭。這句話並沒有提到其術是否以年柱為主，不過考慮到唐初呂才已將年柱放在核心的位置，而後的宋代也繼承了這一傳統，因此很明顯，李虛中的四柱命理術應該也是以年柱為推命核心的。李虛中所用之術，與宋代命理術同屬於命理術之古法。所以宋代以後，人們往往以「李虛中術」來指代命理術古法。

　　大體而言，命理術古法推斷有以下幾個特點：一、論命的出發點，以年為主。其中年干為祿，年支為命，年柱納音為身。二、論命五行，除了正五行外，還有納音五行。三、常用神煞幫助推命。

〔註9〕（唐）韓愈撰、馬通伯校注：《韓昌黎文集校注》卷6《殿中侍御史李君墓誌銘》，上海：古典文學出版社，1957年，第253、254頁。韓愈與此處誤將李虛中作北魏侍中李沖的十一世孫，據晁公武糾正，李虛中乃為李沖的八世孫。見（宋）晁公武撰、孫猛校證《郡齋讀書志校證》卷14《五行類》，上海：上海古籍出版社，1990年，第620頁。

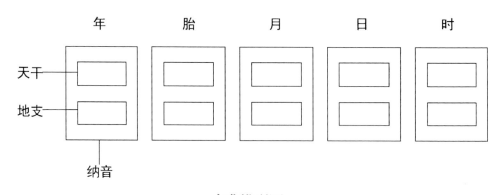

古典模型圖

　　命理術自南宋後期至明清時期得到進一步發展，命理術今法（子平術）逐漸取代古法成為命理正宗。相較古法，今法論命以日干為主，參以月支及其他命局中干支五行的生剋關係，不論納音，專論正五行，並在推命中滲入大量財官、六親等關係分析要素。

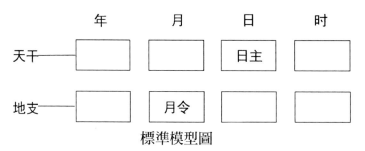

標準模型圖

　　古法、今法相比，最大的變化應是論命重心的轉移──古法以「年」為出發點，今法以日干（日主）為根據。之所以出現這種重大轉變，臺灣地區的梁湘潤認為：「人生貴賤之定位──由出生世家（年為本）之貴族制，改至個人努力有成（日為主）之平民制。故改『年』為本，為『日』之平民制。」〔註10〕考之中國古代命理術，發軔於魏晉，獨立於南北朝，至隋唐初步完成其古法的定型。這期間的中國政權，幾乎都為世家大族所操控，正所謂「上品無寒門，下品無士族」。在這樣的時代背景下，出身背景對於個人貴賤貧富的影響力，遠遠大於其才華。以年為本，正是出身決定命運的絕佳詮釋。南宋後期，新法出現，並以蓬勃之勢迅速發展，並最終取代古法成為命理術正宗，其影響力至今延續。與之對應的宋代社會，無論在地權關係、經濟結構、階級構

_____

〔註10〕梁湘潤著：《祿命法千年沿革史》，臺北：行卯出版社，2013年。

成、政治體制、賦役制度，還是在社會習俗、意識形態等諸方面，都發生著一些重大變化。葛金芳先生認為，這些變化的實質性內涵，就是我國中古社會正經歷著由封建前期向後期轉化的過渡時期。〔註11〕舉例而言，比如，宋代以後科舉較之隋唐，有三點變化值得關注：一是取消了參加考試者的門第限制；二是擴大科舉取士人數；三是從優任命錄取之進士。這些方面的改革，使得平民改變個人命運成為可能，促使宋以後世人較之前人更加熱衷讀書應舉，不少人終生奔走科場而樂此不疲。今法模型把論命的重心轉移到更多觀察個人情況的日干上，正是經歷了這種歷史演變的現實狀況的投影。

　　命理術今法還重格局、用神的分析。這是因為年、月、日、時四柱天干地支正五行所造成的組合異常繁多，四柱八字的正五行組合數值多達 518400 種（（年柱）60×（月柱）12×（日柱）60×（時柱）12＝518400）。又因為命理術男女斷法不同，故上述組合數又需乘以 2，最終得到 1036800 種組合。如此繁多的組合，為論命造成了不便。為了能確切區分這 100 多萬種組合的優劣，明清以來古人創格局說來解決這一問題。所謂格局說，確切來說，就是將這 1036800 種組合分為十八種格局，其中常見的正格 8 種（今或稱 10 種），不常見的從格、專旺格 10 種。在將一個生辰八字歸納成格局後，該八字的情況便逐漸清晰起來，在此基礎之上我們再進一步選取用神，以推斷該命主先天之命和後天之運的貴賤吉凶。

第二節　真五行

一、真五行的出現

　　關於真五行的定義，《玉照定真經》解釋為：「正道歌用法，先看真五行。甲己真土，乙庚真金，丙辛真水，丁壬真木，戊癸真火，此真五行。」〔註12〕原來，十天干中可以兩兩相合而化為一種新的五行，這種經化合的五行就是真五行。從根本上來講，真五行脫胎於正五行之十天干，然而其五行屬性又與十天干不同。真五行之合干表面上看是正五行，其實經干合之後，其五行

〔註11〕葛金芳著：《兩宋社會經濟研究》，天津：天津古籍出版社，2010 年，第 14、33～36 頁。
〔註12〕《玉照定真經》，文淵閣《四庫全書》第 809 冊，上海：上海古籍出版社，2007 年，第 41 頁。

屬性已發生變化，決不可再以正五行視之。由於真五行的這一特殊性，筆者認為它是有別於正五行的一種五行，故將其專列一節，與正五行、納音五行並而論之。

　　關於十干為何生出以上五行，《素問‧五運行大論》是這樣解釋的：「臣覽太始天元冊文，丹天之氣，經於牛女戊分；黅天之氣，經於心尾己分；蒼天之氣，經於危室柳鬼；素天之氣，經於亢氐昂畢；玄天之氣，經於張翼婁胃；所謂戊己分者，奎壁角軫，則天地之門戶也。」〔註13〕丹、黅、蒼、素、玄分別指紅、黃、青、白、黑五色之氣。上古時期，古人看見五色之氣在天空橫亙於二十八宿之上。丹天（紅色）火氣經過牛女奎壁四宿，位於戊癸方位，故而戊癸化火；黅天（黃色）土氣經過心尾角軫四宿，位於甲己方位，故而甲己化土；蒼天（青色）木氣經過危室柳鬼四宿，位於丁壬方位，故而丁壬化木；素天（白色）金氣經過亢氐昂畢四宿，位於乙庚方位，故而乙庚化金；玄天（黑色）水氣經過張翼婁胃四宿，位於丙辛方位，故而丙辛化水。這就是說，古人通過天文觀察，在經天五氣的基礎上建立了十干化運的理論。

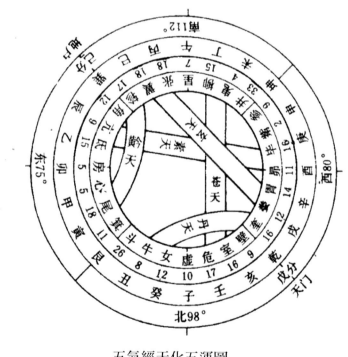

五氣經天化五運圖

〔註13〕《黃帝內經素問》卷19《五運行大論》，第370、371頁。

上述文獻所引用的《太始天元冊》人們通常認為起自上古三代，至少應是先秦時期的作品。王冰注曰：「天元冊，所以記天真元氣營運之紀也。自神農之世，鬼臾區十世祖，始誦而行之，此太古占候靈文，洎乎伏羲之時南華，非新學之所易曉，觀其經注一律，以出一人之手，謂扁鵲為黃帝時人，則其書不古；謂扁鵲為秦越人，則傳中無太玄君之號。醫門仿託，率多類此。」故而，後世學者往往認為，建立在天象觀察基礎之上的十干紀運至少在先秦時期就已經出現。不過，十干紀運真的是建立在上述天象的基礎上嗎？如果這種天象是偶然間出現，那麼十干紀運便不具備恒定的演變規律；如果這種天象是古人的想像，那麼這種想像的基礎又是什麼？

我們認為，十干紀運本質上就是古人對數字演變規律的一種高度總結。這種總結建立在中國古代長期發展的術數文化基礎之上，是術數文化的產物，而非上述文獻所言，是載於《太史天元冊》的一種天文現象。下面，我們就從術數角度，對十干化運進行深入的探討。

二、真五行的解釋

（一）夫妻之道

真五行存在的基礎是十天干可以兩兩化合。古人常以綱常之道解釋十干之化合。十天干可以兩兩化合，是因為其有陰陽，陰陽象天地，天地相合，有夫婦之道。舉例而言，若以甲為夫，則其剋之正財為妻，此正財恰為己。己為甲妻，故甲與己合。同理，乙為庚妻，故乙與庚合；辛為丙妻，故丙與辛合；丁為壬妻，故壬與丁合；癸為戊妻，故癸與戊合。這種以夫妻之道解釋干支之合的說法早在《五行大義》中就有記載，該書所載文獻，多取自東漢至南北朝之陰陽五行書籍。所以，真五行之出現，首先可以大致劃定在這一時期。

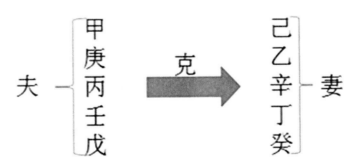

天干夫妻合圖

（二）夫舅之說

《五行大義》在論及干合有夫妻之道外，還提到了同類天干有兄妹之關係，因兄懼怕克己之官煞，故以其妹妻之官煞的說法：

> 《季氏陰陽說》曰：木八畏庚九，故以妹乙妻庚，庚氣在秋，和以木氣，是以薺麥當秋而生，所謂妻來之義。火七畏壬六，故以妹丁妻壬，壬得火熱氣，故款冬當冬而華。金九畏丙七，故以妹辛妻丙，丙得金氣，故首夏靡草薺麥死，故夏至之後，三庚為伏，以畏火也。土五畏甲八，故以妹己妻甲，土帶陰陽，合以雌嫁木，故能生物也。水六畏土五，故以妹癸妻戊，五行相和，是其合也。〔註14〕

這裡所不同的是，在對甲乙等做了陰陽之分的同時，又對其冠以兄妹名分。在蕭吉所引用的《季氏陰陽說》裏，甲乙、丙丁、戊己、庚辛、壬癸均為兄妹關係，因甲畏庚，丙畏壬，戊畏甲，庚畏丙，壬畏戊（後者均為前者之七殺），故前者將其妹嫁與後者以求平安。

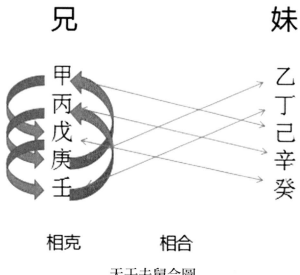

天干夫舅合圖

無論是夫妻說還是夫舅說，至宋代，都能在《五行精紀》中找到相應的解釋：

> 十干者，五行之精紀，甲陽木，乙陰木也，位旺東方，以比

〔註14〕（隋）蕭吉撰：《五行大義》卷2《論合》，第193頁。

者為兄弟，則乙者甲之妹也。丙陽火，丁陰火也，位旺南方，丁
者丙之妹也。戊陽土，己陰土也，位旺中央，己者戊之妹也。庚
陽金，辛陰金也，位旺西方，辛者庚之妹也。壬陽水，癸陰水也，
位旺北方，癸者壬之妹也。以我剋者為妻財，庚金以乙木為妻，
故乙與庚合，壬以丁火為妻，故丁與壬合，丙火以辛金為妻，故
丙與辛合，戊土以癸水為妻，故戊與癸合，甲木以己土為妻，故
甲與己合。〔註15〕

由此可見，在宋人的五行觀念中，天干陰陽之合不僅符合夫妻相合之道，
更有夫舅之間婉轉的關係。

（三）河圖之解

然而宋人在繼承前人學說的同時，對干合也做出了自己新的理解，那就
是以河圖生成之數來解釋十干必隔六位一合的現象：

十干必隔六位一合，何也？希尹云：天地之數，各不過五，
然上五位為生數，下五位為成數，生數與成數相遇然後合。天一
生壬，地二生丁，天三生甲，地四生辛，天五生戊，地六成癸，
天七成丙，地八成乙，天九成庚，地十成己，天一數，地見二數，
然後合，所以必隔六也。故易曰：天數五，地數五，五位相得而
各有合。〔註16〕

若為十干排序，則甲一，乙二，丙三，丁四，戊五，己六，庚七，辛八，
壬九，癸十。十干相合順序，為一六、二七、三八、四六、五十，恰為隔六位
一合（包括起始數），如何解釋這樣的現象？《五行精紀》這裡的解釋是，甲
乙丙丁戊，為天地之生數；己庚辛壬癸，為天地之成數。故一陰一陽之合，亦
可視做天地生數成數的結合。水生數一，成數六；火生數二，成數七；木生數
三，成數八；金生數四，成數九；土生數五，成數十。綜上可見，同類五行的
生成數恰均隔六位（包括起始數）。宋人是以河圖知識解釋了十天干必隔六位
相合的原因。

〔註15〕　（宋）廖中撰：《五行精紀》卷4《論干神二》，第24頁。
〔註16〕　（宋）廖中撰：《五行精紀》卷4《論干神二》，第24頁。

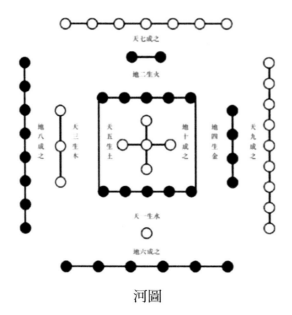

河圖

　　而河圖之數的出現，我們在《禮記・月令》中已經看到。則從術數史的角度而言，真五行的出現，極有可能是在先秦時期。

　　　孟春之月，日在營室，昏參中，旦尾中。其日甲乙。其帝大皞，其神句芒。其蟲鱗。其音角，律中大蔟，其數八。……仲春之月，日在奎，昏弧中，旦建星中。其日甲乙，其帝大皞，其神句芒，其蟲鱗。其音角，律中夾鍾。其數八。……季春之月，日在胃，昏七星中，旦牽牛中。其日甲乙。其帝大皞，其神句芒。其蟲鱗。其音角，律中姑洗。其數八。……孟夏之月，日在畢，昏翼中，旦婺女中。其日丙丁。其帝炎帝，其神祝融。其蟲羽。其音徵，律中中呂。其數七。……仲夏之月，日在東井，昏亢中，旦危中。其日丙丁。其帝炎帝，其神祝融。其蟲羽。其音徵，律中蕤賓。其數七。……季夏之月，日在柳。昏火中，旦奎中。其日丙丁。其帝炎帝，其神祝融。其蟲羽。其音徵，律中林鍾。其數七。……中央土，其日戊己。其帝黃帝，其神后土。其蟲倮。其音宮，律中黃鐘之宮。其數五。……孟秋之月，日在翼，昏建星中，旦畢中。其日庚辛。其帝少皞，其神蓐收。其蟲毛。其音商，律中夷則。其數九。……仲秋之月，日在角，昏牽牛中，旦觜觿中。其日庚辛。其帝少皞，其神蓐收。其蟲毛。其音商，律中南呂。其數九。……季秋之月，日在

房，昏虛中，旦柳中。其日庚辛。其帝少皞，其神蓐收。其蟲毛。
其音商，律中無射。其數九。……孟冬之月，日在尾，昏危中，旦
七星中。其日壬癸。其帝顓頊，其神玄冥。其蟲介。其音羽，律中
應鍾。其數六，……仲冬之月，日在斗，昏東壁中，旦軫中。其日
壬癸。其帝顓頊，其神玄冥。其蟲介。其音羽，律中黃鐘。其數六，……
季冬之月，日在婺女，昏婁中，旦氐中。其日壬癸。其帝顓頊，其
神玄冥。其蟲介。其音羽，律中大呂。其數六，……〔註17〕

　　上文中，雖然沒有完整的河圖生成之數，但是無論出現的哪一個數字，
與之對應的五行都符合河圖之理。故我們有理由相信，在《禮記·月令》成書
的時代，河圖生成之數已經完成。真五行形成的基礎也已初步奠定。

（四）干合五行解釋

　　但宋人對干合的解釋並未到此結束。剛才提到，十干之合又分化出五行，
甲與己合化成土，乙與庚合化成金，丙與辛合化成水，丁與壬合化成木，戊
與癸合化成火。這些新生出的五行是如何得到的呢？如果說甲與己合化成土，
乙與庚合化成金是因為合干之中有己土與庚金的話，那麼丙與辛合化成水，
丁與壬合化成木，戊與癸合化成火又該如何解釋，要知道在這些合干之中並
沒有同類之五行，究竟這些新生成的五行是如何確定的呢？宋人對此的回應
是：「此五行循環相生也。甲與己既為夫婦，得土之氣矣，土生金，故乙庚次
之，金生水，故丙辛次之，水生木，故丁壬次之，木生火，故戊癸次之，火復
生土，故曰循環相生也。」〔註18〕陰陽五行知識的確定，不少是源於古代民
間的術數知識。對於天干五合所化五行的解釋，至今還未有定論，不過宋人
以五行相生來解釋天干五合所化之五行的說法無疑是值得後人借鑒的。但是
這裡面依然有一個問題：甲己化合為何會生成土而不是金？丙辛化合為何會
生成水而不是火？宋人雖然關注到了十干化合生成新五行的某種規律，但是
他們並未深入剖析，特別是對合干與生成五行的這種聯繫，他們並未涉及。

　　元人陶宗儀在《輟耕錄》卷20《化氣》一節中也提到了天干五合所化五
行的解釋。只是這種解釋認為干合所化五行取自藏首月建之干。陶氏所述，
或亦承自宋人。本文姑且錄之於下：

〔註17〕潛苗金譯注：《禮記譯注》，第178～218頁。
〔註18〕（宋）廖中撰：《五行精紀》卷4《論干神二》，第25頁。

甲己土，乙庚金，丁壬木，丙辛水，戊癸火，此十干化五行真
氣也。其法取歲首月建之干，如甲己丙作首，丙屬火，火生土，故
化土。餘仿此。〔註19〕

　　古人在長年的實踐中，總結出一套依年干確定月干的基本經驗，後人將
之演變為「五虎遁」歌訣。這首歌訣，逐漸成為後世命理術快速確定命局中
月干的推算依據。通常，當確定了年干之後，命理術士們就可以依五虎遁之
歌訣很快推出月柱的天干。五虎遁歌訣，很早便用於古代命理術。五虎遁歌
訣究竟出現於何時，我們還難以下定論。筆者發現的最早的五虎遁歌訣出現
於晚唐五代宋初之敦煌文獻 S.0612V。該文獻的後半部分講述了一些命理術
的基礎知識，其中有「五子元例正建法」，就是年干推算月干的方法。由於該
文獻起自民間祿命知識，故其歌訣的形成時間必然比文獻形成時間早出許多。
〔註20〕宋代《五行精紀》中就錄有五虎遁歌訣：「甲己之年丙作首，乙庚之歲
戊為頭，丙辛庚位依次數，丁壬壬起順行流，戊癸更徙何處起，正月便向甲
寅求。」〔註21〕依此歌訣，凡甲年和己年出生之人，其月柱天干是從丙開始
順排，正月為丙寅，二月為丁卯，三月為戊辰，四月為己巳……十二月為丁
丑。這就是「甲己之年丙作首」的含義。其餘乙庚、丙辛、丁壬、戊癸年出生
之人亦以此歌訣一一確定各月干。

年干起月干表

月支 年干　　月干	寅	卯	辰	巳	午	未	申	酉	戌	亥	子	丑
甲己	丙	丁	戊	己	庚	辛	壬	癸	甲	乙	丙	丁
乙庚	戊	己	庚	辛	壬	癸	甲	乙	丙	丁	戊	己
丙辛	庚	辛	壬	癸	甲	乙	丙	丁	戊	己	庚	辛
丁壬	壬	癸	甲	乙	丙	丁	戊	己	庚	辛	壬	癸
戊癸	甲	乙	丙	丁	戊	己	庚	辛	壬	癸	甲	乙

〔註19〕（元）陶宗儀撰：《輟耕錄》卷 20《化氣》，文津閣《四庫全書》第 346 冊，
　　　　北京：商務印書館，2005 年，第 293 頁。
〔註20〕參見黃正建著《敦煌占卜文書與唐五代占卜研究》，北京：學苑出版社，2001
　　　　年，第 127、128 頁。
〔註21〕（宋）廖中撰：《五行精紀》卷 28《雜釋諸例》，第 217 頁。此歌訣在後世《淵
　　　　海子平》、《三命通會》中均有轉引，為後人研習命理術的基礎知識。

　　陶宗儀認為的十干所化五行真氣，可以依五虎遁歌訣來定。具體方法如下：化合之十干，與歌訣中年干一一對應。其所化之五行，恰為依年干推算出的月干所生之五行。如甲己化合，便可依「甲己之年丙作首」推算出二者所化之五行乃歌訣中月干丙火所生之五行土。又如乙庚化金，就是以「乙庚之歲戊為頭」推算出二者所化之五行為月干戊土所生之五行金。其餘天干化合皆仿此而定所化真五行。考慮到命理文化在民間的傳承由來已久，故而筆者相信陶宗儀的這一套十干化出真五行的解釋應是源自前朝。而真五行的這種化合規律顯然是古人在總結年干起月干時所發現的某種數字排列規律。和其他眾多數學知識的發現過程一樣，我們的前人很早就對此現象有所發覺甚至詳細描述，但是一直未能予以理論上的詮釋。

第三節　納音五行

一、納音五行的產生及早期應用

　　什麼是納音五行呢？《考原》云：「蓋納音者，以干支分配於五行，而本音所生之五行，即為其干支所納之音也。」〔註22〕張榮明指出，納音五行就是把六十甲子與五音十二律結合起來。〔註23〕陸致極認為，納音五行是五行與五音的匹配。〔註24〕由此大體可以知曉納音五行就是建立在古代音律知識之上的，以干支為基本單位的一種五行。

　　今人林碩將古之納音術發展時期分為三代時期的萌芽期、戰國後期至西漢初年的形成期、西漢中後期的成熟期。〔註25〕納音五行最初建立在古代律呂知識的基礎之上。早在萌芽期，以五音十二律為核心的早期納音逐漸開始與當時流行的術數推演相結合。人們依據「音」、「氣」之間的關係，已將納音用來推測吉凶禍福。

　　早期納音五行仍屬於樂律學的附屬品，帶有濃重的衍生色彩，術數推演不完善。後世之納音五行成熟於西漢後期。據《漢書・律曆志》所載，漢元帝

〔註22〕（清）陳啟沅著：《理氣溯源》卷3《考原下》，《晚清四部叢刊》（第八編）第70冊，臺中：文聽閣圖書公司，2012年，第303頁。
〔註23〕張榮明著：《方術與中國傳統文化》，北京：學林出版社，2000年，第14頁。
〔註24〕陸致極著：《中國命理學史論》，上海：上海人民出版社，2008年，第121頁。
〔註25〕林碩：《納音術形成時間考》，《中國道教》2017年第1期。

曾派遣太子太傅前往樂府，向京房詢問「五聲之音，六律之數」。京房自述曾跟隨原小黃令焦延壽學習六十律相生法。焦延壽、京房師徒的六十律相生法，其實質就是納甲法的演繹。至此，納音五行徹底擺脫周代樂律學的禁錮，開始了自身的全新發展階段。

五音與五行很早就有結合，並出現在中醫運氣學之中。五音，即角、徵、宮、商、羽五種清濁、高低、長短不同的音調。為了推求方便，古人將五音建於一年五運當中，並用五音代表五運。張介賓說：「五音者，五行之聲音也。土曰宮，金曰商，水曰羽，木曰角，火曰徵。《晉書》曰：角者，觸也，象諸陽氣觸動而生也，其化丁壬。徵者，止也，言物盛則止也，其化戊癸。商者，強也，言金性堅強也，其化乙庚。羽者，舒也，言陽氣將復，萬物將舒也，其化丙辛。宮者，中也，得中和之道，無往不畜。」〔註26〕五音性同五行，可以代表五運，用角代表初運木運，用徵代表二運火運，用宮代表三運土運，用商代表四運金運，用羽代表終運水運。根據五音的太少，推求主運五步的太過和不及。五音建運不僅適用於主運的推演，也適用於客運的推演。

五運主運圖

〔註26〕（明）張介賓著：《類經圖翼》卷2《運氣下・五音建運圖解》，第41頁。

五音建運太少相生圖

律呂與地支的結合早在先秦時期也已經完成。古代的律呂分為六律和六呂。六律屬陽音階，可細分為黃鐘、太簇、姑洗、蕤賓、夷則、無射；六呂屬陰音階，可細分為大呂、夾鍾、仲呂、林鍾、南呂、應鍾。十二呂律是用來正五音的。十二地支中，子、寅、辰、午、申、戌分別代表黃鐘、太簇、姑洗、蕤賓、夷則、無射六律陽音節。丑、卯、巳、未、酉、亥分別代表大呂、夾鍾、仲呂、林鍾、南呂、應鍾六呂陰音節。

納音五行之納音，便包含上述五行之納音與十二地支之納音。

依照林碩的說法，納音五行最遲在西漢後期京房手下已經出現。根據錢大昕的考證，納音五行在漢魏時期已經走向成熟：

> 六十甲子納音所屬五行，沈存中《筆談》、陶九成《輟耕錄》皆著其說，然所引者，僅唐以後之書，又多傅會難信。予蓄疑有年，適讀《抱朴子》云：「按《玉策記》及《開名經》，皆以五音六屬知人年命之所在。子午屬庚，卯酉屬己，寅申屬戊，丑未屬辛，辰戌屬丙，巳亥屬丁。一言得之者，宮與土也。三言得之者，徵與火也。五言得之者，羽與水也。七言得之者，商與金也。九言得之者，角與木也。」

《玉策記》、《閉名經》乃漢魏人所撰，始知納音果是古法。〔註27〕

錢大昕所引文獻源自《抱朴子・內篇・仙藥》。〔註28〕由該篇人們可以確認當時確已有納音五行的出現。

納音五行應用於術數應該出現於較早時期。隋朝時，蕭吉為隋文帝及其皇后算命，已用到了本命納音的方法。〔註29〕唐初呂才（605～665）在敘《祿命》一文中，也曾以本命納音的方法為秦始皇算命：「又案《史記》，秦莊襄王四十八年，始皇帝生，宋忠注云：『因正月生，乃名政。』依檢襄王四十八年，歲在壬寅。……金命正月，生當絕下，為人無始有終，老而彌吉。今檢《史記》，始皇乃是有始無終，老更彌凶。……」〔註30〕按六十甲子納音，壬寅為金箔金，故呂才說秦始皇本命為金命。又，武則天當政時，太史令尚獻甫曾因其本命納音在金，慮受熒惑之剋而生命不保：「長安二年，獻甫奏曰：『臣本命納音在金，今熒惑犯五諸侯、太史之位。熒，火也，能剋金，是臣將死之徵。』」因為熒惑之火可以剋金，尚獻甫故而認為這與己不利。武則天認同了尚獻甫的憂慮，將其調為水衡都尉，並寬慰道：「水能生金，今又去太史之位，卿無憂矣。」〔註31〕至宋代，納音五行在命理術中的應用已成為推命的主流。雖然在《五行精紀》中還可見到不少正五行以及真五行推命的痕跡，但是納音五行在宋代命理術中的應用還是佔據絕對優勢的。可見，以本命之納音五行作為推命的依據由來已久。盛行於兩宋以納音五行的生剋關係作為為人推命的重要準則的李虛中術，乃是承自前人，並非李虛中時代的獨創之法。

二、納音五行源於納甲說

納音五行本原形態只有兩個組成要素，一是干支，二是五行。從表面上看並沒有什麼音律的納入。但是事實上，納音五行的生成，正是按照五行與五音的對照，以及六十律旋相為宮法。其中，五行將五音的納入，是在京房

〔註27〕　（清）錢大昕撰：《潛研堂集》卷3《納音說》，上海：上海古籍出版社，2009年，第47頁。

〔註28〕　（晉）葛洪著：《抱朴子內篇校釋》卷11《仙藥》，王明校釋，北京：中華書局，1985年，第209頁。

〔註29〕　（唐）魏徵等撰：《隋書》卷78《蕭吉傳》，北京：中華書局，1973年，第1775頁。

〔註30〕　（後晉）劉昫等撰：《舊唐書》卷79《呂才傳》，北京：中華書局，1975年，第2722頁。

〔註31〕　（後晉）劉昫等撰：《舊唐書》卷191《尚獻甫傳》，第5100、5101頁。

納甲說的基礎上實現的。

1. 五行、五音與納音數的記載

最早詳解納音五行的人，是東晉葛洪。葛洪對納音五行的講解，詳見於《抱朴子》一書。是書將五音與納音數的關係一一對應如下：

> 子午屬庚，卯酉屬己，寅申屬戊，丑未屬辛，辰戌屬丙，巳亥屬丁。一言得之者，宮與土也。三言得之者，徵與火也。五言得之者，羽與水也。七言得之者，商與金也。九言得之者，角與木也。……一言宮。庚子庚午，辛未辛丑，丙辰丙戌，丁亥丁巳，戊寅戊申，己卯己酉。三言徵。甲辰甲戌，乙亥乙巳，丙寅丙申，丁酉丁卯，戊午戊子，己未己丑。五言羽。甲寅甲申，乙卯乙酉，丙子丙午，丁未丁丑，壬辰壬戌，癸巳癸亥。七言商。甲子甲午，乙丑乙未，庚辰庚戌，辛巳辛亥，壬申壬寅，癸卯癸酉。九言角。戊辰戊戌，己巳己亥，庚寅庚申，辛卯辛酉，壬午壬子，癸丑癸未。〔註32〕

《抱朴子·內篇·仙藥》中完整記錄了納音數與五音、五行的對應關係。其中提到的一、三、五、七、九就是納音數。什麼是納音數呢？簡單說來，即是五音與五行所依據之數。按照其說法，納音數一對應的是五音之宮與五行之土；納音數三對應的是五音之徵與五行之火；納音數五對應的是五音之羽與五行之水；納音數七對應的是五音之商與五行之金；納音數九對應的是五音之角與五行之木。將上述文字轉換成表格，可以得到如下的六十甲子納音表：

《抱朴子》六十甲子納音表

納音數	一		三		五		七		九	
五音	宮		徵		羽		商		角	
五行	土		火		水		金		木	
干支組合	庚子	庚午	甲辰	甲戌	甲寅	甲申	甲子	甲午	戊辰	戊戌
	辛未	辛丑	乙亥	乙巳	乙卯	乙酉	乙丑	乙未	己巳	己亥
	丙辰	丙戌	丙寅	丙申	丙子	丙午	庚辰	庚戌	庚寅	庚申
	丁亥	丁巳	丁酉	丁卯	丁未	丁丑	辛巳	辛亥	辛卯	辛酉
	戊寅	戊申	戊午	戊子	壬辰	壬戌	壬申	壬寅	壬午	壬子
	己卯	己酉	己未	己丑	癸巳	癸亥	癸卯	癸酉	癸丑	癸未

〔註32〕 （晉）葛洪著：《抱朴子內篇校釋》卷11《仙藥》，第209頁。

這樣，納音數與五音、五行、六十甲子皆一一對應起來了，而且這恐怕也是今天能見到的最早的六十甲子納音表了。對照宋代《五行精紀》開篇錄入的六十甲子納音表，該表除了納音五行喻象的缺少及排列次序的不同外，其餘基本上已一模一樣了。由此可以得到一條重要結論：至遲形成於晉代的納音五行此後一直為後世沿承，雖被不斷增刪，但其制定原則卻一直未發生改變。

《五行精紀》六十甲子納音表

甲子 乙丑	海中金	丙子 丁丑	澗下水	戊子 己丑	霹靂火	庚子 辛丑	壁上土	壬子 癸丑	桑梓木
丙寅 丁卯	爐中火	戊寅 己卯	城牆土	庚寅 辛卯	松柏木	壬寅 癸卯	金箔金	甲寅 乙卯	大溪水
戊辰 己巳	大林木	庚辰 辛巳	白臘金	壬辰 癸巳	長流水	甲辰 乙巳	佛燈火	丙辰 丁巳	沙中土
庚午 辛未	路旁土	壬午 癸未	楊柳木	甲午 乙未	沙中金	丙午 丁未	天河水	戊午 己未	天上火
壬申 癸酉	劍鋒金	甲申 乙酉	井泉水	丙申 丁酉	山下火	戊申 己酉	大驛土	庚申 辛酉	石榴木
甲戌 乙亥	山頭火	丙戌 丁亥	屋上土	戊戌 己亥	平地木	庚戌 辛亥	釵釧金	壬戌 癸亥	大海水

不過，《抱朴子‧內篇‧仙藥》的內容過於晦澀難懂。該文並沒有細緻講解納音數對納音五行干支組成的作用。尤其是納音數，葛洪並未予以任何說明解釋。這也往往令後世初學者對此段講解不知所云。

2. 納音數的詮釋

瞭解了納音數與五行、五音的對應關係後，一個自然而然的疑問是，這種納音數的設立究竟有何憑依呢？隋代蕭吉的《五行大義》對納音數的設立有過一些解釋，謹錄之於下：

> 《樂緯》云：「孔子曰：『吹律定姓，一言得土曰宮，三言得火曰徵，五言得水曰羽，七言得金曰商，九言得木曰角。』」此並是陽數。凡五行有生數、壯數、老數三種，木，生數三，壯數八，老數九；火，生數二，壯數七，老數三；土，生數五，壯數十，老數一；

金，生數四，壯數九，老數七；水，生數一，壯數六，老數五。管
輅云：「土老數一者，土為萬物之主，一切歸之，所以一也。三才交
而人理具，火之為德，取三才之義，故老數三。水，上應五星，下
同五藏，故水老數五。金配七曜，故金老數七。木，在天為九星，
在地為九州，在人為九竅，故木老數九。先生數，次壯數，後老數。
納音論其本命，故以終數言之。」

按照《樂緯》的說法，早在孔子的時代，納音數就已確定下來。此說是
真是假，暫不去論證。接下來，《五行大義》云五行皆有生數、壯數、老數，
其中生、壯之數為河圖之數；納音數即取自五行之老數。而管輅又從倫理綱
常角度解釋了五行老數制定之由。但是對這種納音數由來的解釋，無關乎術
數推演，而帶有濃重的衍生色彩。因此，蕭吉本人對這種解釋似乎也並不太
滿意。於是，他接下來又補充道：

此釋猶為未盡。夫萬物皆稟五常之氣，化合而生，物生之後，
必至成壯，成壯之後，必有衰老。故有三種義。為人之道，自壯及
老，莫不本乎禮義，而以立身，然存禮義者，靡不有初，鮮克有終。
今既論納音人之所屬，非人莫能行其禮義，故以終老之數，禮義明
之。一言得土者，土以含弘德厚，位高為君，君為民主，主則無二，
唱始之言，故數一也。三言得火者，火既主禮，孝敬為先，不敢棄
所生之德，故其數三，從木數也。水居陰位，人臣之道，土能制水，
如君制臣，縱之則行，壅之則止，水不自專，故從土數五也。金既
主義，義是夫妻之道，妻無自專，有從夫之義，火為金夫，故用火
數七也。木主仁孝，金能剋木，宗廟之象。《式經》云：「金為骸骨，
木為棺槨。」此明金木為鬼神之事以敬事。故木從金數，故數九也。
一示君德，二順父母，三表臣節，四敬從夫，五事鬼神，此則禮義
備而人事畢矣，故納音數用之。

蕭吉說要以禮義明終老之數（也即納音之數）。土納音數為一，是因為其
「含弘德厚，位高為君，君為民主，主則無二，唱始之言，故數一也」；火納
音數為三，是因為「火既主禮，孝敬為先，不敢棄所生之德」。生火者木也，
查木生數為三，故火納音數為三；「水居陰位，人臣之道，土能制水，如君制
臣」，水從土生數五，故納音數為五；金主義，義是夫妻之道，而金從火為妻，
故其納音數從火壯數七；「木主仁孝，金能剋木，宗廟之象」，故木從金壯數

九，其納音數為九。以上納音數所據，除了土以外，皆是由五行所生、所剋而得。但是依然可以發現這裡面的一個問題，就是為什麼有的五行從所生、所剋五行之生數，有的五行卻從所生、所剋五行之壯數？蕭吉沒有對這一問題進行進一步闡述。蕭吉以禮義明納音之數的解釋依然帶有濃厚的倫理綱常色彩，牽強附會明顯，故亦無甚可取之處。

　　納音數的制定依據為何？自古至今人們的解釋可謂眾說紛紜。直至清代，錢大昕的論證結果開始得到學界的廣泛重視，其對納音數的來源的解釋也是最令人信服的。錢大昕曾詳細考證納音五行脫胎於納甲，並在此論證過程中解釋了納音數生成的規律：

> 蓋納音之原，實出於納甲。納甲者，以十干配八卦，乾納甲壬，坤納乙癸，震長男而納庚，巽長女而納辛，坎中男而納戊，離中女而納己，艮少男而納丙，兌少女而納丁。又以十二支配八卦，乾納甲子壬午，坤納乙未癸丑，震納庚子午，巽納辛丑未，坎納戊寅申，離納己卯酉，艮納丙辰戌，兌納丁巳亥。……納音者又以六十甲子配五音，三元運轉，還相為宮，而實以震、巽、坎、離、艮、兌六子所納之干支為本。五音始於宮。宮者，土音也，庚子庚午，辛丑辛未，戊寅戊申，己卯己酉，丙辰丙戌，丁巳丁亥，乃六子所納之干支，故為五聲之元，於行屬土，於音屬宮，所謂一言得之者也。戊子戊午，己丑己未，丙寅丙申，丁卯丁酉，甲辰甲戌，乙巳乙亥，於行屬火，於音屬徵。戊至庚，己至辛，丙至戊，丁至己，甲至丙，乙至丁，相隔各三位，故曰三言得之也。丙子丙午，丁丑丁未，甲寅甲申，乙卯乙酉，壬辰壬戌，癸巳癸亥，於行屬水，於音屬羽。丙至庚，丁至辛，甲至戊，乙至己，壬至丙，癸至丁，相隔各五位，故曰五言得之也。甲子甲午，乙丑乙未，壬寅壬申，癸卯癸酉，庚辰庚戌，辛巳辛亥，於行屬金，於音屬商。甲至庚，乙至辛，壬至戊，癸至己，庚至丙，辛至丁，相隔各七位，故曰七言得之也。壬子壬午，癸丑癸未，庚寅庚申，辛卯辛酉，戊辰戊戌，己巳己亥，於行屬木，於音屬角。壬至庚，癸至辛，庚至戊，辛至己，戊至丙，己至丁，相隔各九位，故曰九言得之也。〔註33〕

　　按照京氏納甲法的規定，乾納甲子壬午，坤納乙未癸丑，震納庚子午，

〔註33〕　（清）錢大昕撰：《潛研堂集》卷3《納音說》，第 47～49 頁。

巽納辛丑未，坎納戊寅申，離納己卯酉，艮納丙辰戌，兌納丁巳亥。除去乾坤二卦不計，其與六卦分別為：震卦子午對應庚、巽卦丑未對應辛、坎卦寅申對應戊、離卦卯酉對應己、艮卦辰戌對應丙、兌卦巳亥對應丁。由此可知所謂的「子午屬庚」、「丑未屬辛」、「寅申屬戊」、「卯酉屬己」、「辰戌屬丙」、「巳亥屬丁」的含義。

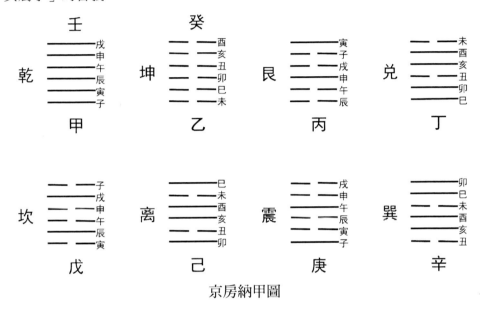

京房納甲圖

　　在借鑒了納甲法規定了庚子庚午，辛丑辛未，戊寅戊申，己卯己酉，丙辰丙戌，丁巳丁亥這十二個干支納音五行為五聲之源，於行屬土，於音屬宮之後，緊接著又確定了戊子戊午，己丑己未，丙寅丙申，丁卯丁酉，甲辰甲戌，乙巳乙亥這十二個干支納音五行於行屬火，於音屬徵。而對比兩組納音五行，錢大昕明確指出第二組的納音五行與第一組的納音五行在地支相同的情況下，天干相隔各三位（包括起止），即戊至庚，己至辛，丙至戊，丁至己，甲至丙，乙至丁，皆相隔三位。這便是第二組納音五行之納音數為三的來歷。接下來，再依次觀察納音五行為水、為金、為木的三組納音五行，與第一組納音五行相對照，凡地支相同者，其天干相隔分別為五、七、九位，這也就是水、金、木三種五行納音數分別為五、七、九的原因。對比之前的《抱朴子》六十甲子納音表，亦可以清晰發現納音數與納音五行的這種對應關係。錢大昕從理論上初步解釋了干支五行、五音對應納音數的規律，使後人能夠更好地理解納音五行的制定原則。

其實，錢大昕的這一觀點並非新說。早在隋代，蕭吉就已經指出了納音五行與納甲的關聯。蕭吉在《五行大義》中對納音數和干支之間的關係已有了相同的說明，通過對比蕭吉、錢大昕二人論述，可以發現錢氏觀點即是蕭氏之翻版：

> 納音者，子午屬庚，震卦所值日辰也；丑未屬辛，巽卦所值日辰也；寅申屬戊，坎卦所值日辰也；卯酉屬己，離卦所值日辰也；辰戌屬丙，艮卦所值日辰也；巳亥屬丁，兌卦所值日辰也。一言得土者，本命庚子，子屬於庚，數之，一言便以得之是也；三言得火者，本命丙寅，寅屬於戊，從丙數至戊，凡三是也；五言得水者，本命壬戌，戌屬於丙，從壬數至丙，凡五是也；七言得金者，本命壬申，申屬於戊，從壬數至戊，凡七是也；九言得木者，本命己巳，巳屬於丁，從己數至丁，凡九是也。六十甲子，例皆如是。〔註34〕

蕭吉在這裡並沒有解釋何為「子午屬庚」、「丑未屬辛」、「寅申屬戊」、「卯酉屬己」、「辰戌屬丙」、「巳亥屬丁」。不過，從上文所舉的例子中，可以發現蕭吉是準確概述了這些干支與納音數之間的微妙的關係。隨後，蕭吉又以西漢京房的八卦納甲法為依託，詳細解讀了納音五行源於納甲法的道理：

> 所以子午屬庚之例者，乾為父，坤為母，共有六子，故曰，乾將三男震坎艮，坤將三女巽離兌。陰陽相生，故就乾索女，就坤索男。所以乾一索而得巽，曰長女；再索而得離，曰中女；三索而得兌，曰少女。坤一索而得離，曰長男；再索而得坎，曰中男；三索而得艮，曰少男。甲是陽干之始，乾下三爻取之；壬是陽干之末，乾上三爻取之；乙是陰干之始，坤下三爻取之；癸是陰干之末，坤上三爻取之。餘有六干，陽付其男，陰付其女，甲乙之後，次於丙丁，故以丙付少男艮，以丁付少女兌；丙丁之後，次於戊己，故以戊付中男坎，以己付中女離；戊己之後，次於庚辛，故以庚付長男震，以辛付長女巽。所以從少而付老，自小及大，從微至著故也。付干既訖，次付其支。震為長子，故其卦，初九得乾之子，九四得乾之午。震干庚，故子午屬庚。巽為長女，子後次丑，故其卦，初六得坤之丑，午後次未，六四得坤之未。巽干辛，故丑未屬辛。坎為中男，丑後次寅，其卦，初六得乾之寅，未後次申，六四得乾之

〔註34〕（隋）蕭吉撰：《五行大義》卷1《明數》，第164、165頁。

申。坎干戊，故寅申屬戊。離為中女，寅後次卯，故其卦，初九得坤之卯，申後次酉，九四得坤之酉。離干己，故卯酉屬己。艮為少男，卯後次辰，故其卦，初六得乾之辰，酉後次戌，六四得乾之戌。艮干丙，故辰戌屬丙。兌為少女，辰後次巳，故其卦，初九得坤之巳，戌後次亥，九四得坤之亥。兌干丁，故巳亥屬丁。六子取干，則乾坤之餘；取支，並從乾坤而得。陽取於乾，陰取於坤，皆受於父母。故六子並主十二辰，人之納音，皆所繼焉。甲乙壬癸不為納音者，以屬乾坤故也。〔註35〕

所謂「一言得土者，本命庚子，子屬於庚，數之，一言便以得之是也」。這是說，子午屬庚，所以庚子的地支子屬於庚。庚子的納音五行為土。其納音數為一。這個納音數就是庚子的天干庚按照十天干順數至地支子所屬的庚所得的。不過，需要注意的是，這種順數是包括起始天干在內的。庚數至庚，就是一。所以，庚子的納音數是一，納音五行是土。

「三言得火者，本命丙寅，寅屬於戊，從丙數至戊，凡三是也。」丙寅地支寅屬戊，天干丙順數至戊，歷丙、丁、戊三者，故丙寅納音數為三，其納音五行為火。

「五言得水者，本命壬戌，戌屬於丙，從壬數至丙，凡五是也。」壬戌地支屬丙，天干壬順數至丙，歷壬、癸、甲、乙、丙，故壬戌納音數為五，其納音五行為水。

「七言得金者，本命壬申，申屬於戊，從壬數至戊，凡七是也」。壬申地支屬戊，天干壬順數至戊，歷壬、癸、甲、乙、丙、丁、戊，故壬申納音數為七，其納音五行為金。

「九言得木者，本命己巳，巳屬於丁，從己數至丁，凡九是也。」己巳地支屬丁，天干己順數至丁，歷己、庚、辛、壬、癸、甲、乙、丙、丁，故己巳納音數為九，其納音五行為木。

結合六卦的納干與納支，可以得出納音數的計算方法：凡地支為子午的天干，按十干順序順數至庚；凡地支為丑未的天干順數至辛；凡地支為寅申的天干順數至戊；凡地支為卯酉的天干順數至己；凡地支為辰戌的天干順數至丙，凡地支為巳亥的天干順數至丁。若含支之天干次序在順數天干之後，則數至辛之後從甲再數，直至數到為止，然後看兩干相隔的數字（包括起始

天干）。這就是納音數的計算方法。最後，依照納音數與納音五行的對照關係，就可以很快確定出一組組干支的納音五行屬性。

宋代命理文獻對於納音數和納音五行制定原則解釋亦頗為詳盡。《五行精紀》開篇便是對納音數與納音五行的制定原則的詳細描述：

> 《六微指論》云：天氣始於甲，地氣始於子，子甲相合，命曰歲。以十干配十二支，周而復始，則六甲成矣。凡欲知納音者，謂子午數至庚，丑未數至辛，寅申數至戊，卯酉數至己，辰戌數至丙，巳亥數至丁，得七者，西方素皇之氣，納音屬金也；得三者，南方丹天之氣，納音屬火也；得九者，東方陽九之氣，納音屬木也；得一者，中央總統之氣，納音屬土也；得五者，北方玄極之氣，納音屬水也。故頌曰：「七金三是火，九木一中央。得五皆為水，納音宜審詳。」假如甲子甲午，從甲至庚，乙丑乙未，從乙至辛，其數皆七，所以納音俱屬金也。丙寅丙申，從丙至戊，丁卯丁酉，從丁至己，其數皆三，所以納音屬火也。戊辰戊戌，從戊至丙，己巳己亥，從己至丁，其數皆九，所以納音屬木也。庚子庚午辛未辛丑，其數皆一，所以納音屬土也。丙子丙午，從丙至庚，丁未丁丑，從丁至辛，其數皆五，所以納音屬水也。餘皆彷此。以上只數其干，不數其支，假令從丙至庚，即丙丁戊己庚，是其數五也。又如從甲至庚，即甲乙丙丁戊己庚，是其數七也。（《三歷會同》）〔註36〕

仔細分析《六微指論》的文字：「凡欲知納音者，謂子午數至庚，丑未數至辛，寅申數至戊，卯酉數至己，辰戌數至丙，巳亥數至丁，……」這不就是《五行大義》所言的「子午屬庚」、「丑未屬辛」、「寅申屬戊」、「卯酉屬己」、「辰戌屬丙」、「巳亥屬丁」嗎？不過，此處的描述更為具體。然後看兩干相隔的數字（包括起始天干），也就是納音數：「得七者，西方素皇之氣，納音屬金也；得三者，南方丹天之氣，納音屬火也；得九者，東方陽九之氣，納音屬木也；得一者，中央總統之氣，納音屬土也；得五者，北方玄極之氣，納音屬水也。」也就是說，若納音數為一，五行為土；納音數為三，五行為火；納音數為五，五行為水；納音數為七，五行為金；納音數為九，五行為木。故頌曰：「七金三是火，九木一中央。得五皆為水，納音宜審詳。」而後《三歷會同》又詳解了幾個例子以說明納音五行推導之方法。這些範例的解釋說明也遠比《五行

〔註36〕 （宋）廖中撰：《五行精紀》卷1《論六十甲子上》，第1、2頁。

大義》更為通俗易懂。在掌握了《五行精紀》的納音五行制定原則後，再回頭看看《抱朴子‧內篇‧仙藥》所記載的內容，就會很清楚地認識到書中所載恰恰是納音五行的制定原則。

遺憾的是，納音五行這一宋代命理領域最為流行的推命工具，隨著後世子平術正五行推命的流行，而逐漸淡出歷史舞臺。後人對納音五行的理解，多是源於《三命通會》等明代命理文獻的解釋。但是明代命理文獻中對納音五行的引用已非常之少，而且其解釋也往往語焉不詳。以致後世研習周易術數者，竟多不知納音五行為何物，更無論對其來源的認知。直到清代，在錢大昕的啟發下，學術界才重新以為納音五行源於納甲。錢大昕的這一學術貢獻，對後人影響頗深。直到今天，人們談起錢大昕對易學的貢獻時，還會提到其納音源於納甲之說。〔註37〕

三、納音五行排定緣由：六十律旋相為宮法

納音五行之納音，除上述五行之納音外，更包含有十二地支之納音，亦即六十律旋相為宮法。所謂六十律旋相為宮法，沈括在《夢溪筆談》中有詳細的論述：

> 六十甲子有納音，鮮原其意。蓋六十律旋相為宮法也。一律含五音，十二律納六十音也。凡氣始於東方而右行，音起於西方而左行；陰陽相錯，而生變化。所謂氣始於東方者，四時始於木，右行傳於火，火傳於土，土傳於金，金傳於水。所謂音始於西方者，五音始於金，左旋傳於火，火傳於木，木傳於水，水傳於土。納音與《易》納甲同法：乾納甲而坤納癸，始於乾而終於坤。納音始於金，金，乾也；終於土，土，坤也。納音之法，同類娶妻，隔八生子，此《漢志》語也。此律呂相生之法也。五行先仲而後孟，孟而後季，此遁甲三元之紀也。甲子金之仲，黃鐘之商。同位娶乙丑，大呂之商。同位，謂甲與乙、丙與丁之類。下皆仿此。隔八下生壬申，金之孟。夷則之商。隔八，謂大呂下生夷則也。下皆仿此。壬申同位娶癸酉，南呂之商。隔八上生庚辰，金之季。姑洗之商。此金三元終。若只以陽辰言之，則依遁甲逆傳仲孟季。若兼妻言之，則順傳

〔註37〕張濤：《錢大昕的易學成就》，載《易學與儒學國際學術研討會論文》，2005年，第166～173頁。

孟仲季也。庚辰同位娶辛巳，中呂之商。隔八下生戊子，火之仲。黃鍾之徵。金三元終，則左行傳南火也。戊子娶己丑，大呂之徵。生丙申，火之孟。夷則之徵。丙申娶丁酉，南呂之徵。生甲辰，火之季。姑洗之徵。甲辰娶乙巳，中呂之徵。生壬子，木之仲。黃鍾之角。火三元終，則左行傳於東方木。如是左行至於丁巳，中呂之宮，五音一終。復自甲午金之仲，娶乙未，隔八生壬寅，一如甲子之法，終於癸亥。謂蕤賓娶林鍾，上生太簇之類。自子至於巳為陽，故自黃鍾至於中呂皆下生；自午至於亥為陰，故自林鍾至於應鍾皆上生。予於《樂論》敘之甚詳，此不復紀。甲子乙丑金，與甲午乙未金雖同，然甲子乙丑為陽律，陽律皆下生；甲午乙未為陽呂，陽呂皆上生。六十律相反，所以分為一紀也。〔註38〕

氣始於東方而右行，音起於西方而左行。可知五音始於金，左旋傳於火，火傳於木，木傳於水，水傳於土。為什麼五音始於金而終於土，後人有以先天八卦之序來解釋。先天八卦圖中，乾兌居首屬金，次以離屬火，又次震巽屬木，又次之以坎屬水，終於艮坤屬土。五音始於金而終於土，是取乾始坤成之意。金取天之剛，土取地之柔，火附於天，水附於地，木以生氣居中。故五音逆五行本先天八卦之序。

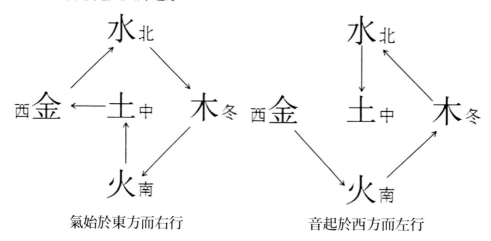

氣始於東方而右行　　　　　　音起於西方而左行

〔註38〕（宋）沈括撰：《夢溪筆談》卷 5《樂律一》，上海：上海書店出版社，2003年，第 35 頁。

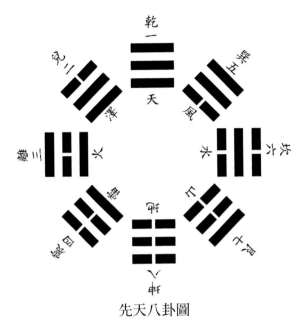

先天八卦圖

　　六十律旋相為宮法，概括來講，就是「同位娶妻，隔八生子」。所謂「同位娶妻」，就是先從同陽位或同陰位關係的一律，轉移到相鄰半音關係的一律；「隔八生子」，指同位娶妻之後，再從這一律產生五度關係的一律。因前後正好相隔八位干支組合（包括起點），因此稱為「隔八生子」。正是這種獨特的律呂相生法，使得六十甲子納音表與傳統的六十甲子表大不相同。

　　按照沈括所言，音始於西方，因此納音五行始於金。然後依次左旋傳於火，火傳於木，木傳於水，水傳於土。以甲子為例，「甲子金之仲，同位娶乙丑，隔八下生壬申，金之孟。壬申同位娶癸酉，隔八上生庚辰，金之季。庚辰同位娶辛巳，隔八下生戊子，火之仲。戊子娶己丑，大呂之徵。生丙申，火之孟。丙申娶丁酉，生甲辰，火之季。甲辰娶乙巳，生壬子，木之仲。如是左行至於丁巳，中呂之宮」。甲子為黃鐘之商，同類娶妻，結乙丑大呂之商。此皆為商金。而後隔八生子，至壬申夷則之商。壬申結同類癸酉南呂之商。而後再隔八生子，得庚辰、辛巳之金。……如此隔八相生，終於丁巳中呂之宮。此為律呂相生第一組循環，共衍生 30 組干支，6 律 30 音。

　　第二組循環自甲午蕤賓之商始，娶乙未，隔八生壬寅，一如甲子之法，終於癸亥。從律呂生成角度而言，「謂蕤賓娶林鐘，上生太簇之類」。第二組循環亦衍生 30 組干支，6 律 30 音。二者相加，共納 12 律 60 音。五行納音輔以地支納音，是為納音五行名稱之緣由及順序之排列所定之由。

六十律旋相為宮法表（第一組）

干支	律	干支	律	干支	律	干支	律	干支	律
甲子乙丑	金之仲（起點）	丙子丁丑	水之仲	戊子己丑	火之仲	庚子辛丑	土之仲	壬子癸丑	木之仲
丙寅丁卯		戊寅己卯		庚寅辛卯		壬寅癸卯		甲寅乙卯	
戊辰己巳	木之季	庚辰辛巳	金之季	壬辰癸巳	水之季	甲辰乙巳	火之季	丙辰丁巳	土之季（終點）
庚午辛未		壬午癸未		甲午乙未		丙午丁未		戊午己未	
壬申癸酉	金之孟	甲申乙酉	水之孟	丙申丁酉	火之孟	戊申己酉	土之孟	庚申辛酉	木之孟
甲戌乙亥		丙戌丁亥		戊戌己亥		庚戌辛亥		壬戌癸亥	

六十律旋相為宮法表（第二組）

干支	律	干支	律	干支	律	干支	律	干支	律
甲子乙丑	金之仲（起點）	丙子丁丑	水之仲	戊子己丑	火之仲	庚子辛丑	土之仲	壬子癸丑	木之仲
丙寅丁卯	火之孟	戊寅己卯	土之孟	庚寅辛卯	木之孟	壬寅癸卯	金之孟	甲寅乙卯	水之孟
戊辰己巳	木之季	庚辰辛巳	金之季	壬辰癸巳	水之季	甲辰乙巳	火之季	丙辰丁巳	土之季（終點）
庚午辛未	土之仲	壬午癸未	木之仲	甲午乙未	金之仲（起點）	丙午丁未	水之仲	戊午己未	火之仲
壬申癸酉	金之孟	甲申乙酉	水之孟	丙申丁酉	火之孟	戊申己酉	土之孟	庚申辛酉	木之孟
甲戌乙亥	火之季	丙戌丁亥	土之季（終點）	戊戌己亥	木之季	庚戌辛亥	金之季	壬戌癸亥	水之季

第五章　五行四時旺衰及十二長生運

第一節　五行四時旺衰

一、五行四時旺衰

按照先秦時期人們的觀念，五行與四時是緊密相關的，因此，五行在自然環境下是會隨著季節的不同而轉變的。一般而言，人們將五行在四時中的旺衰分為五種狀態。一是旺，指五行與當令之五行同，是五行之氣最強盛的階段；二是相，指五行得當令之五行生，處於將旺階段；三是休，指五行生當令之五行，該五行處於休止階段；四是囚，指五行剋當令之五行，其力不勝月令五行，只能做囚；五是死，指五行被當令之五行所剋，剋方力量強大，該五行毫無生機，故曰死。

有關五行在四時旺相休囚死的內容在古代久已出現。西漢時期《淮南子・地形訓》曾這樣描述五行在四季及長夏的旺衰狀況：「木壯水老火生金囚土死，火壯木老土生水囚金死，土壯火老金生木囚水死，金壯土老水生火囚木死，水壯金老木生土囚火死。」[註1] 仔細分析一下這段話就會發現，所謂「木壯水老火生金囚土死」，就是指春天木旺、水休、火相、金囚、土死。所不同的是，《淮南子・地形訓》將「旺」換成了「壯」，「休」換成了「老」，「相」換成了「生」。同理，依此對照，「火壯木老土生水囚金死」指夏天火旺，木休，土相，水囚，金死；「土壯火老金生木囚水死」指長夏（季夏）土旺，火休，

〔註1〕劉文典撰：《淮南鴻烈集解》卷4《地形訓》，第176頁。

金相，土囚，水死；「金壯土老水生火囚木死」指秋天金旺，土休，水相，火囚，木死；「水壯金老木生土囚火死」指冬天水旺，金休，木相，土囚，火死。《淮南子‧地形訓》裏的五行四時旺衰變化基本上已與後世相同。只是，該書採用的是長夏配四時之說（即土旺長夏說）而非四季月配四時之說（即土旺四季說）。

五行四時旺衰表 1

季節＼狀態＼五行	旺	相	死	囚	休
春	木	火	土	金	水
夏	火	土	金	水	木
長夏	土	金	水	木	火
秋	金	水	木	火	土
冬	水	木	火	土	金

五行四時旺衰表 2

五行＼狀態＼季節	春	夏	長夏	秋	冬
木	旺	休	囚	死	相
火	相	旺	休	囚	死
土	死	相	旺	休	囚
金	囚	死	相	旺	休
水	休	囚	死	相	旺

上表中，五行的旺相休囚死分布在各個季節分別為：春天時節，木氣主事，此時木氣旺，火氣相，水氣休，金氣囚，土氣死；夏天時節，火氣主事，此時火氣旺，土氣相，木氣休，水氣囚，金氣死；長夏之時，土氣主事，是時土氣旺，金氣相，火氣休，木氣囚，水氣死；秋天時節，金氣主事，此時金氣旺，水氣相，土氣休，火氣囚，木氣死；冬天時節，水氣主事，此時水氣旺，木氣相，金氣休，土氣囚，火氣死。

《淮南子‧地形訓》之說開啟了五行四時旺衰說，並被後世反覆承襲。

至隋代蕭吉的《五行大義》，依然可以見到其說，只是蕭吉將其中語言略作規範，調整成為今天熟悉的旺相休囚死五種說法：「五行體休王者，春則木王，火相，水休，金囚，土死。夏則火王，土相，木休，水囚，金死。六月則土王，金相，火休，木囚，水死。秋則金王，水相，土休，火囚，木死。冬則水王，木相，金休，土囚，火死。」〔註2〕在這裡，《五行大義》也錄取了土旺長夏說。《五行大義·論生死所》載：「凡五行之王，各七十二日。土居四季，季十八日，並七十二日，以明土有四方，生死不同。此蓋卜筮所用。若論定位王相及生死之處，皆以季夏六月為土王之時。」〔註3〕《論生死所》篇在這裡還透露了一個重要的信息，就是至少在隋代，土旺四季說是卜筮所用。

《五行大義》彙集了自先秦到隋代的各種典籍中的五行之說，那麼，宋代以後，五行四時旺衰之說是否有所改變呢？《五行精紀》卷7有專門論及「五行旺相囚休死例」的內容，其文曰：

> 春木旺、火相、金囚、水休、土死；
>
> 夏火旺、土相、水囚、木休、金死；
>
> 秋金旺、水相、火囚、土休、木死；
>
> 冬水旺、木相、土囚、金休、火死；
>
> 論曰：五行當時者旺，所生者相，所剋者死，生我者休，剋我者囚。獨土無旺，金無相，水無死，火無休，木無囚，此其故何也？
>
> 蓋一期之日三百六十，五行均旺七十二日，惟土為萬物母，如旺四季，一十八日。〔註4〕

在這裡，《五行精紀》強調五行四時旺衰狀況是採用土旺四季說來陳述的。這也證明了《五行大義·論生死所》的「此蓋卜筮所用」的說法是有所依的。只是，《五行精紀》對土旺長夏說則未置可否。而與《五行精紀》同時期成書的《雲麓漫抄》在總結當時命理術時，則又採取了土旺長夏說的方式。〔註5〕因此綜合分析，我們大體上還是可以肯定，無論是土旺四季還是土旺長夏的五行四時旺衰說，在宋代的應用還是相當廣泛的。〔註6〕

〔註2〕　（隋）蕭吉撰：《五行大義》卷2《論四時休王》，第180、181頁。

〔註3〕　（隋）蕭吉撰：《五行大義》卷2《論生死所》，第180頁。

〔註4〕　（宋）廖中撰：《五行精紀》卷7《論五行一》，第61頁。

〔註5〕　（宋）趙彥衛撰：《雲麓漫抄》卷13，北京：中華書局，1996年，第237頁。

〔註6〕　在後世的演化中，土旺四季的五行四時旺衰說也逐漸浮出水面，並最終形成二者並行不悖的情況。

二、五行四時旺衰說在中醫上的應用

五行在四季的旺相休囚死的歷程，表現出五行在自然界中呈現出的一種週期性的變化規律。這種變化規律，對於周易術數的推步有著重要的作用。比如在宋代，判斷一個人的年柱身命到底得令不得令，主要就是參考其人的年柱五行於月令上到底是處於一種什麼狀態。是旺相，還是休囚死？如是前者，命主就是得令，其人很可能身旺；如是後者，命主不得令，其人身命就會偏弱。而在宋代命理術中，一個人身命的強弱是直接與其富貴與否掛鉤的。由此可以推知五行四時旺衰之於宋代命理術的重要作用了。

五行四時旺衰說在中醫上的應用更為廣泛。依照五行生剋規律可以推測疾病的預後。如《素問・臟氣法時論》根據五行在四季的旺相休囚來判斷疾病的狀況：

> 黃帝問曰：「合人形以法四時五行而治，何如而從，何如而逆，得失之意，願聞其事。」

> 岐伯對曰：「五行者，金木水火土也，更貴更賤，以知死生，以決成敗，而定五藏之氣，間甚之時，死生之期也。」

> ……

> 岐伯曰：「肝主春，足厥陰少陽主治，其日甲乙，肝苦急，急食甘以緩之。心主夏，手少陰太陽主治，其日丙丁，心苦緩，急食酸以收之。脾主長夏，足太陰陽明主治，其日戊己，脾苦濕，急食苦以燥之。肺主秋，手太陰陽明主治，其日庚辛，肺苦氣上逆，急食苦以泄之。腎主冬，足少陰太陽主治，其日壬癸，腎苦燥，急食辛以潤之，開腠理，致津液，通氣也。」

> 「病在肝，愈於夏，夏不愈，甚於秋，秋不死，持於冬，起於春。禁當風。肝病者，愈在丙丁，丙丁不愈，加於庚辛，庚辛不死，持於壬癸，起於甲乙。肝病者，平旦慧，下晡甚，夜半靜……病在心，愈在長夏，長夏不愈，甚於冬，冬不死，持於春，起於夏，禁溫食熱衣。心病者，愈在戊己，戊己不愈，加於壬癸，壬癸不死，持於甲乙，起於丙丁。心病者，日中慧，夜半甚，平旦靜……病在脾，愈在秋，秋不愈；甚於春，春不死，持於夏，起於長夏。禁溫食飽食濕地濡衣。脾病者，愈在庚辛，庚辛不愈，加於甲乙，甲乙不死，持於丙丁，起於戊己。脾病者，日昳慧，日出甚，下晡靜……

病在肺，愈於冬。冬不愈，甚於夏，夏不死，持於長夏，起於秋。
禁寒飲食寒衣。肺病者，愈在壬癸，壬癸不愈，加於丙丁，丙丁不
死，持於戊己，起於庚辛。肺病者，下晡慧，日中甚，夜半靜……
病在腎，愈在春，春不愈，甚於長夏，長夏不死，持於秋，起於冬。
禁犯焠（火矣）熱食溫灸衣。腎病者，愈在甲乙，甲乙不愈，甚於
戊己，戊己不死，持於庚辛，起於壬癸。腎病者，夜半慧，四季甚，
下晡靜……」〔註7〕

《臟氣法時論》講的就是人體的五臟如何根據其特質來應對四季的變化。
其推測疾病預後所運用的理論就是「夫邪氣之客於身也，以勝相加，至其所
生（季節）而愈，至其所不勝而甚，至於（季節）所生而持，自得其位而起」，
即五臟任何一病，在其休的季節痊癒，在其死的季節加重，在其相的季節維
持穩定不變，在其旺的季節好轉。這裡面或許有與實際情況偶合的情況，但
是嚴格按照五行的推理太多，陷入了主觀唯心主義，其必與實際情況反差
較大。

人體五臟四時旺衰表

五臟 ＼ 狀態 ＼ 季節	春	夏	長　夏	秋	冬
肺		甚	持	起	愈
腎	愈		甚	持	起
肝	起	愈		甚	持
心	持	起	愈		甚
脾	甚	持	起	愈	

第二節　五行十二長生運

一、五行十二長生運的概念及演變軌跡

比五行四時旺衰運程更為細緻的是五行在十二個月中經歷的變化。由於
十二個月所主五行屬性的差異，使得同一五行在一年當中任何一個月的旺衰

〔註7〕《黃帝內經素問》卷7《臟氣法時論》，第141～149頁。

狀況都不會是一樣的。一般來說，一個五行從長生開始，依次會經歷沐浴、冠帶、臨官、帝旺、衰、病、死、墓、絕、胎、養這十二個階段，即五行的十二宮，也稱之為十二長生運。宋代命理文獻《三命提要》對今之盛行的五行十二長生運或十二宮位概念曾做出全面詮釋。其從「絕」位開始，對五行一年當中經歷的十二階段依此予以解說，現摘錄於下：

> 長生　沐浴　冠帶　臨官　帝旺　衰　病　死　墓　絕　胎　養
>
> 《三命提要》云：一曰受氣，又曰絕，曰胞，以萬物在地中，未有其象，如母腹空未有物也。二曰受胎，天地氣交氤氳而造物，其物在地中成形，始有其氣，如人受父母之氣也。三曰成形，萬物在中成形，如人在母腹中成形也。四曰長生，萬物發生而向榮，如人始生而向長也。五曰沐浴，又曰敗，以萬始生而形體柔脆，易為所損，如人人生後三日，以湯浴之，幾至困絕也。六曰冠帶，萬物漸榮秀，如人具衣冠也。七曰臨官，萬物既秀實，如人之臨官也。八曰旺，萬物成熟，如人之興旺也。九曰衰，萬物形衰，如人之氣衰也。十曰病，萬物病，如人之病也。十一曰死，萬物死，如人之死也。十二曰墓，又曰庫，以萬物成功而藏之庫，如人之終而歸墓也。〔註8〕

無獨有偶，宋人趙彥衛在其書中也曾詳細列舉五行十二長生運的歷程〔註9〕，參以《三命提要》，可以將此歷程歸結為下表：

《雲麓漫鈔》五行十二長生運表

	長生	沐浴	冠帶	臨官	帝旺	衰	病	死	墓	絕	胎	養
水土	申	酉	戌	亥	子	丑	寅	卯	辰	巳	午	未
木	亥	子	丑	寅	卯	辰	巳	午	未	申	酉	戌
火	寅	卯	辰	巳	午	未	申	酉	戌	亥	子	丑
金	巳	午	未	申	酉	戌	亥	子	丑	寅	卯	辰

五行的十二長生運概念是從何時開始出現的？從今天存留的文獻來看，最早的記載出現在《淮南子·天文訓》中。該篇記載了最初的五行於一年三

〔註8〕　（宋）廖中撰：《五行精紀》卷7《論五行一》，第60頁。
〔註9〕　（宋）趙彥衛撰：《雲麓漫抄》卷13，第235、236頁。

個月中的生死旺衰歷程：「木生於亥，壯於卯，死於未，三辰皆木也。火生於寅，壯於午，死於戌，三辰皆火也。土生於午，壯於戌，死於寅，三辰皆土也。金生於巳，壯於酉，死於丑，三辰皆金也。水生於申，壯於子，死於辰，三辰皆水也。」〔註10〕這段話中，木、火、金、水四者所歷宮位皆為其長生、帝旺、墓位，此三位亦為地支五行三合局所主辰位。唯土不同，後世五行十二長生運表中，往往土隨水而行，後人稱之為水土同行。此處土行就五行生剋而言，其所歷運程倒也合乎義理，但是卻不合於後世之歷程。不管怎樣，在《天文訓》篇中見到的最早的土行長生運歷程，為人們考證後來土行長生運歷程的兩次轉變無疑是重要的參考。

《淮南子·天文訓》沒有記載五行十二宮的完整運程。對五行十二長生運做出最早完整描述的，應是隋代的《五行大義》。《五行大義·論生死所》完整記錄了五行在十二個月中的變化過程：

五行體別，生死之處不同。遍有十二月、十二辰而出沒。

木，受氣於申，胎於酉，養於戌，生於亥，沐浴於子，冠帶於丑，臨官於寅，王於卯，衰於辰，病於巳，死於午，葬於未。

火，受氣於亥，胎於子，養於丑，生於寅，沐浴於卯，冠帶於辰，臨官於巳，王於午，衰於未，病於申，死於酉，葬於戌。

金，受氣於寅，胎於卯，養於辰，生於巳，沐浴於午，冠帶於未，臨官於申，王於酉，衰於戌，病於亥，死於子，葬於丑。

水，受氣於巳，胎於午，養於未，生於申，沐浴於酉，冠帶於戌，臨官於亥，王於子，衰於丑，病於寅，死於卯，葬於辰。

土，受氣於亥，胎於子，養於丑，寄行於寅，生於卯，沐浴於辰，冠帶於巳，臨官於午，王於未，衰病於申，死於酉，葬於戌。〔註11〕

這是迄今為止發現的最早的完整的五行十二長生運。對比宋以後的五行十二長生運表，可以發現該文所謂「受氣」即是表中的「絕」，「生」即是表中的「長生」，「王」即是表中的「帝旺」，「葬」即是表中的「墓」。除去名稱略異外，木、火、金、水四行十二長生運基本已與今同。唯土行於絕、胎、養、

〔註10〕劉文典撰：《淮南鴻烈集解》卷3《天文訓》，第144頁。
〔註11〕（隋）蕭吉撰：《五行大義》卷2《論生死所》，第178、179頁。

病、死、墓六宮於火行同，但於其他各宮又與火行相錯一位。現將上文內容轉化為表格：

《五行大義・論生死所》五行十二長生運表

	長生 （生）	沐浴	冠帶	臨官	帝旺 （王）	衰	病	死	墓 （葬）	絕 （受氣）	胎	養
水	申	酉	戌	亥	子	丑	寅	卯	辰	巳	午	未
木	亥	子	丑	寅	卯	辰	巳	午	未	申	酉	戌
火	寅	卯	辰	巳	午	未	申	酉	戌	亥	子	丑
金	巳	午	未	申	酉	戌	亥	子	丑	寅	卯	辰
土	卯	辰	巳	午	未	申	申	酉	戌	亥	子	丑

　　對比《雲麓漫鈔》、《五行大義・論生死所》兩個五行十二長生運表，就知道二者的差別主要集中在土行與十二宮的配置上。很明顯，《五行大義・論生死所》的五行十二長生運表中，土行已有與火行同行的趨勢。但是二者的同行，只完成了一半左右。事實上，在《論生死所》篇中，關於土行的配置問題的主張並不止此一處。除去這一配置，人們還能找到有關土行墓位以及四辰土不同的十二長生運的觀點。

　　首先來看《論生死所》篇對土行墓位安排的不同的觀點。該篇另一種觀點認為，土行墓位不應隨火安置在戌，而應隨水安置在辰：

> 　　戌是火墓，火是其母，母子不同葬。進行於丑，丑是金墓，金是其子，義又不合。欲還於未，未是木墓，木為土鬼，畏不敢入。進休就辰，辰是水墓，水為其妻，於義為合，遂葬於辰。

> 　　昔舜葬蒼梧，二妃不從，故知合葬非古。然季武子云：自周公已來，未之有改。《詩》云：「穀則異室，死則同穴。」蓋以敦其義合，骨肉同歸。水土共墓，正取此也。又以四季釋所理，歸於斯。高唐隆以土生於未，盛於戌，壯於丑，終於辰，辰為水土墓，故辰日不哭，以辰日重喪故也。祖踴之哀，豈待移日，高唐所說，蓋為浮淺，其生王意，別又是一家。〔註12〕

〔註12〕（隋）蕭吉撰：《五行大義》卷2《論生死所》，第179頁。

　　如果僅從倫理綱常的角度來講，該處觀點亦有可取之處。因為火為土母，母子不同葬，所以火土不應安排在同一墓位。依該觀點推理，金為土子，所以土金也不能同墓；木是土鬼，土畏木而不敢入木之墓。只有水為土妻，夫妻同墓，於義最合，故安排水土同墓於辰。可是若依此推理，那麼土行還是應該保持著《淮南子・天文訓》中的宮位安排，而不應該再隨火行或者水行了。這樣，對土行十二宮的配置就要完全打亂重來，而這與土行後來的配置演變是相悖的。所以，僅僅考慮土行與水行同墓而不論其他的方法是不可取的。

　　《論生死所》篇還有一種觀點，認為辰戌丑未四個土行地支應該分別有自己獨特的十二長生運。該觀點的依據是，「土雖有寄王於火鄉，生於巳，葬於辰，然土分王四季，各有生死之所」。由於土旺四季，所以四個土行地支的十二長生運分別隨於春夏秋冬木火金水四行。「《龜經》云：『土，木動為辰土，火動為未土，金動為戌土，水動為丑土。』」又云：『甲乙寅卯為辰土，丙丁巳午為未土，庚辛申酉為戌土，壬癸亥子為丑土。凡五行之王，各七十二日。土居四季，季十八日，並七十二日，以明土有四方，生死不同。」〔註13〕四辰土與其他四行的具體搭配為辰土隨木行，未土隨火行，戌土隨金行，丑土隨水行。在準備好了相關理論及其配置後，《五行大義》隨後援引《五行書》詳細列舉了辰未戌丑四土的十二長生運：「辰土，受氣於申酉，胎於戌，養於亥，生於子，沐浴於丑，冠帶於寅，臨官於卯，王於辰，衰病於巳，死於午，葬於未。未土，受氣於亥子，胎於丑，養於寅，生於卯，沐浴於辰，冠帶於巳，臨官於午，王於未，衰病於申，死於酉，葬於戌。戌土，受氣於寅卯，胎於辰，養於巳，生於午，沐浴於未，冠帶於申，臨官於酉，王於戌，衰病於亥，死於子，葬於丑。丑土，受氣於巳午，胎於未，養於申，生於酉，沐浴於戌，冠帶於亥，臨官於子，王於丑，衰病於寅，死於卯，葬於辰。」〔註14〕現將以上四辰土的十二長生運與木、火、金、水的十二長生運分別列表做一比較：

〔註13〕　（隋）蕭吉撰：《五行大義》卷2《論生死所》，第180頁。
〔註14〕　（隋）蕭吉撰：《五行大義》卷2《論生死所》，第179、180頁。

辰土與木行十二長生運對比表

	長生（生）	沐浴	冠帶	臨官	帝旺（王）	衰	病	死	墓（葬）	絕（受氣）	胎	養
木	亥	子	丑	寅	卯	辰	巳	午	未	申	酉	戌
辰	子	丑	寅	卯	辰	巳	巳	午	未	申酉	戌	亥

未土與火行十二長生運對比表

	長生（生）	沐浴	冠帶	臨官	帝旺（王）	衰	病	死	墓（葬）	絕（受氣）	胎	養
火	寅	卯	辰	巳	午	未	申	酉	戌	亥	子	丑
未	卯	辰	巳	午	未	申	申	酉	戌	亥子	丑	寅

戌土與金行十二長生運對比表

	長生（生）	沐浴	冠帶	臨官	帝旺（王）	衰	病	死	墓（葬）	絕（受氣）	胎	養
金	巳	午	未	申	酉	戌	亥	子	丑	寅	卯	辰
戌	午	未	申	酉	戌	亥	亥	子	丑	寅卯	辰	巳

丑土與水行十二長生運對比表

	長生（生）	沐浴	冠帶	臨官	帝旺（王）	衰	病	死	墓（葬）	絕（受氣）	胎	養
水	申	酉	戌	亥	子	丑	寅	卯	辰	巳	午	未
丑	酉	戌	亥	子	丑	寅	寅	卯	辰	巳午	未	申

　　通過以上四個表格的對照，發現四辰土雖與四行隨行，但是卻都沒有完全同行。四者均是於病、死、墓、絕四宮有共同地支，其他宮位地支總是相錯一位。且四辰土均是於絕位含兩個地支，於衰、病二位含兩個相同的地支。這種獨特的安排，有些類似於《五行大義‧論生死所》中的火土同行安排。不過，無論是《五行大義‧論生死所》中的火土同行安排，還是《五行書》中四辰土與四行的安排，都表明土行的十二宮配置尚在進行中而沒有完全完

成。這種狀況持續到何時，尚沒有明確的文獻資料予以直接證明。可以確定的是，在宋代的《五行精紀》中，這種配置的轉變仍在進行中，並且又有了新的趨勢。

《五行精紀》作為一本專門的命理文獻的集合，其理論基礎多建立在古代天干地支陰陽五行等知識之上。然而，作為一本卜筮之書，其所搜集的資料多取自宋代坊間，這就決定了書中的內容可能多與《五行大義》等官方裁定的書籍有較大的差別。事實上，單看五行十二長生運的內容，就能深刻感受到這一點。與《五行大義》中火土十二長生運近似不同，《五行精紀》更多的時候是將水土的十二長生運合而為一。如該書所收釋曇瑩所注《珞琭子》有這樣一段話：「瑩和尚注云：『本命長生中逢旺鬼是也，如金逢乙巳火，土遇庚申木，火見甲寅水，木逢辛亥金，得於四柱或臨大命者，宜退身而避位。』」〔註15〕按釋曇瑩所言，金長生位在巳，土長生位在申，火長生位在寅，木長生位在亥。查今日五行十二長生運表，正與之合，表明此處土、水長生位一致。另一部文獻《燭神經》則有水土同墓之記載：「甲乙木庫在未，丙丁在戌，戊己壬癸在辰，庚辛在丑庫者，祿之所鍾也，如甲乙亥多而得未者，乃祿厚望足之人也。」〔註16〕此處「庫」即是「墓」，甲乙木墓在未，丙丁火墓在戌，戊己土和壬癸水墓在辰，庚辛金墓在丑。此處水土同墓，且五行墓位與今日五行十二長生運表亦完全相符。同樣是《燭神經》，其在論「五行自生、旺、臨官、死、絕」五宮位時，可以看到水土兩種五行也是完全同行的：

五行自生、旺、臨官、死、絕

甲申水	丙寅火	己亥木	辛巳金	戊申土	自生
丙子水	戊午火	辛卯木	癸酉金	庚子土	自旺
癸亥水	乙巳火	庚寅木	壬申金	丁亥土	自臨官
乙卯水	丁酉火	壬午木	甲子金	己卯土	自死
癸巳水	乙亥火	庚申木	壬寅金	丁巳土	自絕〔註17〕

雖然《五行精紀》中並沒有一個完整的五行十二長生運介紹，但是從以上三處文獻描述中基本上可以確認水土二行的十二宮位應是完全相同的，即水土

〔註15〕 （宋）廖中撰：《五行精紀》卷8《論五行二》，第69頁。
〔註16〕 （宋）廖中撰：《五行精紀》卷15《論祿》，第116頁。
〔註17〕 （宋）廖中撰：《五行精紀》卷7《論五行一》，第61頁。

同行。若再結合該書其他眾多實例，也基本可以肯定絕大多數宋代命理文獻採用的五行十二長生運就是水土同行。那麼問題就出現了，為什麼隋代的《五行大義》對土行的安排趨向於火土同行，而在宋代的命理術中卻採用了水土同行呢？其實對於這個問題，本文先前也有過回應，那就是《五行精紀》所搜集的資料多取自宋代坊間，是民間卜肆日用的知識。而《五行大義》由隋代官方編纂，雖也多取自民間，但畢竟不是專用於卜算的。在古代，陰陽五行知識廣泛散佈於各個領域，然各個領域的陰陽五行內容卻又不盡相同。以醫家而言，他們習慣採用的是土旺長夏說；而術數家們多採用土旺四季說。比如土長生位，命理術士與醫家的理解就不相同。醫家認為土生於巳，而命理術士認為水土俱生於申。《李虛中書》曾對此解釋到：「既曰『水土俱生申』，又曰『土生巳』，何也？水土生申，陰陽家之說也，土生於巳，醫家之說也，蓋五行之中，惟土分體用，厚德載物，居中不用者，土之體也；散在四維，如旺四季一十八日，土之用也。體生於巳，乘父母之祿，用生於申，繼父母之位而生也。」〔註18〕《五行大義·論生死所》曾言：「凡五行之王，各七十二日。土居四季，季十八日，並七十二日，以明土有四方，生死不同。此蓋卜筮所用。」〔註19〕至於五行的十二長生運，當時不同的領域對其搭配可能也是不一樣的。前文講到，《五行大義》對土行的安排有兩種方式。一是土隨火行，二是四辰土隨四季所主四行而行。這兩種說法的來源一定是不一樣的。或許有的來自於五行家言，有的來自於醫家言，甚至有可能來自於儒家言。而當時的祿命術（即早期命理術）採用的是何種配置方法，並不可知。《五行精紀》中的《珞琭子》、《燭神經》等文獻沒有採納上述二種說法並不為奇。至少今人從中可以窺見宋代的命理界也有自己的獨特方法。不過，需要著重指出的是，這種水土同行的五行十二長生運的搭配方式在命理術中並沒有持續太久。五行十二長生運雖有可能盛行於宋代，但是隨後卻為明清時期的命理術所摒棄。五行十二長生運於明代中後期徹底退出了命理術，僅為火珠林法所承襲。〔註20〕

〔註18〕 （宋）廖中撰：《五行精紀》卷7《論五行一》，第60頁。

〔註19〕 （隋）蕭吉撰：《五行大義》卷2《論生死所》，第180頁。

〔註20〕 五行十二長生運至今仍有運用，但是不再在命理術中出現，而是被建立在宋代火珠林法基礎上的六爻法所採納。相關應用，參見劉大鈞著《納甲筮法講座》，桂林：廣西師範大學出版社，2010年，第20頁；張曉雨著《周易筮法通解》，濟南：山東人民出版社，1994年，第60頁；秦倫詩著《周易應用經驗學》，呼和浩特：內蒙古人民出版社，2007年，第6～8頁。

二、五行十二長生運的深入演變：十天干陽順陰逆說

在《五行精紀》中，五行十二長生運還有另外一點值得關注的變化，那就是當時的命理術正在採用十天干陽順陰逆、陽生陰死的新的十二宮位配置。這種新的配置方法，可稱之為十天干十二長生運或十天干生旺死絕歷程。過去認為，這種長生運配置方式至遲在明代中後期的《淵海子平》中才出現。因為在《淵海子平・論天干生旺死絕》中，第一次發現了完整的十天干十二長生運內容。該長生運不同於五行十二長生運之處有二：一是火土完全同行；二是五陽干順行，五陰干逆行。關於十天干生旺死絕的詳細歷程，《淵海子平・論天干生旺死絕》這樣描述：

> 甲木生亥，沐浴在子，冠帶在丑，建祿在寅，帝旺在卯，衰在辰，病在巳，死在午，墓在未，絕在申，胎在酉，養在戌。
>
> 乙木生午，沐浴在巳，冠帶在辰，建祿在卯，帝旺在寅，衰在丑，病在子，死在亥，墓在戌，絕在酉，胎在申，養在未。
>
> 丙火戊土生寅，沐浴在卯，冠帶在辰，建祿在巳，帝旺在午，衰在未，病在申，死在酉，墓在戌，絕在亥，胎在子，養在丑。
>
> 丁火己土生酉，沐浴在申，冠帶在未，建祿在午，帝旺在巳，衰在辰，病在卯，死在寅，墓在丑，絕在子，胎在亥，養在戌。
>
> 庚金生巳，沐浴在午，冠帶在未，建祿在申，帝旺在酉，衰在戌，病在亥，死在子，墓在丑，絕在寅，胎在卯，養在辰。
>
> 辛金生子，沐浴在亥，冠帶在戌，建祿在酉，帝旺在申，衰在未，病在午，死在巳，墓在辰，絕在卯，胎在寅，養在丑。
>
> 壬水生申，沐浴在酉，冠帶在戌，建祿在亥，帝旺在子，衰在丑，病在寅，死在卯，墓在辰，絕在巳，胎在午，養在未。
>
> 癸水生卯，沐浴在寅，冠帶在丑，建祿在子，帝旺在亥，衰在戌，病在酉，死在申，墓在未，絕在午，胎在巳，養在辰。
>
> 寅申巳亥，五陽長生之局。子午卯酉，五陰長生之局。〔註21〕

將這段話歸納分析，就可以得出一個完整的十天干生旺死絕表：

〔註21〕李峰注解：《新刊合併官板音義評注淵海子平》卷1《論天干生旺死絕》，第30、31頁。另，《三命通會・論天干陰陽生死》對十天干陽順陰逆的宮位安排方式也有解說，其十二長生運應與《淵海子平》同，只是每個天干只解釋了兩三個宮位安排。參見（明）萬民英撰《三命通會》卷2《論天干陰陽生死》，北京：中醫古籍出版社，2008年，第96～99頁。

《淵海子平》中十天干生旺死絕表

	五陽干順行					五陰干逆行				
	甲	丙	戊	庚	壬	乙	丁	己	辛	癸
長生	亥	寅	寅	巳	申	午	酉	酉	子	卯
沐浴	子	卯	卯	午	酉	巳	申	申	亥	寅
冠帶	丑	辰	辰	未	戌	辰	未	未	戌	丑
臨官	寅	巳	巳	申	亥	卯	午	午	酉	子
帝旺	卯	午	午	酉	子	寅	巳	巳	申	亥
衰	辰	未	未	戌	丑	丑	辰	辰	未	戌
病	巳	申	申	亥	寅	子	卯	卯	午	酉
死	午	酉	酉	子	卯	亥	寅	寅	巳	申
墓	未	戌	戌	丑	辰	戌	丑	丑	辰	未
絕	申	亥	亥	寅	巳	酉	子	子	卯	午
胎	酉	子	子	卯	午	申	亥	亥	寅	巳
養	戌	丑	丑	辰	未	未	戌	戌	丑	辰

　　由此表不難發現，除了水土同行變成火土同行外，五陽干的十二長生運與五行的十二長生運是一致的。五陽干生旺死絕的歷程是順著十二地支的順序而運行的。五陰干的生旺死絕歷程則逆十二地支而行，其十二長生運與五陽干正好相反。如同一五行的陽干處於長生時，陰干處於死；陽干處於死時，陰干處於長生。正所謂陽順陰逆、陽死陰生。十天干陽順陰逆、陽死陰生之說起於何時，殊難考定。因為此說雖出現於《李虛中命書》，但是《李虛中命書》最早的轉引已是在南宋中期的《五行精紀》中。由唐至宋，數百年間，其書不知增刪幾何。故陸致極先生認為的中唐時期陽順陰逆說應該已經確立的觀點，並不能得到確切證實；而其所認為的「宋代以後，十天干生旺死絕已經非常盛行，這是沒有疑義的」之說，也由於所依版本的問題，難以成立。〔註22〕只能說，至遲在宋代，十天干陽順陰逆說才初具雛形。《五行精紀》中確切記載十天干生旺死絕內容的只有一部文獻，即《廣信集》。因為《李虛中命書》只是提到「陽死陰生」、「陰死陽生」這樣的詞眼，並未述及具體內容。而《廣信集》則就此詞眼引申出了十天干陽死陰生、陽順陰逆之說：

〔註22〕參見陸致極著《中國命理學史論》，第111、112頁。

　　《命書》云：陰死陽生，陽死陰生，人皆言之，未知其詳，今書以示將來。且甲生於亥，順數至寅臨官為祿，至午而死，乙卻復生於午，逆數至卯臨官為祿，蓋死於亥，而甲復生也。丙生寅，順數至巳臨官為祿，至酉而死，丁卻復生於酉，逆數至午臨官為祿，蓋死於寅，而丙復生也。庚辛壬癸皆仿此。惟戊生申，逆數至巳上臨官為祿，己生於卯，順數至午上臨官為祿。此陰死陽生，陽死陰生之說也。（《廣信集》）〔註23〕

　　該文開頭即云「陰死陽生，陽死陰生，人皆言之，未知其詳」，說明當時人們對十天干新的十二長生運並不熟悉，故《廣信集》「今書以示將來」。從「甲生於亥，順數至寅臨官為祿，至午而死，乙卻復生於午，逆數至卯臨官為祿，蓋死於亥，而甲復生也」以及「丙生寅，順數至巳臨官為祿，至酉而死，丁卻復生於酉，逆數至午臨官為祿，蓋死於寅，而丙復生也」兩句話可以推知甲乙二木與丙丁二火已按照陽順陰逆、陽生陰死之規定配置在十二長生運中。且由其在長生、臨官、死三個宮位上的配置與《淵海子平·論天干生旺死絕》中的相關配置對比，可以明確此二行的生旺死絕歷程當與後世無異。而該文又云「庚辛壬癸皆仿此」，說明當時木火金水之八天干十二宮位的安排均已與今天相同。

　　在這裡，尤為引人注意的，還是該文對土行陰陽二干的安排。「惟戊生申，逆數至巳上臨官為祿，己生於卯，順數至午上臨官為祿。」《廣信集》此句話中，有兩點頗為引人關注。一是該處以戊長生於申、己長生於卯，戊己二土長生位是同於水行。二是該處土行二干不是採用陽順陰逆的配置方式，而是採用陽逆陰順的獨特配置。前文已言明五行十干之陰陽，其中戊為陽干，己為陰干。但是《廣信集》卻讓戊逆數三位至巳為臨官，己順數三位至午為臨官。這樣，陰陽二土在長生、病位上同於水行，在臨官、絕位上同於火行。這種陰陽顛倒、陽逆陰順的長生運配置方式可謂他處絕無而此處僅見。不過，依筆者陋見，《廣信集》在這裡還是透漏出不少珍貴的信息。其一，宋代命理術已經開始採用十天干陽順陰逆、陽生陰死的新的十二長生運。而且除了土行二干以外，其餘四行八干的十二長生運安排已與後世完全相同；其二，宋代命理術中的十天干十二長生運採用介於水土同行和火土同行之間的配置，而非火土同行的配置，這恐怕與五行十二長生運中的水土同行的配置有直接關聯。因為前者正是對後者的直接繼承改進。不過，土行二干的十二

〔註23〕（宋）廖中撰：《五行精紀》卷15《論祿》，第113頁。

長生運的配置還在試驗之中，並沒有成型。以至於竟可以看到陽逆陰順的獨特配置方式。可以想見，宋人為了土行的安置，一定也與隋以前的人們一樣，費盡了心機。如前所述，戊己二干在十天干的十二長生運中的安排，最終的定型是在明代中後期的《淵海子平‧論天干生旺死絕》。而這一安置究竟經歷了怎樣的歷程，由於史料的缺乏，難以一一還原，只能大體羅列至此。

延伸閱讀：有關十天干陽順陰逆說合理性的相關論述

宋代開始形成的十天干陽順陰逆的十二長生運至明代《淵海子平》、《三命通會》終告完成，而有關十天干陽順陰逆的安排卻在明清兩代爭論不休。爭論的原因，主要在於五陰干逆行十二長生運難以從喻象角度來解釋。正如陳素庵所言：「夫五陽育於生方，盛於本方，斃於泄方，盡於剋方，於理為順。若五陰生於泄方，死於生方，於理未通。」正因如此，自明末《滴天髓》開始，明清兩代的主要命理文獻幾乎皆有對十天干陽順陰逆說的爭執。對於此說，贊同者有之，反對者亦有之。現擇明清兩代有代表性的觀點略為陳述。

明清以來，對十天干陽順陰逆說持反對意見的大有人在。成書於明末的《滴天髓》，論及陰陽順逆之說時講到：「陰陽順逆之說，《洛書》流行之用，其理信有之也，其法不可執一。」看來此處對該說還是保有一個持中的觀點。而在該句話原注中，已出現了對五陰干宮位安排的質疑，並指出推命時絕不可依此理：「陰生陽死，陽順陰逆，此理出於《洛書》。五行流行之用，故信有之，然甲木死午，午為洩氣之地，理固然也。而乙木死亥，亥中有壬水，乃其嫡母，何為死哉？凡此皆詳其干支輕重之機，母子相依之勢，陰陽消息之理，而論吉凶可也。若專執生死敗絕之說，推斷多誤矣。」〔註24〕

清初陳素庵也曾堅決反對五陰干逆行十二宮的安排，認為其於理未通：「舊書從各支起長生、沐浴、冠帶、臨官、帝旺、衰、病、死、墓、絕、胎、養十二位有陽生陰死，陰生陽死之異焉。夫五陽育於生方，盛於本方，斃於泄方，盡於剋方，於理為順。若五陰生於泄方，死於生方，於理未通。即曲為之說，而子午之地，終無產木產金之道。寅亥之地，終無滅火滅水之道。」進而他舉出了當時盛行於子平術的十神說及墓庫說，指出二說皆是以陰陽同生同死來制定，並沒有牽涉到陽生陰死或陽順陰逆，從而證明了該說的荒謬：「諸舊書命格，丁遇酉以財論，乙遇午，己遇酉，辛遇子，癸遇卯，以食神

〔註24〕（清）任鐵樵注：《滴天髓闡微》，北京：中醫古籍出版社，2012 年，第 45 頁。

論，具不以生論。乙遇亥，丁遇寅，癸遇申，以正印論。己遇寅藏之丙，辛遇巳藏之戊，亦以正印論，具不以死論。其論墓則木必於未，火必於戌，金必於丑，水土必於辰。從無以戌為乙墓，丑為丁己墓，辰為辛墓，未為癸墓者。則陰陽同生同死為是。」〔註25〕

　　晚清時期的命理術士任鐵樵在注《滴天髓》一書時，也表明了自己對十天干陽順陰逆說的反對態度。他在贊同「陰陽順逆之說，《洛書》流行之用，其理信有之也」的同時，也指出此說於命理術並不適用：「若論命理，則不專以順逆為憑，須觀日主之衰旺，察生時之淺深，究四柱之用神，以論吉凶，則了然矣。」而且和陳素庵一樣，任鐵樵也認為十天干應是陰陽同生同死。他在轉引了陳素庵的上文後，得出結論：「由此觀之，陰陽同生同死可知也，若執定陰陽順逆，而以陽生陰死，陰生陽死論命，則大謬矣。故《知命章》中『順逆之機須理會』，正為此也。」〔註26〕

　　再來說贊同者的觀點。明清兩代贊同十天干陽順陰逆說的命理大師首推清代乾隆時期的沈孝瞻。沈孝瞻在其著作《子平真詮·論陰陽生死》中以「氣」、「質」之說解釋陽干主聚主進、陰干主散主退：

　　　　陽主聚，以進為進，故主順。陰主散，以退為退，故主逆。此長生沐浴等項，所以有陽順陰逆之殊也。四時之運，成功者去、等用者進。故每干流於十二支之月而生旺墓絕，又有一定。陽之所生，即陰之所死，彼此互換，自然之運也。即以甲乙論，甲為木之陽，天之生氣流行萬木者，是故生於亥而死於午。乙為木之陰，木之枝枝葉葉受天生氣，是故生於午而死於亥。木當亥月，正枝葉剝落，而內之生氣，已收藏飽足。可以為來春發洩之機，此其所以生於亥也。木當午月，正枝葉繁盛之候，而甲何以死？卻不知外雖繁盛，而內之生氣發洩已盡。此其所以死於午也。乙木反是，午月枝葉繁盛即為之生。亥月枝葉剝落即為之死。以質而論，自與氣殊也。以甲乙為例，餘可知矣。〔註27〕

沈孝瞻以陽干陰干異質的角度來解釋陽干順行、陰干逆行的現象，可謂

〔註25〕（清）沈孝瞻、（清）陳素庵著：《子平真詮·命理約言》，北京：華齡出版社，2010年，第283、284頁。

〔註26〕（清）任鐵樵注：《滴天髓闡微》，第45、46頁。

〔註27〕（清）沈孝瞻撰、徐樂吾評注：《子平真詮評注》，北京：中醫古籍出版社，2012年，第37頁。

別有見地。他提出陽干為氣，氣主聚，以進為進，故於十二月地支順行；陰干為質，質主散，以退為退，故於十二月地支逆行。他又以甲乙木舉例，甲木生於亥而死於午。甲木生於亥，因為「木當亥月，正枝葉剝落，而內之生氣，已收藏飽足。可以為來春發洩之機」，是故甲木生於亥。甲木死於午，頗為令人不解，因為此月木正枝葉繁盛之候，而甲何以死？沈孝瞻釋曰：「卻不知外雖繁盛，而內之生氣發洩已盡。此其所以死於午也。」而其對乙木的生死理解更為直接，亥月枝葉剝落是乙木死時，午月枝葉繁盛是乙木生時。兩相對比，不難發現，沈氏是以氣論甲木生死，以質論乙木生死。沈氏的這一理論，未必能很完美地解釋十天干陽順陰逆的十二長生運，但是他無疑為後人解釋此說鋪就了一條新的道路。

明清以來對命理術中十天干陽順陰逆說的爭論直到今天還在持續。不過就理論創新而言則無甚可陳。或許源於宋代民間的十天干陽順陰逆說原本就是當時命理術士的一種理論的嘗試，初創者沒有自圓其說，後來者孜孜以求的完美理論當然也就成了緣木求魚。當然，此說的價值也是不容抹殺的。「應該說，陽順陰逆說在某種程度上，比起陰陽同生死說，更能揭示陰陽異質在十二地支中運行的細微差別。」〔註 28〕清代以後，要求取消此說的主張不絕於耳，但是直到今天大多數命理術士或學者還是在運用、肯定著這一理論。自宋代至今，這一理論能歷千年而不被淘汰，這本身就是歷史對其價值的肯定。

上文已經談到，從隋代的《五行大義》，歷宋代的《五行精紀》，一直到明代的《淵海子平》，無論是五行十二長生運還是十天干十二長生運，都有過火土同行和水土同行的記載。宋人對此區別似乎關注不多，筆者僅見《五行精紀·論五行一》中有「水土生申，陰陽家之說也」的記載。〔註 29〕除此以外，似乎再無論及。明清以及近代，命理學者主要在爭論十天干十二長生運中五陰干逆行是否合理，對水土同行和火土同行問題似乎也沒有予以關注。直到近年，旅美華裔學者陸致極先生始於其著作《中國命理學史論》中講到十二長生運中水土同行向火土同行的轉換問題，並從中引申出中國古代經濟中心南移的問題。〔註 30〕該說立論新穎，然究其論證過程，筆者自覺陸先生

〔註 28〕陸致極著：《中國命理學史論》，第 266 頁。
〔註 29〕（宋）廖中撰：《五行精紀》卷 7《論五行一》，第 60 頁。
〔註 30〕參見陸致極著《中國命理學史論》，第 109～111 頁。

難以自圓其說。由於近年來似無人對此說予以佐證或批駁，故筆者於本文特闢專節予以回應。

首先來看看陸致極先生於其書中是如何表述其觀點的：

在五行的方位上，北方為水，南方為火，而土居中央。漢代水土同行的處置方式，說明位居中央的土，更多地依附於北方的水，為什麼後來逐漸演變成跟南方的火同行呢？這種演變本身是否蘊涵著一種中心點南移的趨勢？

事實上，這已表現出對原先的中華自然生態模式的一個重要的調整，即「中土」的地理位置，已有秦漢時代以河南洛陽古都為中心的區域（大致在北緯35°左右）南遷，或者說，中華自然生態原先在古代中國的中心位置已從黃河中下游流域向南方的長江流域轉移。同時，在自然氣候的模式上，也從原先春（木）—夏（火）—長夏（土）—秋（金）—東（水）模式，轉變為春（木）—夏（火）—秋（金）—冬（水）四季平均分配的模式，而土則被分配到四個季月（三月、六月、九月、十二月）的最後十八天。

傳統命理學上出現的這個對自然生態模式認識的變化，是有它的歷史原因的。這個調整，實際上跟古代中國社會經濟重心在歷史發展過程中的變遷相一致。

……到宋代，長江上游和長江下游的經濟在全國已有舉足輕重的地位。當時長江下游已有「蘇湖足，天下足」之稱。可以認為，此時中國的經濟重心已經南遷到了長江流域。在城市經濟方面，重要城市的分布重心，也出現了東移南遷。因此，命理學出現土的歸屬，從水土同行到火土同行的變化，恐怕不是偶然的。

……

從軌跡圖可以看到，在長達兩千年的時間內，中國人口重心南北是在北緯30°至35°之間、東西在東經116°至113°之間移動。若以地名表示，則人口重心約在北起鄭州以北，南達九江，東處商丘以東，西達洛陽、南陽一帶移動。南北擺動的幅度，大於東西擺動的幅度。進一步觀察，從隋朝到唐朝，再從唐朝到宋朝，宋朝再到元朝，人口重心一再南移，這跟中土的地理位置的南移基本上是相吻合的。而這階段正是傳統命理學形成的重要時期，火土同行的

完成似乎在這裡可以找到歷史的佐證。〔註31〕

陸致極先生的論點是，十二長生運中水土同行到火土同行的轉變過程，蘊涵著中國古代經濟中心南移的趨勢。其立論的依據大體有二：一是漢代出現水土同行的處置方式，而後逐漸向火土同行轉換，至宋代，尤其是南宋，火土同行完成；二是中國古代的經濟中心從秦漢時期的黃河流域逐漸南遷到宋代的長江中下游流域。隨著經濟中心的南移，中國人的中土觀念也在發生改變。綜合以上兩點可以發現，水土同行向火土同行的轉換過程恰好與中國經濟重心南移的過程基本吻合。據此，陸致極提出十二長生運中水土同行到火土同行的轉變過程，蘊涵著中國古代經濟中心南移的趨勢。筆者認為，如果陸致極上述兩個論點都可以證明成立，那麼十二長生運中水土同行到火土同行的轉變過程蘊涵著中國古代經濟中心南移的趨勢的論點也是基本可以成立的。雖然這種因果聯繫並不緊密，還需進一步論證，但作為一個學術觀點是完全可行的。不過，遺憾的是，筆者發現陸致極先生的兩個論點除了第二個早已為先賢所證明外，剩下的第一個論點的論證過程並不準確，當然其結論也就無從談起了。

先看陸致極先生的第二個論點，中國古代經濟重心的南移問題。有關中國古代經濟重心南移及其完成的問題，前輩學人特別是宋史領域的學人多有論及。尤其自張家駒先生始，中國史學界基本上已達成共識，那就是中國經濟重心在宋代基本移至南方。〔註32〕這一論點之確實，已無需筆者贅述。

再來看陸先生的第一個論點，十二長生運中水土同行向火土同行的轉變時間是否也與中國古代經濟重心的轉移時間相吻合。陸氏對這一論點的論證

〔註31〕陸致極著：《中國命理學史論》，第 109～111 頁。

〔註32〕有關中國經濟重心南移的代表性論著及文章，有張家駒著《兩宋經濟重心的南移》，武漢：湖北人民出版社，1957 年；曹爾琴：《唐代經濟重心的轉移》，載《歷史地理》（第二輯），上海：上海人民出版社，1982 年；周殿傑：《安史之亂前唐代經濟重心在北方說》，載《學術月刊》1982 年第 9 期；羅宗真：《六朝時期全國經濟重心的南移》，載《江海學刊》1984 年第 3 期；漆俠：《宋代社會生產力的發展及其在中國古代經濟發展過程中的地位》，載《中國經濟史研究》1986 年第一期；鄭學檬：《中國古代經濟重心南移的若干問題探討》，《光明日報》1988 年 6 月 15 日；盧星、倪根金：《中國古代經濟重心南移問題研究綜述》，載《爭鳴》1990 年第 6 期；程民生著：《宋代地域經濟》，開封：河南大學出版社，1992 年；葛金芳著：《中國經濟通史》（第五卷），長沙：湖南人民出版社，2002 年；鄭學檬著：《中國古代經濟重心南移和唐宋江南經濟研究》，長沙；嶽麓書社，2003 年。

主要是水土同行出現於漢而火土同行完成於宋。但是筆者認為，無論是水土同行的出現時間還是火土同行的完成時間，陸氏都錯誤地使用了史料，以致於其得出了完全錯誤的結論。陸氏認為水土同行出現於漢代主要依據於民國時期徐昂注解《京氏易傳》的一段話。按《京氏易傳》卷下有這麼一段原文：「寅中有生火，亥中有生木，巳中有生金，申中有生水，丑中有死金，戌中有死火，未中有死木，辰中有死水，土兼於中。」〔註33〕徐昂對此注解到：「火長生在寅而死於酉，墓在戌也；木長生在亥而死於午，墓在未也；金長生在巳而死於子，墓在丑也；水長生在申而死於卯，墓在辰也；土居中央，而通於四時，其生死於水同位。」〔註34〕徐昂在注解中提到了水土同位的概念，於是陸氏得出結論：「因此自京房以後，易卦推斷中都採納了水土同行的處理方式。」〔註35〕可是陸氏犯的一個錯誤是，徐昂在注解中提到的水土同位，並非《京氏易傳》中原意，而是徐昂自己的觀點。漢代究竟有沒有出現水土同行的配置，還需後來者不斷發掘，至少今天尚未發現漢代文獻中有這種配置。總之，陸氏認為水土同行出現於漢代的論點此處並不能成立。

隨後，陸氏檢索了《五行大義》、《玉照定真經》、《珞琭子三命消息賦》徐子平注本，指出由隋至南北宋之交，五行十二長生運雖然有火土同行之勢，但是在墓位安排上依然是水土同位。一直到《淵海子平‧論天干生旺死絕》篇中，才見到今天所用的十天干生旺死絕歷程。陸氏認為此時為南宋，火土同行已經完成。〔註36〕筆者認為，陸氏此處的論點，由於其混淆了文獻的形成時間以及主體內容的概念，也是完全錯誤的。

前文已經提到，在隋代《五行大義》中的五行十二長生運的宮位安置上，已有一種火土同行的趨勢。但是到了宋代，當時命理術中的五行十二長生運，又廣泛採用水土同行的配置。這好像恰與中國經濟重心南移歷程反向而來。在當時逐漸成形的十天干陽順陰逆的十二長生運編排上，採用了介於水土同行和火土同行的配置。直到明代《淵海子平》，才正式將十天干十二長生運中的水土同行轉變為火土同行。所以從歷史的眼光來看，無論是五行十二長生運還是十天干十二長生運，都有過火土同行以及水土同行。所不同的是，前

〔註33〕（漢）京房撰：《京氏易傳》卷下，載盧央著《京氏易傳解讀》，第521頁。

〔註34〕徐昂著：《京氏易傳箋》，之江中國文學文學會集刊單行本，依自序印於1939年。

〔註35〕陸致極著：《中國命理學史論》，第108頁。

〔註36〕陸致極著：《中國命理學史論》，第108、109頁。

者的記載是先火土同行，而後水土同行，並且再無改動；後者的演變則可能是從水土同行到火土同行。前者的變化，並不一定是五行十二長生運在命理術中的演變軌跡。筆者前文已提到，在古代，陰陽五行知識廣泛散佈於各個領域，然各個領域的陰陽五行內容卻又不盡相同。五行十二長生運在隋宋兩代不同的記載，很可能是不同領域的五行十二長生運的各自規定，而非演變過程。不然，很難理解為何在宋代命理術中，五行十二長生運均為水土同行，毫無火土同行的痕跡。而十天干的十二長生運，從目前掌握的史料來看，是在五行十二長生運的基礎上出現的，而且出現伊始似乎也遵循著土隨水行的原則。總之，宋代的兩種十二長生運，均未有火土同行的配置出現。

陸氏提到的《玉照定真經》是宋元之際的命理書籍，而非其所說是出於唐末、宋初命理家之手的著作。其文中確有「水土到辰為聚墓之地」這樣的話，但這不是說明此時在火土同行的大勢下仍堅持著水土同墓，而是說明至遲在元代，五行十二長生運還在遵循著水土同行。此句話只是指明水土二行墓位共在辰而已。至於另一部文獻《珞琭子三命消息賦》之徐子平注本，更不會如陸氏所言出現在北宋、南宋交替之際。《珞琭子賦》廣泛行於唐宋之際，其注本現有數種。如《五行精紀》中提到的就有不下五人的注本，而經常採用的是釋曇瑩注本和王廷光注本。但是在宋代，卻並未見到徐子平注本，該注本的最早出現是在元代。從版本的出現時間上來考慮，徐注本很可能是宋末元初之人的偽作。至於其文中所涉及到的水土同墓問題，很可能還是指五行十二長生運的水土同墓。所以，陸氏所考證的火土同行在宋代中前期的演變是不存在的。

陸氏認為水土同行向火土同行的演變的最終完成出現在《淵海子平》中，並依此斷定。此說的最終形成是在南宋。在《淵海子平·論天干生旺死絕》中，的確是發現了最早的火土同行安排，但是該書的出現卻已是嘉靖二十七年（1548），今日能看到的版本是萬曆二十八年（1600）由唐錦池增補的。此距南宋的滅亡已有三百餘年。雖然唐錦池編訂《淵海子平》時所依《子平三命通變淵源》一書為宋書，但是筆者檢索南宋晚期之《子平三命通變淵源》一書，發現原書內容極少，並未涉及十天干生旺死絕歷程內容。故筆者保守判定此處十天干十二長生運乃是明代命理知識。陸氏認定的火土同行已經完成，時間大概在南宋的結論當然也是站不住腳的。

其實，依筆者的總結和判斷，在中國古代命理術的五行十二長生運中，

很可能並沒有出現水土同行向火土同行的轉變。至少在宋代及其以後，五行的十二宮運程，一直是水土同行的。而於宋代出現的十天干的十二長生運中，的確出現了水土同行向火土同行的轉變，只是這一轉變的時間已是宋明之際了。十天干為何沒有一直遵循五行十二宮中水土同行的配置方式，而採用土火同行的配置方式，至今還沒有相關的理論解釋。隨著對相關文獻的逐漸發現及深入解讀，隨著今後研究的深入，或許這一謎題終將為世人所揭開。

第六章　中醫運氣學（上）

第一節　中醫運氣學發展簡史

　　五運六氣理論是傳統醫易學乃至中醫經典的重要組成部分。它的自然科學基礎是天文曆法，即日月五星運動和干支曆法。五運主要研究月地關係，即探討月亮運動對地球及生物的影響及規律；六氣主要研究日地關係，即探討太陽相對於地球的視運動規律及其對地球生物影響的規律。中醫運氣學形成的起點，至今尚無定論。從文獻學角度而言，最早出現的較完整的中醫運氣學文獻是中唐王冰添入《黃帝內經》的「七篇大論」，以及宋人添入的《刺法論》、《本病論》等文獻。所以，嚴格意義上的中醫運氣學研究，肇始於此時。關於「七篇大論」來源的說法，據王冰所言：「時於先生郭子齋堂，受得先師張公秘本，文字昭晰，義理環周，一以參詳，群疑冰釋。恐散於末學，絕彼師資，因而撰注，用傳不朽。兼舊藏之卷，合八十一篇二十四卷，勒成一部。」〔註1〕這些張公秘本，就是後世所傳中醫運氣學研究的基礎——七篇大論。宋代林億認為「七篇大論」就是張仲景所覽《陰陽大論》，後被王冰補入《內經》。按此理，則至遲東漢時期，完整的中醫運氣學理論已經形成。今人蘇穎指出，運氣理論形成完整的學說，大約是在西漢至東漢初期。〔註2〕廖育群根據東漢天文機構有中醫成員這一線索，以及整個社會的文化

〔註1〕《黃帝內經素問‧重廣補注黃帝內經素問序》，第6頁。
〔註2〕蘇穎著：《五運六氣探微》，北京：人民衛生出版社，2014年，第27頁。

背景分析，認為中醫運氣學說的產生是東漢中後期。〔註3〕學者孟慶雲認為，東漢末年時人把以五星為主的天文推步和推望六氣相結合，在五六相合的框架下，對推步式占做了一番改造，撰成「七篇大論」。但是另一學者常存庫則認為運氣學說產生於唐以前，流行於宋以後。宋代理學對運氣學說的發展尤為關鍵。〔註4〕

這七篇文章到底形成於何時，至今學術界尚有爭論。但是可以肯定的是，它們並不是《黃帝內經》本有的篇章。從周易術數史的角度分析，這些文章內容很有可能是自東漢以來緯學及魏晉南北朝時期陰陽五行學說的遺產。故而王冰所收錄的「七篇大論」等中醫運氣學文獻的產生時間上限應該在東漢魏南北朝時期，下限在中唐以前。

宋金元時期，中醫運氣學研究進入鼎盛時期。由政府每年公布運曆，藥局依之備藥以防疫情發生。宋徽宗時，運氣學列入太醫局考試科目，為醫師考試三經大義必有之題。同時期編成的大型醫書《聖濟總錄》於卷首位置首論中醫運氣學，並繪製六十甲子周運氣圖以指導天下。在宋朝政府的影響下，社會上開始普遍接受運氣學說，致使時諺云：「不讀五運六氣，檢遍方書何濟。」不少醫家甚至開始活用運氣，因時因地辨證。北宋劉溫舒在《素問入式運氣論奧》中從氣化角度闡釋天干地支起源，對運氣交司時刻、運氣脈象、運氣致病和治療做了發揮。並且該書首以圖表示意，使後學一目了然。這種方法一直為後世沿用。南宋陳言在《三因極一病證方論》指出運氣變化是導致疾病發生的重要原因，創造性提出60年甲子週期內的運氣治療方藥。金代成無己在《注解傷寒論》中，從運氣角度探討傷寒疾病變化規律，認為疾病的發生轉化與運氣變遷有關。成無己也成為運用運氣理論解釋傷寒演變第一人。金元四大家之首劉完素，在他的運氣學專著《素問玄機原病式》中，以天地自然造化之理分析人體生理功能和病理變化，從運氣角度探討火熱病機，為後世外感病因辨證、病機學說發展奠定堅實基礎。另一醫家張元素在《醫學啟源》中卷，將運氣理論與疾病的遣方用藥緊密相連。其制方用藥以五行生剋為法則，根據藥物氣味厚薄寒熱陰陽升降組方遣藥。張元素弟子李杲，在《脾胃論》中以運氣理論闡釋氣機升降，天地氣運失常亦導致脾胃升降失

〔註3〕廖育群：《〈素問〉「七篇大論」運氣不同推算方式之分析》，《中華醫史雜誌》1994年第24期。

〔註4〕常存庫等：《運氣學說的流行與理學》，《中醫藥學報》1990年第1期。

常，並依此理立方補中益氣湯。

明清時期運氣理論研究得到進一步深化，並對溫病學發展起到一定的推動作用。張介賓在《類經》、《類經圖翼》中用古代天文曆法等知識闡明中醫運氣學中的疑難點，並將複雜的運氣理論用圖表表示。他結合臨床實際研究氣候對疾病的影響，總結發病及治療規律。清代名醫王丙在《傷寒論說辯附餘》中首次提出三百六十年為一大運，六十年為一大氣，三千六百年為一大周的大司天理論，並比對歷代著名醫家的學術思想特色與其所處的大司天運氣特點，論證了二者之間的聯繫，證明了大司天理論的客觀存在性。另一醫家陸懋修排列了自黃帝時期至晚清幾四千年的干支紀年序列，分別標出各時代運氣曆的司天在泉，以及該時代醫學學派理論特點。通過對各個時代運氣特點的分析，中醫各家理論特點及遣方用藥緣由理法昭然。經王丙、陸懋修二人的發明傳承，六氣大司天理論綱張目舉，對後人重新審視中國醫學史各個時期的醫學特點有重要參考價值。此外，清代研究運氣學主要側重於運氣與瘟疫之間的聯繫。葉桂、薛雪、吳塘、余霖等醫家均為此闡發新論。中醫運氣學對清代溫病學的勃興產生一定的推動作用。

中國近兩千年大司天對照表

起止公元年	大司天	在 泉	代表醫家
4～63	少陽相火	厥陰風木	
64～123	陽明燥金	少陰君火	
124～183	太陽寒水	太陰濕土	張仲景
184～243	厥陰風木	少陽相火	王叔和
244～303	少陰君火	陽明燥金	葛洪
304～363	太陰濕土	太陽寒水	
364～423	少陽相火	厥陰風木	
424～483	陽明燥金	少陰君火	
484～543	太陽寒水	太陰濕土	
544～603	厥陰風木	少陽相火	
604～663	少陰君火	陽明燥金	孫思邈
664～723	太陰濕土	太陽寒水	
724～783	少陽相火	厥陰風木	王冰
784～843	陽明燥金	少陰君火	

844〜903	太陽寒水	太陰濕土	
904〜963	厥陰風木	少陽相火	
964〜1023	少陰君火	陽明燥金	
1024〜1083	太陰濕土	太陽寒水	錢乙、龐安時、劉溫舒
1084〜1143	少陽相火	厥陰風木	劉完素、張元素、張從正、陳言
1144〜1203	陽明燥金	少陰君火	
1204〜1263	太陽寒水	太陰濕土	李杲
1264〜1323	厥陰風木	少陽相火	朱震亨
1324〜1383	少陰君火	陽明燥金	
1384〜1443	太陰濕土	太陽寒水	
1444〜1503	少陽相火	厥陰風木	
1504〜1563	陽明燥金	少陰君火	李時珍
1564〜1623	太陽寒水	太陰濕土	王肯堂、張介賓
1624〜1683	厥陰風木	少陽相火	吳又可
1684〜1743	少陰君火	陽明燥金	葉桂、薛雪
1744〜1803	太陰濕土	太陽寒水	吳鞠通
1804〜1863	少陽相火	厥陰風木	王世雄、陸懋修
1864〜1923	陽明燥金	少陰君火	蒲輔周
1924〜1983	太陽寒水	太陰濕土	
1984〜2043	厥陰風木	少陽相火	
2044〜2103	少陰君火	陽明燥金	

　　近代以來，運氣學研究逐漸進入「冰河時期」。由於時局的動盪，西學的傳入，科學化思潮的興起，運氣學理論受到時人較大的攻擊，其研究步伐明顯放緩。直到改革開放以後，中醫運氣學研究才逐步恢復正常。不僅其相關著作漸次湧現，其理論內容也被引入中醫高等院校教材之中。任應秋、田合祿、李陽波、楊力、蘇穎、劉威、顧植山、靳九成等運氣大家亦層出不窮。中醫運氣學從理論研究、文獻整理、臨床治療等諸方面迎來全面復興。其中，蘇穎（1960〜）教授和楊威（1968〜）研究員，多年來皆致力於傳統中醫運氣學研究，並建立起各自研究團隊。在她們的努力下，長春中醫藥大學和中國中醫科學院已成為國內中醫運氣學研究的重鎮。

第二節　五運

五運，即木運、火運、土運、金運、水運。由於春溫屬木、夏熱屬火、長夏濕屬土、秋燥屬金、冬寒屬水，故而五運可以概括一年四季氣候變化規律。其實質乃是木、火、土、金、水五行之氣在天地間運行變化的規律。五運包括歲運、主運和客運。

一、歲運

1. 十干紀運

歲運，又稱中運、大運，是以年干為單位通管全年的五運之氣，能夠反映全年的氣候特徵、物化特點、發病規律。田合祿認為，五運六氣之中，歲運與司天、在泉、主氣、客氣都是對人體質影響甚大的運氣因素。其重要性超過了主運與客運。一年的歲運由當年年干確定，即十干紀運。《素問・天元紀大論》云：「甲己之歲，土運統之；乙庚之歲，金運統之；丙辛之歲，水運統之；丁壬之歲，木運統之；戊癸之歲，火運統之。」〔註5〕即年干是甲己之年，歲運是土運；年干是乙庚之年，歲運是金運；年干是丙辛之年，歲運是水運；年干是丁壬之年，歲運是木運；年干是戊癸之年，歲運是火運。

關於十干為何生出以上五行，《素問・五運行大論》是這樣解釋的：「臣覽太始天元冊文，丹天之氣，經於牛女戊分；黅天之氣，經於心尾己分；蒼天之氣，經於危室柳鬼；素天之氣，經於亢氐昂畢；玄天之氣，經於張翼婁胃；所謂戊己分者，奎壁角軫，則天地之門戶也。」〔註6〕這就是說，古人通過天文觀察，在經天五氣的基礎上建立了十干化運的理論。

但是這裡我們不禁會有疑問：如果這種天象是經久不變的，那麼十干紀運的推演便具有天文學價值。可是長久以來，我們應該對此天象並不熟悉。顯然，這種解釋並不能令人信服。而如果這種天象是偶然間出現，那麼十干紀運便不具備恒定的演變規律。那麼，十干生出上述五行的根由，恐怕是不能用上述天象來予以解釋的。前文已述，筆者認為，十干紀運本質上就是古人對干支演變規律的一種高度總結。這種總結建立在中國古代長期發展的術數文化基礎之上，是術數文化的產物，而非上述文獻所言，是載於《太史天元冊》的一種天文現象。另一學者田合祿從天文背景考釋了五氣經天，指出

〔註5〕《黃帝內經素問》卷19《天元紀大論》，第368、369頁。
〔註6〕《黃帝內經素問》卷19《五運行大論》，第370、371頁。

五氣經天就是日月運行於五方五天，其五色乃是五季之色，不是天上呈現出五種氣的顏色，更不是什麼北極光。他進一步解釋道，月亮在黃道內外及黃道上的運行，古人稱為月行九道。所謂九道，指月行東方黃道內外為青道，行南方黃道內外為赤道，行西方黃道內外為白道，行北方黃道內外為黑道，加上中道黃道共九道。月行九道，將太陽回歸年分為青、赤、中（黃）、白、黑五道，有春、夏、長夏、秋、冬五時之色，正如《金匱真言論》所謂「東方青色」、「南方赤色」、「中央黃色」、「西方白色」、「北方黑色」。〔註7〕田氏之說，異於目前中國大陸運氣研究者的主流觀點，筆者認為亦接近五氣經天之本質，但是否為其真相，仍待學界檢驗。

2. 歲運的太過與不及

每年的歲運大概從大寒節起運，然而其具體起運時間還要看年份的太過與不及。所謂的太過與不及，是指五運的有餘和不足。一般而言，凡逢陽干的甲、丙、戊、庚、壬為歲運太過之年，凡逢陰干的乙、丁、己、辛、癸為歲運不及之年。太過不及之年氣化存在偏盛偏衰。

對於太過與不及之年的氣候變化規律以及臟腑變化特點，《素問·氣交變大論》規定：「歲木太過，風氣流行，脾上受邪……歲火太過，炎暑流行，金肺受邪……歲土太過，雨濕流行，腎水受邪……歲金太過，燥氣流行，肝木受邪……歲水太過，寒氣流行，邪害心火……歲木不及，燥乃大行……歲火不及，寒乃大行……歲土不及，風乃大行……歲金不及，炎火乃行……歲水不及，濕乃大行。」〔註8〕從中可知，土運對應濕氣，金運對應燥氣，水運對應寒氣，木運對應風氣，火運對應暑氣。由於太過不及之年氣化存在偏衰，所以皆會出現勝氣。如本運之氣偏盛，即太過，則為勝氣；如本運之氣偏衰，即不足，則剋本運之氣為勝氣。所以，壬年木氣太過，（勝氣）風氣流行，脾臟易受邪；戊年火運太過，（勝氣）暑氣流行，肺臟易受邪；甲年土運太過，（勝氣）濕氣流行，腎臟易受邪；庚年金運太過，（勝氣）燥氣流行，肝臟易受邪；丙年水運太過，（勝氣）寒氣流行，心臟易受邪。丁年木運不及，金運所主燥氣（勝氣）流行，肝臟易受邪；癸年火運不及，水運所主寒氣（勝氣）流行，心臟易受邪；己年土運不及，木運所主風氣（勝氣）流行，脾臟易受

〔註7〕田合祿、田峰：《五氣經天的天文背景考釋》，《中華中醫藥雜誌》2021年第11期。

〔註8〕《黃帝內經素問》卷20《氣交變大論》，第403～412頁。

邪；乙年金運不及，火運所主暑氣（勝氣）流行，肺臟易受邪；辛年水運不及，土運所主濕氣（勝氣）流行，腎臟易受邪。總結而言，歲運太過之歲的氣候變化規律是，本氣偏勝，所勝受邪，所不勝來復。歲運不及之歲的氣候變化規律是，本氣不足，本髒受邪，所不勝之氣偏勝，所生之氣亦來復。

我們還發現，太過不及之年的氣候都會出現復氣。有一分勝氣就有一分復氣，復氣多少是依據勝氣多少而定。所謂「微則復微，甚則復甚」。歲運的勝復規律是自然氣候自穩調制的自然現象。太過不及之年，氣化皆有偏勝偏衰，復氣的出現能使氣候氣化異常相對得到控制。對於太過之年，氣候的勝復規律是本氣為勝氣，所勝之氣受邪，所不勝之氣為復氣。如壬年木運太過，本氣風氣成為勝氣，所勝之氣濕氣不足，所不勝之氣燥氣來復。故而該年氣候特點是風氣偏盛，濕氣不足，燥氣來復。對於不及之年，氣候的勝復規律是本氣不及，所不勝之氣為勝氣，剋制勝氣者為復氣。如丁年木運不及之年，風氣不足，燥氣成為勝氣流行，暑氣成為復氣來復制約燥金之氣。故而該年氣候特點是風氣不足，燥氣盛行，暑氣來復。

3. 歲運與發病

歲運的太過不及，影響到的不僅是氣候的變化，還有人身的變化。一般而言，歲運太過之年，其發病規律是本氣之髒偏盛而病，所勝之髒受損而病。歲運不及之年，其發病規律是本氣之髒偏衰而病，所不勝之髒偏盛而病，復氣偏盛而又產生相應病症。

《素問・氣交變大論》云：「歲木太過，風氣流行，脾土受邪。民病飧泄，食減，體重，煩冤，腸鳴腹支滿，上應歲星。甚則忽忽善怒，眩冒巔疾。化氣不政，生氣獨治，雲物飛動，草木不寧，甚而搖落，反脅痛而吐甚。」這是說木運太過之年，風氣盛行，人體在此影響下，肝木疏泄旺盛，易見善怒。脾土反而受邪，會產生泄瀉，納呆，肢體沉重，心情煩悶，腸鳴腹脹。

「歲火太過，炎暑流行，肺金受邪。民病瘧，少氣咳喘，血溢血泄注下，嗌燥耳聾，中熱肩背熱，上應熒惑星。甚則胸中痛，脅支滿脅痛，膺背肩胛間痛，兩臂內痛，身熱骨痛而為浸淫。收氣不行，長氣獨明，雨水霜寒，上應辰星。上臨少陰少陽，火燔焫，水泉涸，物焦槁，病反譫妄狂越，咳喘息鳴，下甚血溢泄不已，太淵絕者死不治，上應熒惑星。」這是說火運太過之年，暑氣盛行，人體在此影響下，心火旺盛，肺金就要受到侵害。如果心火過度旺盛，就會有胸痛，脅下脹滿，胸膺部、背部、肩胛之間均感到疼痛，兩臂內側疼

痛，身熱，骨痛。肺金受邪，人們多患瘧疾，咳嗽氣喘。吐血、衄血、便血，水瀉如注。喉乾、耳聾，胸中發熱，肩背發熱。又由於寒氣來復，因而出現雨水霜寒的天氣。如果遇到少陰君火、少陽相火司天，火熱之氣就會更加亢盛，好像火燒一樣，以致水泉乾涸，植物焦枯，人們的病，多見譫語狂亂，咳嗽氣喘，二便下血不止。

「歲土太過，雨濕流行，腎水受邪。民病腹痛，清厥意不樂，體重煩冤，上應鎮星。甚則肌肉萎，足痿不收，行善瘛，腳下痛，飲發中滿食減，四支不舉。變生得位，藏氣伏，化氣獨治之，泉湧河衍，涸澤生魚，風雨大至，土崩潰，鱗見於陸，病腹滿溏泄腸鳴，反下甚而太溪絕者，死不治，上應歲星。」這是說土運太過之年，濕氣流行，人體在此影響下，腎水就要受邪。土氣偏盛，人體會肌肉萎縮，兩足痿不能行，經常抽搐拘攣，腳跟痛。水邪蓄積於中，而生脹滿，納呆，大便溏瀉、腸鳴、泄瀉不止，以至四肢不能舉動。腎水受邪，人們多患腹痛，手足逆冷，情志抑鬱，身體不輕快，煩悶等病。

「歲金太過，燥氣流行，肝木受邪。民病兩脅下少腹痛，目赤痛眥瘍，耳無所聞。蕭殺而甚，則體重煩冤，胸痛引背，兩脅滿且痛引少腹，上應太白星。甚則喘咳逆氣，肩背痛，尻陰股膝髀腨足皆病，上應熒惑星。收氣峻，生氣下，草木斂，蒼幹凋隕，病反暴痛，胠脅不可反側，咳逆甚而血溢，太沖絕者死不治，上應太白星。」這是說金運太過之年，燥氣盛行，人體在此影響下，肝木就易受邪。燥氣盛行，在人體就會有喘息咳嗽、逆氣，肩背疼痛，下連股、膝、髀、腨、足等處疼痛的病症。肝木受邪，人們多患兩肋下面少腹疼痛，目赤痛，眼角癢，耳聾等病。甚者還會身體沉重、煩悶、胸痛牽引到背部、兩脅脹滿，而痛勢下連少腹。

「歲水太過，寒氣流行，邪害心火。民病身熱煩心，躁悸，陰厥上下中寒，譫妄心痛，寒氣早至，上應辰星。甚則腹大脛腫，喘咳，寢汗出憎風，大雨至，埃霧朦鬱，上應鎮星。上臨太陽，則雨冰雪，霜不時降，濕氣變物，病反腹滿腸鳴，溏泄食不化，渴而妄冒，神門絕者死不治，上應熒惑辰星。」〔註9〕這是說水運太過之年，寒氣流行，人體在此影響下，心火易受邪。水氣盛行，在人體就會有腹水、足脛浮腫、氣喘咳嗽、盜汗、怕風等病症。邪害心火，人們多患身熱、心煩、焦躁心跳，虛寒厥冷，全身發冷、譫語、心痛等病。由於水氣盛，土氣來復，如遇太陽寒水司天，則會冰雹霜雪不時下降，濕

〔註9〕以上內容引自《黃帝內經素問》卷20《氣交變大論》，第403～407頁。

氣大盛。在人們的疾病中，多見肚腹脹滿、腸鳴、溏瀉、食物不化、渴而眩暈等症。

　　歲運不及之年亦如此，其影響下，不僅該年氣候發生改變，人體自身本氣之髒、所不勝之髒、復氣之髒亦受影響。如木運不及之年人體發病規律就是本氣之髒肝臟、所不勝之髒肺臟和復氣之髒心臟發生病變。火運不及之年則是心臟、腎臟、脾臟發生病變。土運不及之年則是脾臟、肝臟、肺臟發生病變。金運不及之年則是肺臟、心臟、腎臟發生病變。水運不及之年則是腎臟、脾臟、肝臟發生病變。總之，每年人體都會有三個髒係收到氣候的影響而易發病。田合祿認為，弱髒和強髒都容易發病，特別是弱髒必病。

歲運太過不及與氣候五臟變化關係表

五運	太　過				不　及			
	年干	勝氣	復氣	易受邪臟器	年干	勝氣	復氣	易受邪臟器
木	壬	風氣	燥氣	肝、脾、肺	丁	燥氣	暑氣	肝、肺、心
火	戊	暑氣	寒氣	心、肺、腎	癸	寒氣	濕氣	心、腎、脾
土	甲	濕氣	風氣	脾、腎、肝	己	風氣	燥氣	脾、肝、肺
金	庚	燥氣	暑氣	肺、肝、心	乙	暑氣	寒氣	肺、心、腎
水	丙	寒氣	濕氣	腎、心、脾	辛	濕氣	風氣	腎、脾、肝

　　其實，仔細觀察上述對照，會發現五行太過之年與其所剋之五行不及之年的盛氣、復氣及易受邪臟器是極類似的。如木運太過之年與土運不及之年、火運太過與金運不及之年、土運太過與水運不及之年、金運太過與木運不及之年、水運太過與火運不及之年，其盛氣、復氣及易受邪臟器是一致的。

4. 相關醫案

（1）歲木太過，肝氣偏盛，剋伐脾土，致胃脘痛

　　　　張子和治一將軍病心痛不可忍。張曰：「此非心痛也，乃胃脘當心痛也。《內經》曰：『歲木太過，風氣流行，民病胃脘當心而痛。』」乃與神佑丸一百餘粒，病不減。或問曰：「此胃脘有寒也，宜溫補。」將軍數知張明瞭，復求藥，乃復與神佑丸二百餘粒，作一服大下六七行，立愈矣。〔註10〕

〔註10〕 （清）魏之琇編：《續名醫類案》卷18《心胃痛》，北京：人民衛生出版社，1997 年，第 550 頁。

《素問・氣交變大論》云：「歲木太過，風氣流行，脾土受邪。」歲木太過之歲，風氣偏盛，引發人體肝氣偏盛。肝氣屬木，剋伐脾土，導致胃脘痛。張從正所採用的神祐丸，為攻下寒濕峻劑，攻下力強。故魏之琇注云：「治法則非今人所宜。」使用此方時需審慎合度。

（2）歲土太過，風氣來復，燥熱盛於內

> 朱天一年二十餘，喜食糖及燥炙諸餅，忽病黃，面目如金。脈之，兩關數實有力，尺滑。大便六七日不行，小便黃澀。此敦阜太過燥熱，如以素瓷覆火，其色必黃，非濕症也。與小承氣湯加當歸、白芍，一劑便行而瘳。〔註11〕

土運太過之年被稱為敦阜之年。歲土太過，風氣來復，呈現風熱之狀，易引發患者熱盛於內的病症。本案患者朱天一二十多歲，喜歡吃燙和烤製的餅子這種燥熱食物，雙手關部數實有力，尺脈滑，說明內熱亢盛。加之外感風熱復氣，風火相煽，燥熱更盛於內。醫者用小承氣湯攻下泄熱，輔以當歸白芍養陰潤燥，故一劑而瘳。

（3）歲火不及，寒水侮之，寒濕相搏，致痙病

> 易思蘭治宗室毅齋，年五十二，素樂酒色。九月初，忽倒地，昏不知人，若中風狀，目閉氣粗，手足厥冷，身體強硬，牙關緊閉。有以為中風者，有以為中氣中痰者，用烏藥順氣散等藥俱不效。有作夾陰治者，用附子理中湯，愈加痰響。五日後召易診，六脈沈細緊滑，愈按愈有力。曰：問此何病？曰：寒濕相搏，痙病也。痙屬膀胱，當用羌活勝濕湯主之。先用稀涎散一匕，吐痰一二碗，昏憒即醒，隨進勝濕湯六劑全愈。以八味丸調理一月，精神復常。其兄宏道問曰：病無掉眩，知非中風。然與中風、中痰、夾陰，似亦無異，何以獨以痙名之？夫痙緣寒濕而成，吾宗室之家，過於濃暖有之，寒濕何由而得？易曰：運氣所為，體虛者得之。本年癸酉，戊癸化火，癸乃不及之火也。經曰：歲火不及，寒水侮之。至季夏土氣太旺，土為火子，子為母復仇，土挾制水。七月八月，主氣是濕，客氣是水，又從寒水之氣，水方得令，不服土制，是以寒濕相搏，太陽氣鬱而不行，其症主脊背項強，卒難回顧，腰似折，項似拔，乃膀胱經痙病也。宏道曰：

〔註11〕　（清）魏之琇編：《續名醫類案》卷9《黃疸》，第252頁。

瘂緣濕而成，烏藥順氣等藥，行氣導痰去濕者也。附子理中，去寒者也，何以不效？用勝濕湯何以速效？易曰：識病之要，貴在認得脈體形症。用藥之法，全在理會經絡運氣。脈症相應，藥有引經，毋伐天和，必先歲氣，何慮不速效耶？夫脈之六部俱沉細緊滑，沉屬裏，細為濕，緊為寒中，又有力而滑，此寒濕有餘而相搏也。若虛脈之症，但緊細而不滑。諸醫以為中風，風脈當浮，今不浮而沉，且無眩掉等症，豈是中風？以為中氣中痰，痰氣之脈不緊，今脈緊而體強直，亦非中氣中痰，故斷為瘂病。前用烏藥、附子理中湯，去寒不能去濕，去濕不能去寒，又不用引經藥，何以取效？勝濕湯，本、羌活乃太陽之主藥，通利一身百節，防風、蔓荊能勝上下之濕，獨活散少陰腎經之寒，寒濕既散，病有不瘥者乎？〔註12〕

　　癸酉之年，火運不及，歲火不及，寒水侮之。至季夏土來制水，寒濕相搏，太陽氣鬱而不行。雖宗室之家，暖厚有加，但運氣所為，體虛者得之。故患者不分貴賤，皆可感運氣而生寒濕之瘂病。醫者之前用藥或袪寒而不袪濕，或袪濕而不袪寒，故無以見效。易思蘭用勝濕湯辛溫發散，袪寒化濕，疏通經絡，則瘂病立止。

（4）歲金太過，木氣受抑，肝氣鬱於小腹

　　　是歲二月初旬，予鄰傅東洲內人分娩後，小腹痛者二十餘日，醫來皆謂血虛，用大劑四物湯，服久不解。予診其肝脈沉數而弦，知庚金歲運太過，初春之際木氣受抑而不能伸，故肝氣鬱下而作痛也。法當以升麻，柴胡提升開發之。此《內經》「木鬱達之」之意也。夫諸友作產後血虧治之，非不近理，但地黃，當歸，芍藥等補血之劑皆味厚質重，為陰中之陰，其性沉而喜降，則所謂抑鬱木氣愈覺不能伸，疾痛何由而止。第痛久氣耗，須加人參，況病者亦已疲憊，不能起枕，懶於言動，面白脫色，及不思飲食，有次數證，非參不可。至用劑時，予籌之曰：第服藥後當身發大熱，則鬱者散矣，慎勿駭。申刻服藥，夜分果熱，天明熱止，而痛去十七，再服而痛止。然何以知金運太過，木氣受抑之驗，蓋彼時以立春後草木方苗而梅始花，脈之沉弦得之矣。〔註13〕

〔註12〕　（清）魏之琇編：《續名醫類案》卷3《瘂》，第60、61頁。
〔註13〕　（明）徐亦稚撰：《運氣商》，北京：中國中醫藥出版社，2016年，第15頁。

是歲乃庚申年，歲金太過，木氣受抑。患者發病時間為初春，為主氣初之氣厥陰風木當令之時。但因此時木氣受抑，當伸不伸，肝氣鬱於小腹，故患者分娩後小腹疼痛，脈沉數而弦。木鬱達之，故用升麻柴胡疏肝解鬱使其調達。

二、主運

1. 主運的推演

主運，是指分別主治一年五時的五運之氣。因為其能反映一年五時氣候的常規變化，年年如此，故而稱其為主運。

主運的五時各主一季，其推演有固定次第。每年依五行相生順序，五運依次為初運木運應春、二運火運應夏、三運土運應長夏、四運金運應秋、五運水運應冬。每運主七十三日零五刻，合計三百六十五日零二十五刻。五運的交司時刻，分別為初運交於每年大寒節氣，二運交於春分後十三日，三運交於芒種後十日，四運交於處暑後七日，終運交於立冬後四日。著名中醫大家任應秋先生出生於1914年8月5日，農曆7月17日，當日為秋分，恰在處暑一個月之後四運應秋之時，故名應秋。主運五步的氣候變化特徵，分別為風、熱、濕、燥、寒，用以說明一年春風、夏熱、長夏濕、秋燥、冬寒的氣候遞變規律。

與歲運有太過與不及類似，主運也分太過與不及。古人為了推求一年中主運五步次第，發明了五音建運之法，即以角徵宮商羽五音建於五運之中，代表木火土金水五運。然後根據五音太少，推求主運五步的太過與不及。五音太少分別為：丁壬木運角音。丁為陰木為少角，壬為陽木為太角；戊癸火運徵音。戊為陽火為太徵，癸為陰火為少徵；甲己土運宮音，甲為陽土為太宮，己為陰土為少宮；乙庚金運商音。乙為陰金為少商，庚為陽金為太商；丙辛水運羽音。丙為陽水為太羽，辛為陰水為少羽。張介賓在《類經圖翼·五音五運太少相生解》總結其法曰：「蓋太者屬陽，少者屬陰，陰以生陽，陽以生陰，一動一靜，乃成易道。故甲以陽土，生乙之少商；乙以陰金，生丙之太羽；丙以陽水，生丁之少角；丁以陰木，生戊之太徵；戊以陽火，生己之少宮；己以陰土，生庚之太商；庚以陽金，生辛之少羽；辛以陰水，生壬之太角；壬以陽木，生癸之少徵；癸以陰火，復生甲之太宮。」〔註14〕

主運五運的推演，其法為：首先，確定該年年干為太為少，由於各年歲運的太過不及與該年五行屬性相同的主運的太過不及是一致的，因此很快能

〔註14〕 （明）張介賓著：《類經圖翼》卷2《運氣下·五音五運太少相生解》，第42頁。

確定出與該年年干太少相同的主運；其後，從該主運五音逆推至角音，便可得出初運是太角還是少角。

　　後人總結主運五步太少相生的規律，發現凡壬癸甲乙丙五年，主運五步均為：太角→少徵→太宮→少商→太羽；丁戊己庚辛五年，主運五步均為：少角→太徵→少宮→太商→少羽。在這裡，五音的太少代表了主運中五運的太過與不及。通過五音建運太少相生次第，我們便推演出一年五時五行之氣的太過與不及。

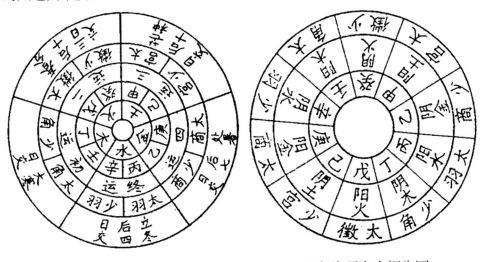

五運主運圖　　　　　　　　　　五音建運太少相生圖

　　主運主司一年五季氣候的常規變化以及各季疾病流行的一般情況。初運木運應春，人體肝臟易發病變；二運火運應夏，人體心臟易發病變；三運土運應長夏，人體脾臟易發病變；四運金運應秋，人體肺臟易發病變；五運水運應冬，人體腎臟易發病變。

2. 相關醫案

（1）長夏濕氣傷脾致泄瀉

　　　　羅山人治王厚宇一婢，年三十餘，長夏患泄瀉，身涼，四肢厥冷，晝夜數次，皆完穀不化，清水如注，飲食下嚥，即泄出不變，已經六七日。一醫用藥不效，謂腸直，症在不治。請羅視之，六脈沉伏，無力而澀，乃脾虛受濕，為肝木所乘，乃五泄之一，非怪症也。法當健脾，疏風燥濕，升提其下陷之氣。以五苓散加蒼朮、羌活、防風、炮薑、半夏、厚朴、芍藥。一服，十去七八，再以二陳

　　加二術、砂仁、白芍、厚朴、曲蘗，調理數劑而安。〔註15〕

　　該病雖為肝風內動剋伐脾土所致泄瀉，但是誘因卻為長夏濕氣所致。患者平素脾虛，至主運之三運濕土主令時，患者為濕氣所傷，導致肝氣化風，發生泄瀉。通常肝氣化風多因情志鬱結，此案卻因氣候異常感受寒濕之邪。故此治療方法也有所不同。醫者採用健脾益氣，疏風燥濕的方法來治療。對症下藥，故數劑而安。

　　（2）風瘖痱

　　　　丁　大寒節，真氣少藏，陽挾內風旋動，以致痱中。舌邊赤，
　　中有苔滯。忌投攻風劫痰。益腎涼肝，治本為法。

　　　　生地　元參　麥冬　川斛　遠志　石菖蒲　蔗漿〔註16〕

　　本病腎損在先，後隨風木之氣而病生。發病時節大寒，為主運初之運木運和主氣初之氣厥陰風木的起始節氣。風氣盛行，陽氣升發，挾肝風旋動。故治本之法，在息風陽，益腎涼肝。

　　以上二則醫案，雖牽涉主運，卻未嚴格遵循主運之五音建運之法，推求主運五步的太過與不及。故中醫運氣法則結合臨床運用時，必以臨床實際為據，靈活裁用，不能一味按圖索驥。

三、客運

　　客運，指分別主治一年五時異常氣候變化的五運之氣。它反映的是每年五時異常變化規律。因為年份的不同，客運在一年中的變化也不同，故相對於主運，我們稱其為客運。

　　客運也是按照五行之序太少相生。客運的交運時刻與主運的交運時刻也都相同。但是，每年客運的五步之運卻是不固定的。

　　根據《素問‧六元正紀大論》的相關記載，客運的推演，其法為：首先，先以年干太少確定客運初運的太少。因為該年歲運的五行屬性與太過不及和該年客運初運的五行屬性與太過不及是相同的。如甲年土運太過，其年客運初運即為土運太宮。

　　其次，按照五音從角至羽的順序和太少相生次第，推演出從客運初運所

〔註15〕（明）江瓘著：《名醫類案》卷4《泄》，北京：人民衛生出版社，2005年，第153頁。

〔註16〕（清）葉天士著、（清）徐靈胎評：《臨證指南醫案》卷1《中風》，上海：上海科學技術出版社，1959年，第8頁。

在五行週期內的從角至羽的太少。五行週期外的太少暫不推演。如甲年，從客運初運開始，分別為初運太宮，二運少商，三運太羽。太羽之後暫不推演。

最後，再從初運逆推至角音太少，並將初運之前的太少相生之序移至上一個五行週期末端。至此，客運的五步便推演完畢。如甲年，在確定了初運太宮至羽音的太少之序後，再逆推初運太宮至角音，得出角徵之音的太少為太角、少徵。最後，將太角、少徵移至三運太羽之後，則甲年客運五步分別為初運太宮→二運少商→三運太羽→四運太角→終運少徵。

客運五運太少相生表

歲運太過不及	客運太少相生順序
土運太過	〔太角→少徵〕→太宮→少商→太羽→
金運不及	〔太角→少徵→太宮〕→少商→太羽→
水運太過	〔太角→少徵→太宮→少商〕→太羽→
木運不及	少角→太徵→少宮→太商→少羽
火運太過	〔少角〕→太徵→少宮→太商→少羽→
土運不及	〔少角→太徵〕→少宮→太商→少羽→
金運太過	〔少角→太徵→少宮〕→太商→少羽→
水運不及	〔少角→太徵→少宮→太商〕→少羽→
木運太過	太角→少徵→太宮→少羽→太商
火運不及	〔太角〕→少徵→太宮→少商→太羽→

歲運、主運、客運皆是用來說明一年中氣候變化和人體臟腑生理病理變化的。三者相較，歲運是用來說明全年氣候變化規律和疾病流行情況；主運是用來說明各個季節氣候變化規律和人體臟腑正常變化規律；客運是用以說明各個季節氣候異常氣候變化規律和人體臟腑的異常變化規律。故而，在五運六氣的「運」的推演中，歲運最為重要，因其是五運的基礎，且統管全年，

故分析該年氣候變化及疾病流行情況時，一般以歲運為主。主運次為重要，因為它反映各個季節氣候民病的常規變化，年年如此，具有經驗價值。客運最為次要，因為它只反映了一年中各個季節氣候疾病的異常情況。〔註 17〕

第三節　六氣

六氣，指風、熱、火、濕、燥、寒六種氣候變化。其內容包括主氣、客氣、客主加臨。其中主氣以測氣候之常，客氣以測氣候之變，客主加臨是綜合主氣客氣而研究之。

六氣為五行的在天之氣，五行為六氣的在地之質。《素問・天元紀大論》曰：「神在天為風，在地為木；在天為熱，在地為火；在天為濕，在地為土；在天為燥，在地為金；在天為寒，在地為水。故在天為氣，在地成形，形氣相感而化生萬物矣。」〔註 18〕

古人又用三陰三陽來識別六氣。按《素問・天元紀大論》言：「厥陰之上，風氣主之；少陰之上，熱氣主之；太陰之上，濕氣主之；少陽之上，相火主之；陽明之上，燥氣主之；太陽之上，寒氣主之。」〔註 19〕所以六氣配以三陰三陽則分別為：厥陰風木，少陰君火，少陽相火，太陰濕土，陽明燥金，太陽寒水。

而六氣配合三陰三陽後，還要與年支配合聯繫。《素問・五運行大論》規定了六氣與年支的搭配次序：「子午之上，少陰主之；丑未之上，太陰主之；寅申之上，少陽主之；卯酉之上，陽明主之；辰戌之上，太陽主之；巳亥之上，厥陰主之。」〔註 20〕上，指位於該年的司天之氣。意指年支逢子午之歲，少陰君火司天；年支逢丑未之歲，太陰濕土司天；年支逢寅申之歲，少陽相火司天；年支逢卯酉之歲，陽明燥金司天；年支逢辰戌之歲，太陽寒水司天；年支逢巳亥之歲，厥陰風木司天。故而年支、三陰三陽與六氣的搭配即如下表所示：

〔註 17〕目前中醫運氣學教程及專著多以客運重要性大於主運重要性，但從古代醫案搜集情況來看，古人更注重主運對疾病的影響，客運的分析極少。故筆者以為從臨床角度考慮，主運重要性大於客運重要性。
〔註 18〕《黃帝內經素問》卷 19《天元紀大論》，第 362、363 頁。
〔註 19〕《黃帝內經素問》卷 19《天元紀大論》，第 369 頁。
〔註 20〕《黃帝內經素問》卷 19《五運行大論》，第 370 頁。

年支化三陰三陽六氣表

年　支	子午	丑未	寅申	卯酉	辰戌	巳亥
三陰三陽	少陰	太陰	少陽	陽明	太陽	厥陰
六　氣	君火	濕土	相火	燥金	寒水	風木

　　至於年支、三陰三陽與六氣如此相配的理由為何，《玄珠密語・天元定化紀》解釋道：

　　　　厥陰所以司於巳亥者，何也？謂厥陰木也，木生於亥，故正司於亥也，對化於巳也。雖有卯為正位，木之分，謂陽明金也，對化之所以從所生而順於司也。

　　　　少陰所以司於子午者，何也？謂少陰君火，君火尊位，所以正得南方離位也，即正化於午對化於子也。

　　　　太陰所以司於丑未者，何也？謂太陰為土也，土主中宮，寄卦於坤，坤位西南，居未分也。即正化於未，對化於丑也。

　　　　少陽所以司於寅申者，何也？謂少陽為相火之位，卑於君火也，雖有午位，君火以居之，即火生於寅也。故正司於寅，對化於申也。

　　　　陽明所以司於卯酉者，何也？謂陽明為金，酉為西方金位，即正司於酉，對化於卯也。

　　　　太陽所以司於辰戌者，何也？謂太陽為水，水雖有於子位，謂君火對化也，水乃復於土中，即六戌在天門，即戌是也。六巳在地戶，即辰是也。故水歸土用，正司於戌，對化於辰也。〔註21〕

　　也就是說，十二支之所以這樣配六氣，是因為三陰三陽六氣有正化和對化之不同。所謂正化就是指生六氣本氣的一方。所謂對化就是指其對面受作用或相互影響的一方。本位是正化，與本位相對的就是對化。十二地支中的寅卯辰位於東方，巳未午在南方，申酉戌在西方，亥子丑在北方。八卦中坎居北方，艮居東北，震居東方，巽居東南，離居南方，坤居西南，兌居西方，乾居西北。歸納來說，年支與三陰三陽六氣的搭配大體分為以下三類。第一類：子午少陰君火、卯酉陽明燥金。此二者皆以地支五行正位為正化，

〔註21〕　（唐）王冰著：《玄珠密語》卷3《天元定化紀》，選自《王冰醫學全書》，太原：山西科學技術出版社，2012年，第371頁。

相沖之地支為對化。比如，午與子均為少陰君火，但午為南方火位，所以說午為君火的正化。子為北方的水位，雖然不是火位，但與南方午君火相對，也成了君火之主，所以說子是君火的對化。酉與卯均為陽明燥金，但酉位正西方，西方屬金，所以酉為陽明燥金的正化。卯與酉相對，故卯為陽明燥金的對化。

第二類：寅申少陽相火、巳亥厥陰風木。此二者因為地支五行正位已被佔用，故以生之五行地支（但非正位地支）為正化，與之相沖之地支為對化。比如，寅與申均為少陽相火，火本應得南方的午位，但午已取君火之位，而木能生火，寅位東方，五行屬木，為火之母，所以寅為少陽相火的正化。申與寅相對，故申為少陽相火的對化。亥與巳均為厥陰風木，木本應得東方的卯位，但卯已取燥金之位，而水能生木，亥位北方，五行屬水，為木之母，所以亥為厥陰風木的正化。巳與亥相對，故巳為厥陰風木的對化。

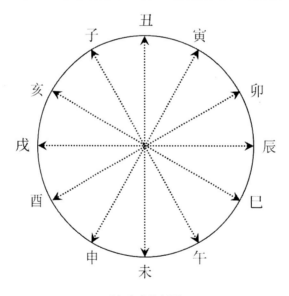

地支相沖圖

第三類：丑未太陰濕土。此以後天八卦五行正位為正化，與之相對之八卦為對化。未與丑均為太陰濕土，其中未在西南方，對應坤卦方位。坤卦為土之正位，所以坤（未）為太陰濕土的正化。丑位東北方，對應艮卦，與西南方未主太陰濕土相對，也成了太陰濕土之主，因此艮（丑）為太陰濕土的對化（另有一說，未為干支曆之六月，六月為長夏，土旺於長夏，所以說未為太陰濕土的正化）。

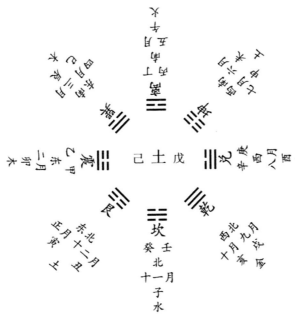

八卦干支時空圖

第四類：辰戌太陽寒水。此以天門地戶所在地支為正化、對化。戌與辰均為太陽寒水，水雖位於子位，但子已為少陰君火對化。而另一水位亥已為厥陰風木正化。故取天門所在之戌、地戶所在之辰為正化、對化。天門在戌，地戶在辰，水土同行（五行十二長生運一節已講）。故水歸土用，正化於戌，對化於辰（另有一說，乾卦屬金，金生水，乾位乃戌，故戌為太陽寒水正化，辰與戌相對，故辰為太陽寒水的對化）。

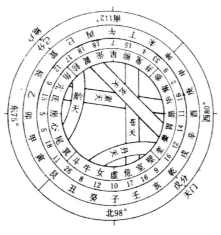

五氣經天圖

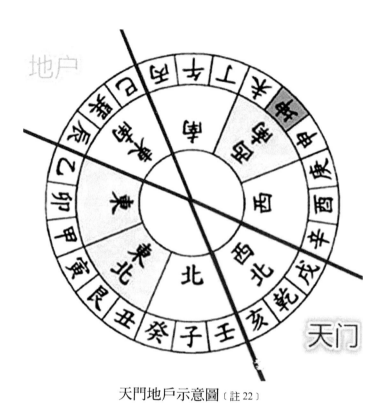

天門地戶示意圖〔註22〕

〔註22〕《河圖括地象》中的表述：「天不足西北，地不足東南。西北為天門，東南為地戶；天門無上，地戶無下。」明代張介賓《類經附翼》曰：「予嘗考周天七政躔度，則春分二月中，日躔壁初，以次而南，三月入奎婁，四月入胃昴畢，五月入觜參，六月入井鬼，七月入柳星張；秋分八月中，日躔翼末，以交於軫，循次而北，九月入角亢，十月月入氐房心，十一月入尾箕，十二月入斗牛，正月入女虛危，至二月復交於春分而入奎壁矣。」如此，則明矣：春分二月，太陽由亥入戌，是日之長也，時之暖也，萬物之發生也，從奎壁始。秋分八月，是日之短也，時之寒也，萬物之收藏也，皆從角軫始。故曰春分司啟，秋分司閉。夫既司啟閉，非門戶而何？天門地戶其實是一年四季中陰消陽長的重要節點——天門的位置即夏至那天太陽落山的方向，地戶是冬至那天日出的方向。因夏至時陽氣達到盛極，所以說「天門無上」；冬至時陰氣已經達到盛極，所以說「地戶無下」。此外，與之類似，還有人門、鬼門的說法。寅為鬼門、申為人門，其實還是依據於天文學。冬至那天，太陽從東南辰位升起（即前述的地戶），到西南申位落下，此後太陽漸漸北移，天地中的陽氣也越來越足，也越來越適宜人類活動，因此把「申」定義為人門；夏至那天，太陽從東北寅位升起，到西北戌位落下（即前述的天門），此後太陽漸漸南移，天地間的陰氣越來越多，萬物肅殺，秩序歸藏，所以把「寅」定義為鬼門。可見鬼門人門也是描述陰陽二氣此長彼消的重要節點。

一、主氣

1. 主氣的排布

主氣，能反映一年六個時段二十四個節氣的常規變化。一年中六個主氣分別為風木、君火、相火、濕土、燥金、寒水。其按五行相生之序（木、君火、相火、土、金、水）運行，年年如此，固定不變。主氣之六氣將一年二十四節氣劃分為六段。每段有四個節氣，合計六十天零八十七刻半。初之氣厥陰風木從大寒起，歷大寒、立春、雨水、驚蟄四個節氣。這一時段舒緩平和，風氣偏盛，萬物萌芽；二之氣從春分起，歷春分、清明、穀雨、立夏。這一時段和煦溫熱，熱氣偏盛，萬物欣欣向榮；三之氣從小滿起，歷小滿、芒種、夏至、小暑四個節氣。這一時段氣候炎熱，萬物茂盛；四之氣從大暑起，歷大暑、立秋、處暑、白露四個節氣。這一時段暑熱潮濕，濕熱偏盛，萬物成熟；五之氣從秋分起，歷秋分、寒露、霜降、立冬四個節氣。這一時段清涼收斂，乾燥蕭殺，萬物凋零；終之氣從小雪起，歷小雪、大雪、冬至、小寒四個節氣。這一時段寒冷刺骨，寒氣偏盛，萬物閉藏。

主氣六氣所主氣候物候特徵表

主氣六氣	時　段	氣候、物候特徵
初之氣厥陰風木	大寒、立春、雨水、驚蟄	舒緩平和，風氣偏盛，萬物萌芽
二之氣少陰君火	春分、清明、穀雨、立夏	和煦溫熱，熱氣偏盛，萬物欣欣向榮
三之氣少陽相火	小滿、芒種、夏至、小暑	氣候炎熱，萬物茂盛
四之氣太陰濕土	大暑、立秋、處暑、白露	暑熱潮濕，濕熱偏盛，萬物成熟
五之氣陽明燥金	秋分、寒露、霜降、立冬	清涼收斂，乾燥蕭殺，萬物凋零
終之氣太陽寒水	小雪、大雪、冬至、小寒	寒冷刺骨，寒氣偏盛，萬物閉藏

這種將一年劃分為風、暖、熱、雨、乾、寒六季的方法，較為符合黃河中下游地區實際氣候狀況。如中原地區的春季，多季風性氣候；中原地區的雨季，主要集中在七、八月份，這與四之氣太陰濕土所主時間基本吻合；中原地區的旱季，主要在秋分之後開始，這正是五之氣陽明燥金所主時間段。

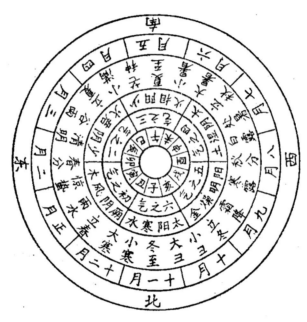

主氣六氣主時節氣圖

2. 相關醫案

（1）濕熱傷脾，發為吐瀉

　　廣親宮七太尉七歲，病吐瀉。是時七月，其症全不食而昏睡，睡覺而悶亂，噦氣乾嘔。大便或有或無，不渴。眾醫作驚治之，疑睡故也。錢曰：先補脾，後退熱。與史君子丸補脾，石膏湯退熱。次日，又以水銀、硫黃二物末之，生薑水調下一字。錢曰：凡吐瀉五月內，九分下而一分補。八月內，（水土敗。）九分補而一分下。此本是脾虛瀉，醫乃妄治之，至於虛損。下之即死。當只補脾。若以史君子丸即緩。錢又留溫胃益脾藥止之。醫者李生曰：何食而噦？錢曰：脾虛而不能食，津少即嘔逆。曰：何瀉青褐水？曰：腸胃至虛冷極故也。錢治而愈。〔註23〕

　　本案發病時間在七月，正是主氣四之氣太陰濕土主令之時。濕熱之邪傷及脾胃，脾胃氣虛，引發吐瀉。同時土濕穢濁，傷及心神，故患者全不食而昏睡，睡覺而悶亂，噦氣乾嘔。大便或有或無，不渴。錢乙根據六氣變化對脾虛泄瀉進行治療，採用先補脾，後清熱的方法。

〔註23〕（宋）錢乙著：《小兒藥證直訣》卷中《記嘗所治病二十三證》，北京：人民衛生出版社，2017年，第42頁。

（2）避燥金主氣之時而袪邪

喻嘉言治陸令儀母，平日持齋，腸胃素槁，天癸已絕，復淋瀝不止，治之久瘥。值秋月燥金太過，濕蟲不生，人多病咳。而血虛津槁之軀，受傷獨猛，胸脅緊張，上氣喘急，臥寐不寧，咳動則大痛，痰中帶血而腥，食不易入，聲不易出，寒熱交作。申酉二時，燥金用事，諸苦倍增，脈時大時小，時牢伏時弦緊，服清肺藥無進退。告以肺癰將成，高年難任，以葶藶大棗瀉肺湯，先通肺氣之壅。即覺氣稍平，食少入，痰稍易出，身稍可側，大有生機。喻曰：未也。因見來勢太急，不得已取快一時，暫開者易至復閉，迨復閉則前法不可再用矣。今乘其暫開，多方以圖，必在六十日後，交立冬節，方是愈期。蓋身中之燥，與時令之燥，膠結不解，必俟燥金退氣，肺金乃寧。後六十日間，屢危屢安。

大率皆用活法斡旋，緣病不可補，而脾虛又不能生肺，肺燥喜潤，而脾滯又難於運食。今日脾虛，不思飲食，則於清肺中少加參、朮以補脾；明日肺燥，熱盛咳嗽，則於清肺中少加阿膠以潤燥。日復一日，扶至立冬之午刻，病者忽自云：內中光景，大覺清爽，可得生矣。奇哉，天時之燥去，而肺金之燥遂下傳大腸，五六日不一大便，略一潤腸，旋即解散，正以客邪易去耳。至小雪節，康健加餐，倍於曩昔。蓋胃中空虛已久，勢必復其容受之常，方為全愈也。[註24]

本案肺癰之患者，感燥金之氣，每日逢申酉燥金之時，則邪熱盛實，諸證倍增。以理言之，應急泄泄熱。但喻嘉言根據運氣理論認為，現主氣五之氣陽明燥金主事，正是肺臟所惡，若妄用攻伐，必會傷及肺氣。因此等 60 日之後，太陽寒水主氣之時再行調理，方能攻伐而不傷正。喻嘉言依六氣時日治療，慮及天人，正是對運氣理論的活學活用。

（3）燥氣傷陰致瘧

族某　三日瘧經年未止，處暑後燥氣加臨，日發寒熱，食頃煩嘈乾嘔，色悴甚，渴眩痔痛。此燥熱傷陰，胃液虛而陰火上乘下迫也。仿甘露飲意，用生地黃（炒）、知母（酒炒）、麥冬、石斛、花

〔註24〕　（清）魏之琇編：《續名醫類案》卷 32《肺癰肺痿》，第 1046 頁。

粉、生白芍、阿膠（水化）。數服症退，用何人飲瘧止。〔註25〕

處暑之後為主氣四之氣太陰濕土和五之氣陽明燥金交節之時，燥熱之氣加臨，傷及胃陰，引發陰火上乘下迫，加重本有之瘧疾。因此採用清熱滋陰的方法治療，數服症退。而後再以何人飲治瘧。

以上三則醫案，醫者皆慮及主氣（有時兼主運）對人體的影響。是以知運氣之常對人體的影響之深。

二、客氣

客氣，是反映一年六時異常氣候變化規律的主時之氣。因為隨年支不同而有變化，因此稱其為客氣。客氣六步的交司時刻與主氣六氣的交司時刻是相同的。客氣之六氣與主氣一樣，也將一年分為六步，但是二者在運行順序上完全不同。客氣六步運行次序是先三陰后三陽，即厥陰風木，少陰君火，太陰濕土，少陽相火，陽明燥金，太陽寒水。「故少陽之右，陽明治之；陽明之右，太陽治之；太陽之右，厥陰治之；厥陰之右，少陰治之；少陰之右，太陰治之；太陰之右，少陽治之。」〔註26〕（《素問·六微旨大論》）而且，隨著年支的變化，客氣的六氣所主之時段亦發生相應變化。

1. 司天在泉

客氣之六氣包括司天、在泉和左右四間氣共六步。三陰三陽之氣按照一定次序分布於司天、在泉和左右四間，以六年為一週期，周行不止。推演客氣的六步，首先要確定該年的司天在泉之氣。

司天之氣，指輪值主司之氣，主上半年的氣候變化，故也稱歲氣。司天的位置在六步氣運的三之氣位置上，故每年的司天之氣實為該年客氣的三之氣。在泉之氣，也是歲氣、輪值主司之氣，只不過它主下半年的氣候變化。在泉的位置在終之氣位置上，故每年的在泉之氣實為該年客氣的終之氣。

各年司天、在泉之氣需憑該年年支來確定。《素問·天元紀大論》云：「子午之歲，上見少陰；丑未之歲，上見太陰；寅申之歲，上見少陽；卯酉之歲，上見陽明；辰戌之歲，上見太陽；巳亥之歲，上見厥陰。」〔註27〕所謂「上」，

〔註25〕（清）林珮琴編著：《類證治裁》卷4《陰瘧》，太原：山西科學技術出版社，2010年，第268頁。

〔註26〕《黃帝內經素問》卷19《六微旨大論》，第387頁。

〔註27〕《黃帝內經素問》卷19《天元紀大論》，第369頁。

即指司天之氣。即子午之年，司天之氣為少陰君火；丑未之年，司天之氣為太陰濕土；寅申之年，司天之氣為少陽相火；卯酉之年，司天之氣為陽明燥金；辰戌之年，司天之氣為太陽寒水；巳亥之年，司天之氣為厥陰風木。又因為在泉之氣與司天之氣相對，故而凡一陰司天，必是一陽在泉；二陰司天，必是二陽在泉；三陰司天，必是三陽在泉。反之亦然。

年支與司天在泉之氣對應表

	子　午	丑　未	寅　申	卯　酉	辰　戌	巳　亥
司天之氣	少陰君火	太陰濕土	少陽相火	陽明燥金	太陽寒水	厥陰風木
在泉之氣	陽明燥金	太陽寒水	厥陰風木	少陰君火	太陰濕土	少陽相火

比如子午之年，司天之氣為少陰君火，在泉之氣為陽明燥金。那麼按照三陰三陽順次相生之序，我們便推求出初之氣為太陽寒水，二之氣為厥陰風木，司天之氣為少陰君火，四之氣為太陰濕土，五之氣為少陽相火，在泉之氣為陽明燥金。

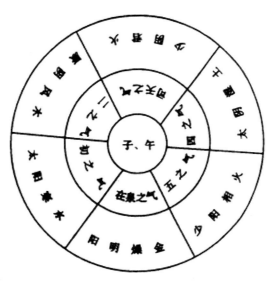

子午年司天在泉圖

再看丑未年、寅申年、卯酉年、辰戌年、巳亥年，我們發現客氣之六步逐年按照逆時針方向遷移。三陰三陽輪流司天，六年一週期。司天之氣在上，不斷右轉，下降於地；在泉之氣在下，不斷左轉，上陞於天。左右旋轉一周，即六年，回歸原來位置。

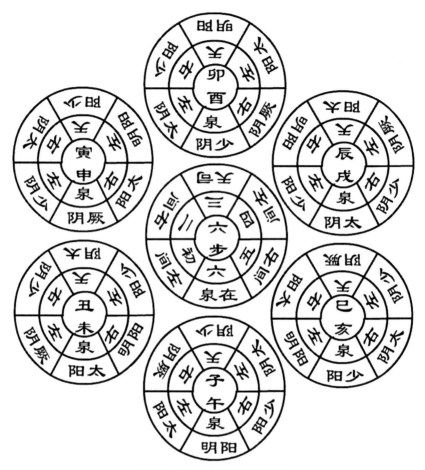

司天在泉左右間氣輪轉圖

2. 客氣的「不遷正」與「不退位」

各年的氣候變化與客氣的司天、在泉之氣密切相關。一般而言，司天之氣主管一年上半年氣候變化,在泉之氣主管一年下半年氣候變化。「歲半之前,天氣主之。」「歲半之後,地氣主之。」司天之氣始自上一年大寒,終於本年大暑;在泉之氣,始於本年大暑,終於臘月大寒。其具體各年氣候變化與司天、在泉關係如下:

子午之年,少陰君火司天,陽明燥金在泉。上半年火淫,氣候溫熱;下半年燥淫,草木提前蕭瑟。

丑未之年,太陰濕土司天,太陽寒水在泉。上半年濕淫,雨水連綿;下半年寒淫,天氣寒冷蕭殺,陰暗晦暝。

寅申之年,少陽相火司天,厥陰風木在泉。上半年火淫,氣候溫熱,天

氣應涼而未涼；下半年風淫，塵土飛揚，草木提前發芽。

卯酉之年，陽明燥金司天，少陰君火在泉。上半年燥淫，草木生長延遲；下半年熱淫，氣候炎熱。

辰戌之年，太陽寒水司天，太陰濕土在泉。上半年寒淫，寒氣早至，較往年寒冷；下半年濕淫，草木提前發芽。

巳亥之年，厥陰風木司天，少陽相火在泉。上半年風淫，春氣早至，較往年溫暖；下半年火淫，氣候炎熱，寒熱交替顯著。

客氣的司天在泉左右間氣六年一循環，年年有轉移，並依以上氣候特點循環變遷。這是客氣的一般規律。但有時亦有氣候反常，不按客氣一般規律循環的。《素問遺篇‧刺法論》提到了客氣的不遷正、不退位問題，就是針對這種現象。

所謂「不遷正」，就是應該轉到的值年司天之氣而沒有轉到，即應值司天之氣不足，不能按時主值，從而使該年度發生氣候異常現象。所謂「不退位」，就是應該轉位的司天之氣仍然停留，即舊的司天之氣太過，應讓位而仍然在原位，從而使下一年度亦發生異常氣候變化。如 2019 年是己亥年，厥陰風木司天。2020 年是庚子年，少陰君火司天。若己亥年風木之氣有餘，留而不去，「不退位」，必然使庚子年少陰君火司天之氣不能應時而至，對庚子年的少陰君火司天而言，這就是「不遷正」。由於前一年的司天之氣不退位，後一年的司天之氣不遷正，必然使得庚子年在氣候變化及其他方面，仍然表現出去年己亥年所有的風木之氣的特點，進而導致整個客氣的規律失常。

客氣「不遷正」、「不退位」導致的後果並不僅僅是當年氣候的失常，亦會反映在人體疾病治療準則上。《素問遺篇‧刺法論》在講到本年司天之氣「不遷正」時，專門闡釋可能出現的身體異常並提出對應的針刺穴位。

> 黃帝問曰：「升降之刺，以知其要。願聞司天未得遷正，使司化之失其常政，即萬化之或其皆妄，然與民為病，可得先除，欲濟群生，願聞其說。」岐伯稽首再拜曰：「悉乎哉問！言其至理，聖念慈憫，欲濟群生，臣乃盡陳斯道，可申洞微。太陽復布，即厥陰不遷正，不遷正，氣塞於止，當瀉足厥陰之所流。厥陰復布，少陰不遷正，不遷正，即氣塞於上，當刺心包絡脈之所流。少陰復布，太陰不遷正，不遷正，即氣留於上，當刺足太陰之所流。太陰復布，少陽不遷正，不遷正，則氣塞未通，當刺手少陽之所流。少陽復布，

則陽明不遷正，不遷正，則氣未通上，當刺手太陰之所流。陽明復
布，太陽遷正，不遷正，則復塞其氣，當刺足少陰之所流。」〔註28〕

此處詳述了各年氣候不遷正之後的疾病防治措施。如辰戌之歲太陽寒水司天，
第二年當厥陰風木司天。若第二年太陽寒水未退而復布，則厥陰風木不得遷
正，風化不行，木氣鬱塞，人病在肝，此時當瀉足厥陰肝經之行間穴。已亥之
歲厥陰風木司天，第二年當少陰君火司天。若第二年厥陰風木未退而復布，
則少陰君火不得遷正，火化不行，熱氣鬱塞，人病在心，此時當瀉手厥陰心
包經之勞宮穴。子午之歲少陰君火司天，第二年當太陰濕土司天。若第二年
少陰君火未退而復布，則太陰濕土不遷正，雨化不行，土氣鬱塞，人病在脾，
此時當刺足太陰脾經之大都穴。丑未之歲太陰濕土司天，第二年當少陽相火
司天。若第二年太陰濕土未退而復布，則少陽相火不遷正，火化不行，熱氣
鬱塞，人病在三焦，此時當刺手少陽三焦經之液門穴。寅申之歲少陽相火司
天，第二年當陽明燥金司天。若第二年少陽相火未退而復布，則陽明燥金不
得遷正，金化不行，燥氣鬱塞，此時當刺手太陰肺經之魚際穴。卯酉之歲陽
明燥金司天，第二年當太陽寒水司天。若第二年陽明燥金未退而復布，則太
陽寒水不得遷正，水化不行，寒氣鬱塞，人病在腎，此時當刺足少陰腎經之
然谷穴。

《素問遺篇‧刺法論》亦指出前一年司天之氣「不退位」對後一年人體
的影響及相應的治療法則。

> 岐伯曰：「氣過有餘，復作布正，是名不退位也。使地氣不得
> 後化，新司天未可遷正，故復布化令如故也。已亥之歲，天數有
> 餘，故厥陰不退位也，風行於上，木化布天，當刺足厥陰之所入。
> 子午之歲，天數有餘，故少陰不退位也，熱行於上，火餘化布天，
> 當刺手厥陰之所入。丑未之歲，天數有餘，故太陰不退位也，濕
> 行於上，雨化布天，當刺足太陰之所入。寅申之歲，天數有餘，
> 故少陽不退位也，熱行於上，火化布天，當刺手少陽所入。卯酉
> 之歲，天數有餘，故陽明不退位也，金行於上，燥化布天，當刺
> 手太陰之所入。辰戌之歲，天數有餘，故太陽不退位也，寒行於
> 上，凜水化布天，當刺足少陰之所入。故天地氣逆，化成民病，

〔註28〕《黃帝內經素問》附《黃帝內經素問遺篇‧刺法論》，第 578 頁。

以法刺之，預可平屙。」〔註29〕

如子午之年猶行巳亥之年之令，厥陰風木不退位，熱化不行，風反為災，此時當刺足厥陰肝經之曲泉穴。丑未之年猶行子午之年之令，少陰君火不退位，雨化不行，熱反為災，此時當刺手厥陰心包經之曲澤穴。寅申之年猶行丑未之年之令，太陰濕土不退位，火氣不行，濕反為災，此時當刺足太陰脾經之陰陵泉穴。卯酉之年猶行寅申之年之令，少陽相火不退位，金化不行，火反為災，此時當刺手少陽三焦經之天井穴。辰戌之年猶行卯酉之年之令，陽明燥金不退，寒化不行，燥反為災，此時當刺手太陰肺經之尺澤穴。巳亥之年猶行辰戌之年之令，太陽寒水不退位，風化不行，寒反為災，此時當刺足少陰腎經之陰谷穴。

由上觀之，「不遷正」與「不退位」本是運氣一體兩面，但不同視角下，中醫針刺部位卻不同。以「不遷正」論之，舊氣不退，新氣被鬱，鬱散則病除，故當刺新氣之經。以「不退位」論之，舊氣有餘，非瀉不除，舊邪退則新氣正矣，故當刺舊氣之經。二者雖有不同，卻各有深意。

3. 相關醫案

（1）風木司天，五志氣火交並於上

> 某嫗　今年風木司天，春夏陽升之候，兼因平昔怒勞憂思，以致五志氣火交並於上。肝膽內風鼓動盤旋，上盛則下虛，故足膝無力。肝木內風壯火，乘襲胃土，胃主肌肉，脈絡應肢，繞出環口，故唇舌麻木，肢節如痿，固為中厥之萌。觀河間內火召風之論，都以苦降辛泄，少佐微酸，最合經旨。折其上騰之威，使清空諸竅毋使濁痰壯火蒙蔽，乃暫藥權衡也。至於頤養工夫，寒暄保攝，尤當加意於藥餌之先。
>
> 上午服：
>
> 金石斛三錢　化橘紅五分　白蒺藜二錢　真北秦皮一錢　草決明二錢　冬桑葉一錢　嫩勾藤一錢　生白芍一錢〔註30〕

葉氏本則醫案，前後十八診，歷時二年餘，充分展示了葉氏周密精湛的醫療風格。葉氏深究五運六氣學說，善於根據運氣偏勝，節氣推移，結合病人的體質，活用內經治則，從而正確地處方。如上文第一診，他首先指出今

〔註29〕《黃帝內經素問》附《黃帝內經素問遺篇·刺法論》，第 579 頁。
〔註30〕（清）葉天士著：《臨證指南醫案》卷 1《中風》，第 9 頁。

年風木司天，春夏陽升之候，病人又平昔怒勞憂思，以致肝木內風因外風而鼓動盤旋，固為中厥之萌，也就是中風先兆了。其治法以苦降辛泄，少佐微酸，也是符合《內經》之旨的。《素問·至真要大論》云：「司天之氣，風淫所勝，平以辛涼，佐以苦甘，以甘緩之，以酸瀉之。」故葉天士用藥多用涼藥，加以息風，佐以酸甘。

（2）風木司天，肝陽上亢

> 朱，五四。頭痛神煩，忽然而至。五行之速，莫如風火。然有虛實內外之因，非徒發散苦寒為事矣。如向有肝病，目疾喪明，是陰氣久傷體質。今厥陰風木司天，春深發洩，陽氣暴張。即外感而論，正《內經》「冬不藏精，春必病溫」。育陰可使熱清，大忌發散。蓋陰根久傷，表之再傷陽劫津液，仲景謂「一逆尚引日，再逆促命期」矣。餘前主阿膠雞子黃湯，佐地、冬壯水，芍、甘培土，亟和其厥陽沖逆之威，鹹味入陰，甘緩其急，與《內經》肝病三法恰合。今已入夏三日，虛陽倏上，煩躁頭痛。當大滋腎母，以蘇肝子，補胃陰以杜木火乘侮。旬日不致反覆，經月可望全好。

> 人參　熟地　天冬　麥冬　龜膠　阿膠　北味　茯神〔註31〕

本案厥陰風木司天，患者肝陽被司天之氣引動，上沖頭面，鬱而化火，傷津液。葉氏以辛散、酸收、肝緩治法使肝氣調和，恢復如常。此外，對於所附方藥，徐靈胎注云：「此方作丸無害，若作煎劑則大謬矣。」

（3）風木司天，肝氣上亢，導致癲狂

> 齊，四十二歲。己巳二月初三日，脈弦數而勁。初因肝鬱，久升無降，以致陽並於上則狂。心體之虛，以用勝而更虛，心用之強，因體虛而更強。間日舉發，氣伏最深，已難調治。況現在卯中乙木盛時，今歲又係風木司天，有木火相煽之象。勉與補心體瀉心用兩法。

> 洋參（三錢）、大生地（一兩）、蓮子心（一錢）、黃柏（三錢）、白芍（六錢）、丹皮（四錢）、麥冬（六錢，連心）、生龜板（一兩）、丹參（三錢）、真山連（三錢）

> 外用，紫雪丹（六錢），每次一錢。與此方間服。〔註32〕

〔註31〕（清）葉天士著：《臨證指南醫案》卷6《肝火》，第409頁。

〔註32〕（清）吳鞠通著：《吳鞠通醫案》，上海：上海浦江教育出版社，2013年，第81、82頁。

　　該患者起先為肝鬱導致情志抑鬱，但是加上司天之氣厥陰風木的影響，肝氣上亢，鬱久化熱，導致癲狂。肝陽上亢，日久傷及心陰，最終導致患者肝、心陰液虧虛。因此吳鞠通採用補心體、泄心用的方法治療。

（4）寒水司天、濕土在泉之年治痢

　　　　稚年純陽體質，瘧痢是夏秋暑濕熱病，閱述幾年調理，都以溫補得效。但幼科必推錢仲陽方法，幼稚致傷，全在脾胃。脾陽少運，濕聚泄利。溫暖脾陽，運行去濕，亦屬至理。若骨脂、附子溫腎，稚年恐未宜久進。今年太陽寒水司天，太陰濕土在泉，雨濕太過，陽氣最傷，大忌苦寒，暫服方。

　　　　錢氏益黃散。

　　　　附方：

　　　　乾蟾　川連　白術　茯苓　青皮　雞內金　人參鬚　薏米仁
　　神曲　澤瀉

　　　　煉蜜丸炒米湯下。〔註33〕

　　此病發病時節為夏秋之際，正是濕熱之氣盛行，理應用清熱利濕之法治療。但是薛雪卻用益黃散。這是薛雪慮及該年太陽寒水司天，太陰濕土在泉，全年寒濕偏盛，陽氣易被其所傷。若妄用苦寒，易傷及小兒脾陽，故用益黃散溫陽化濕，健運脾胃。

（5）濕土司天，濕熱下注成淋症

　　　　王，十七歲　濕土司天，濕熱下注，致成淋症，莖腫。

　　　　草薢三錢　白通草一錢　甘草梢三錢　茯苓皮五錢　滑石二
　　錢　生苡仁五錢　車前子二錢　澤瀉三錢　蘆根三錢

　　　　十五日　於前方內，加黃柏炭三錢。〔註34〕

　　《素問‧六元正紀大論》云：「熱至則身熱，吐下霍亂，癰疽瘡瘍，瞥鬱注下，䐜腫脹腫脹，嘔，衄鼽頭痛，骨節變，肉痛，血溢血泄，淋閟之病生矣。」該年太陰濕土司天，患者為濕氣所傷，濕熱下注，發為淋病。故吳鞠通以清熱利濕化濁之法治之。

〔註33〕（清）薛生白著：《掃葉莊醫案》卷3《痘疹幼科雜治》，選自（清）薛生白、
　　　　（清）也是山人著《掃葉莊醫案‧也是山人醫案》，上海：上海科學技術出版
　　　　社，2010年，第124頁。
〔註34〕（清）吳鞠通著：《吳鞠通醫案》，第118頁。

（6）燥金司天，治痢不以濕熱論而以燥熱論

　　癸酉陽明司天治驗　癸酉季夏，陽明氣旺，瘧痢盛行。兼司吳訥如尊翁，因次郎君鄉試來省，以感暑得痢症甫二日。予診脈甚洪大，知受暑邪深也。遂急與香薷六一等大劑解散之，一日令進湯藥兩劑。次日，往候則脈和而痢止矣，因饋香連丸以清餘熱。夫瘧痢皆暑邪為病，今時治痢多尊古法，而用大黃及青皮、檳榔等疏氣消導，絕不與之發散，使邪熱由淺入深，致上逆而攻胃作嘔則殆矣。今唯初起即與之解散，故病亦隨手而愈，以知醫於氣化之理，務求悟入而技自精矣。〔註35〕

　　治痢古法多從濕熱論之，本案所在之年癸酉年，陽明燥金司天，患者感受暑邪又感受燥邪，故病之初期當解暑去燥，而不能用大黃、青皮、檳榔等清熱利濕。醫者不可就病論病，需明病因機理，通天人之變，方可對症下藥。

（7）風木司天，肝氣上亢，沖任不固，發為崩漏

　　妹　積年羸怯，經當斷不斷，熱從腿膝上蒸。今歲厥陰風木司天，又值溫候，地氣濕蒸，連朝寒熱煩渴，寐不成寐，悸咳善驚。總由陰虧心火燔灼，兼乘木火司令，氣泄不主內守，陽維奇脈，不振綱維。越人云：陽維為病苦寒熱。今藩衛欲空，足寒骨熱，所固然已。先培元氣，退寒熱，待津液上朝，冀煩渴漸平。用潞參、茯神、麥冬、白芍、丹皮、龜板、熟地、柏子仁、紅棗、蔗汁。三服寒熱大減，煩渴漸止，但覺寒起足脛。原方去麥冬、龜板，加首烏、杞子、牛膝（炒炭），壯其奇脈。二服不寒但熱，原方又去首烏、杞子、柏子仁，加蓮子、龍眼肉。數十服遂安。〔註36〕

　　患者久病，身體羸弱，正氣不足，此次正是感受時氣而病，正所謂「運氣所為，體虛者得之」。發病時厥陰風木司天，導致肝氣上亢，脈絡空虛，沖任不固，發為崩漏。繼而血氣匱乏，轉為虛勞，表現為潮熱煩渴，失眠驚悸。故治療時先培護元氣，使肝腎陰液充足，肝陽不被司天之氣引動。

〔註35〕　（明）徐亦稚撰：《運氣商》，第 20 頁。
〔註36〕　（清）林珮琴編著：《類證治裁》卷 2《虛損》，第 82 頁。

三、客主加臨

1. 客主加臨

主氣反映一年六個時段氣候的常規變化，客氣反映一年六個時段氣候的異常變化。如果要想把握該年實際氣候變化特點，需要將主氣客氣合而分析。這就需要我們進行客主加臨。客主加臨，是指將每年輪值的客氣加臨在主氣的六步之上，以綜合分析該年可能出現的氣候特徵。

因為每年主氣六步運行次序是固定不變的，所以我們重點是在客氣的安排上。推演客主加臨時，客氣的司天之氣總與主氣的三之氣少陽相火加臨，客氣的在泉之氣總與主氣的終之氣太陽寒水加臨。再將客氣的其餘四間氣分別依次加臨主氣之上。如此，一年的客主加臨便完成。如庚子年（2020），客氣少陰君火司天，臨於主氣三之氣少陽相火之上。陽明燥金在泉，臨於主氣終之氣太陽寒水之上。其餘四間氣排列為：司天左間太陰濕土臨於主氣四之氣太陰濕土，司天右間厥陰風木臨於主氣二之氣少陰君火，在泉左間太陽寒水臨於主氣初之氣厥陰風木，在泉右間少陽相火臨於主氣五之氣陽明燥金。

庚子年（子午年）客主加臨表

司天 在泉	少陰君火司天			陽明燥金在泉		
主氣	厥陰風木	少陰君火	少陽相火	太陰濕土	陽明燥金	太陽寒水
客氣	太陽寒水	厥陰風木	少陰君火	太陰濕土	少陽相火	陽明燥金
六氣	初之氣	二之氣	三之氣	四之氣	五之氣	終之氣
節氣	大寒 立春 雨水 驚蟄	春分 清明 穀雨 立夏	小滿 芒種 夏至 小暑	大暑 立秋 處暑 白露	秋分 寒露 霜降 立冬	小雪 大雪 冬至 小寒

由於客氣因年支不同，其六步按逆時針方向逐年推移一步，主氣六步運行次序年年不變，因此我們可以歸納出十二年的客主加臨規律。

十二年客主加臨圖

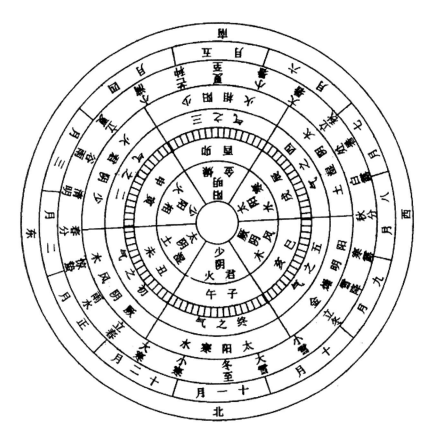

////// 为可以转动的部分

客主加臨圖

　　客主加臨後，根據二者結合後相得與否及順逆情況，推演一年當中各個時節氣候的常變情況以及人們的發病情況。凡主客之氣相生或者相同（同氣），便為相得。相得者，主氣候正常，人們很少得病；凡主客之氣相剋，便是不相得。不相得者，主氣候反常，人們易於得病。不相得之中，凡是客氣勝主氣，乃為順；主氣勝客氣，乃為逆。順者，氣候較為正常，人們不易患病；逆者，氣候變化較大，人們容易患病。這是因為主氣主常，客氣主變。主氣時長，客氣短暫。如果客氣制約主氣，但因為為時短暫，很快就會過去，故而影響不大，是為順。相反如果是主氣制約客氣，則氣候影響較大，是為逆。

　　此外，少陰君火和少陽相火客主加臨時，可從主從關係來判斷二者的順逆。當客氣君火加臨於主氣相火之上時，是為順；當客氣相火加臨於主氣君火之上時，是為逆。

　　如庚子年一年六時主客之氣的相得順逆情況如下：客氣太陽寒水生主氣

初之氣厥陰風木，乃相得；客氣厥陰風木生主氣二之氣少陰君火，乃相得；客氣少陰君火加臨於主氣三之氣少陽相火之上，乃為順；客氣太陰濕土同於主氣四之氣，乃相得；客氣少陽相火剋主氣五之氣陽明燥金，雖不相得，仍為順；客氣陽明燥金生主氣終之氣太陽寒水，乃為順。綜上分析，除卻五之氣當令期間氣候略有異常外，庚子年全年氣候較為正常，人們不易患病。

2. 相關醫案

（1）風木偏盛，肝風內動，上擾頭目

> 章氏，七十二歲，癸亥正月二十八日。老年下虛上盛，又當厥陰司天之年，厥陰主令之候，以致少陽風動，頭偏右痛，目係引急，最有壞眼之慮，刻下先與清上。
>
> 羚羊角（三錢）　刺蒺藜（一錢）　連翹（一錢）　桑葉（二錢）　茶菊花（二錢）　生甘草（八分）　桔梗（錢半）　蘇薄荷（八分）
>
> 日二帖，服二日。〔註37〕

此案厥陰司天之年，是指該年厥陰風木司天；厥陰主令之候，乃指病發之時正是處於主氣初之氣厥陰風木主令之時。客主加臨，皆為厥陰風木，患者受厥陰風木之氣影響，肝風化火，上擾頭目，導致頭痛目痛。故吳鞠通治以清熱潛陽，平肝熄風之法。

（2）君火相火相逢，肝風鴟張，感而發狂

> 陀　五十九歲　病由情志而傷，中年下焦精氣不固，上年露痺中之萌，近因情志重傷，又在相火主令，君火司天，君火客氣，內與本身君火相火相應，以致肝風鴟張，初起如狂。醫者仍然攻風劫痰，大用辛溫剛燥，復以苦寒直下，是助賊為虐也。現下左脈實大堅牢，大非吉兆，勉以紫雪定瘈瘲肢厥，而泄有餘之客熱，再以定風珠濟不足之真陰，而息內風之震動。如果病有回機，神色稍清，再擬後法。
>
> 紫雪丹（二兩，每服二錢，二時許一服，以神清為度。牙關緊閉用烏梅蘸醋擦牙根，其牙即開）大生地（一兩）　生白芍（一兩）生鱉甲（一兩）　炙甘草（六錢）　真阿膠（四錢）　麻仁（四錢）

〔註37〕（清）吳鞠通著：《吳鞠通醫案》，第65、66頁。

麥冬（八錢連心）　　左牡蠣（八錢）　　蚌水（半酒杯，冷開水衝入）

雞子黃（二枚，藥煮成去渣和入上火三沸）

　　煮成三碗，渣再煮兩碗，共四碗，四刻服半碗。盡劑再作服。

〔註38〕

　　患者發病時為三之氣當令之時，客氣少陰君火加臨主氣少陽相火，二火相逢，引發患者肝風內動，相火亢盛。前醫未慮及此，用攻下之藥傷及陰液和陽氣，導致邪熱內陷，瘛瘲肢厥。而吳鞠通慮及天人之變，以紫雪丹定瘛瘲肢厥，而泄有餘之熱，再以定風珠濟不足之真陰，而息肝風之震動。

（3）寒水主令，傷寒盛行

　　　　劉雲密曰：丁酉臘，人病頭痛惡風，鼻出清涕，兼以咳嗽痰甚，一時多患此。用冬時傷風之劑而愈者固多，然殊治者亦不少。蓋是年君火在泉，終之氣乃君火。客氣為主氣寒水所勝。經曰：主勝客者逆。夫火乃氣之主，雖不同於傷寒之邪入經，然寒氣已逆而上行，反居火位，火氣不得達矣。所以雖同於風，投以風劑如羌活輩則反劇，蓋耗氣而火愈虛也。至於桂枝湯之有白芍，固不得當，即桂枝僅泄表實，而不能如麻黃能透水中之真陽以出也。故愚先治其標，用乾薑理中湯佐五苓散，退寒痰寒水之上逆。乃治其本，用麻黃湯去杏仁，佐以乾薑、人參、川芎、半夏，微微取汗。守此方，因病進退而稍加減之，皆未脫麻黃，但有補劑，不取汗矣，病者乃得霍然。〔註39〕

　　本案發病時間在丁酉臘，即終之氣之時。此時客氣少陰君火，主氣太陽寒水，水剋火，主勝客，為不相得之逆。逆者，氣候變化較大，人們容易患病。此時寒水之氣盛行，患者感受寒邪，頭痛惡風，鼻出清涕，咳嗽痰甚。故僅用風劑和桂枝不足以祛寒邪。應以乾薑理中湯佐五苓散治其標，用麻黃湯去杏仁，佐以乾薑、人參、川芎、半夏治其本。

（4）內暑外涼，寒熱交爭，發為瘧痢

　　　　丙寅六月初六日　某　其人本有飲咳，又加內暑外涼，在經之邪傾瘧而未成，在腑之邪泄瀉未止，恐成滯下，急以提邪外出為要；按六脈俱弦之泄瀉，古謂之木泄，即以小柴胡湯為主方，況加之寒熱往來乎？六脈俱弦，故謂脈雙弦者寒也，指中焦虛寒而言，豈補

〔註38〕　（清）吳鞠通著：《吳鞠通醫案》，第79、80頁。
〔註39〕　（清）魏之琇編：《續名醫類案》卷4《傷風》，第96頁。

水之生熟地所可用哉！現在寒水客氣，燥金司天，而又大暑節氣，
與柴胡二桂枝一湯。

　　　柴胡六錢　　焦白芍二錢　　青蒿二錢　　桂枝三錢　　藿香梗三錢
生薑三錢　　半夏六錢　　廣橘皮三錢　　大棗去核二枚　　黃芩二錢
炙甘草一錢

　　　煮三杯，分三次服。寒熱止，即止。〔註40〕

　　該年為卯酉之年，發病之時為大暑節氣，為三之氣與四之氣交節之時。
三之氣時客氣陽明燥金加臨主氣少陽相火，正是暑熱之氣盛行；四之氣時客
氣太陽寒水加臨主氣太陰濕土，正是寒濕之氣盛行。先有暑熱之邪伏藏於內，
後有寒濕之邪傷於外，導致寒熱交爭，在經之邪傾瘧而未成，在腑之邪泄瀉
未止。因此吳鞠通採用和解少陽，表裏同治的方法。

延伸閱讀：劉完素運氣脈法理論及臨床價值探討

　　氣象陰陽的變化，可以影響血脈的運行。人體對四季氣候的適應，會相
應地反映在脈象上。早在《黃帝內經》時期，古人已察覺到平人應四時，有春
微弦、夏微洪、秋微浮、冬微沉的脈象變化。〔註41〕故後世醫家，嘗試用五
運六氣醫理探討四時脈法，通過考察運氣的流行，結合六部脈象常變，推斷
疾病發生、發展及預後。在這些醫家中，劉完素的運氣脈法理論最具代表性。
其脈法理論，涵蓋主氣應脈、客氣應脈、客主加臨、南北政問題以及司天不
應脈等諸方面內容，是一個較為完善的理論體系。

一、六氣應脈

　　六氣，指風、熱、火、濕、燥、寒六種氣候變化。六氣分為主客。主氣以
測氣候之常，客氣以測氣候之變。主客氣均可以應脈。主氣所應為地脈，客
氣所應為天脈。二者各有應脈規律。

1. 主氣應脈

　　按劉完素所述，人體寸口脈六部與主氣的六氣依次對應。地六氣之步位
與寸口六部脈位對應如下〔註42〕：

〔註40〕（清）吳鞠通著：《吳鞠通醫案》，第 79、80 頁。
〔註41〕《黃帝內經素問》卷 6《玉機真藏論》，第 118～120 頁。
〔註42〕（金）劉完素：《新刊圖解素問要旨論》，引自宋乃光主編《劉完素醫學全書》，
　　　　北京：中國中醫藥出版社，2006 年，第 244 頁。

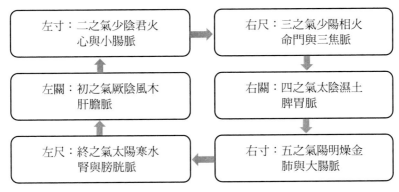

主氣六氣與寸口六部對應圖

　　如上圖所示，劉完素以主氣六氣次序來闡釋寸口六部脈位。這或許暗含寸口脈位法天地之道之意。後世亦有從五行相生之理闡釋其妙。〔註43〕

　　主氣應脈，歲歲不變。應脈之時，以六氣交司時刻為準。〔註44〕所應脈象，亦有固定規律〔註45〕：

主氣應脈時間、脈象表

主氣六步	所應時間	寸口脈位	平脈脈象
初之氣厥陰風木	大寒——春分	左關	大小長短不等
二之氣少陰君火	春分——小滿	左寸	浮大而短，雖旺而未至高茂
三之氣少陽相火	小滿——大暑	右尺	洪大而長
四之氣太陰濕土	大暑——秋分	右關	緊大而長，長盛而化速
五之氣陽明燥金	秋分——小雪	右寸	緊細而微
六之氣太陽寒水	小雪——大寒	左尺	沉細而敦

　　金元之後，劉氏主氣應脈論影響益廣，逐漸成為後世經典理論。後世醫家如李中梓、王賢，均據劉完素主氣應脈理論而發微，制六氣分合六部時日診候細則。〔註46〕雖愈繁複其說，卻始終奉劉完素之論為圭臬。

2. 客氣應脈

　　「主氣守位不移，客氣居無常位」。如果說主氣主一年正常氣候變化規律，

〔註43〕（清）李延昰撰：《脈訣匯辨》，上海：上海科學技術出版社，1963 年，第 2、3 頁。

〔註44〕蘇穎著：《五運六氣探微》，北京：人民衛生出版社，2014 年，第 66～68 頁。

〔註45〕（金）劉完素：《新刊圖解素問要旨論》，第 244、245 頁。

〔註46〕楊威、于崢：〈五運六氣脈法之研究〉，《中國中醫基礎醫學雜誌》，2015 年第 1 期。

恒居不變，靜而守位。那麼，客氣主一年異常氣候變化規律，變化多端，其六步次序亦與主氣不同。〔註47〕客氣應脈，歲歲不同，且須考慮南北政脈應之異。客氣六氣所應六脈，在《素問・至真要大論》中已有完整論述：「厥陰之至其脈弦，少陰之至其脈鉤，太陰之至其脈沉，少陽之至大而浮，陽明之至短而澀，太陽之至大而長。」〔註48〕劉完素的客氣應脈理論基本承襲《內經》，少有改動。

3. 客主加臨

主客氣既然不同，又皆能應脈，該如何在具體脈診中把握？針對於此，劉完素將中醫運氣學客主加臨之理論，運用到天地二脈的脈診中。

客主加臨，指將每年輪值客氣加臨在固定的主氣六步之上，以分析該年可能出現的氣候變化。其推演方法可見於相關論著。〔註49〕此不贅述。客主加臨，論主客氣是否相同。若主客氣同，便為相得。劉完素認為相得時，天地二脈亦大同小異：「主客氣同則人脈亦同，是俱本位也。」如寅申之歲，客氣少陽相火司天，主氣三之氣亦為少陽相火。「少陽之客，其脈大而浮，相火之主，其脈洪大而長，是大同而小異。」

若主客氣異，則又需體察二氣之盛衰以辨人脈。實際氣象近於客氣，則客氣勝，脈象以天脈為主；實際氣象近於主氣，則主氣勝，脈象以地脈為主；實際氣象介於二者之間，則主客氣平，脈象亦介於二者之間。假令巳亥之歲少陽相火司地，主氣終之氣為太陽寒水。火居水位。天脈大而浮，地脈沉細而敦。「水位之主氣盛，則天氣大寒，脈當沉短以敦，反此者，病也。少陽之客氣勝，則天氣大煊，脈當稍大而浮。……若主客氣平，冬無勝衰，則天氣不寒而微溫，而脈可見其半，微沉微浮，大不勝大，短不勝短，中而以和，反此者病也。」〔註50〕

二、南政北政與司天不應脈

1. 南政北政

客氣應脈還需慮及南北政問題以及由此導致的司天不應脈。南北政概念，始見於王冰七篇大論。「政」表示五運或六氣在值時，年歲布政、施政之意。

〔註47〕蘇穎著：《五運六氣探微》，第 68～74 頁。

〔註48〕《黃帝內經素問》卷 22《至真要大論》，第 531、532 頁。

〔註49〕蘇穎著：《五運六氣探微》，第 75、76 頁。

〔註50〕（金）劉完素：《新刊圖解素問要旨論》，選自宋乃光主編《劉完素醫學全書》，第 245 頁。

南政，為南面施政，即「主政者」居北面南施政行令；北政，為北面施政，即「主政者」居南面北施政行令。至於南北政如何劃分，古今持論不一。王冰以歲運之木火金水運為北政，土運為南政。後世贊同者居多。而清人張志聰、黃元御、今人任應秋、周銘心、晏向陽各持己見，觀點又與王冰不同。〔註51〕劉完素贊同王冰之說：「預知歲政之南北者，審君臣之運而可知也。然五運以土運為君主，面南而為君，故曰南政。餘四運為臣，主面北而待君，故曰北政也。」〔註52〕故按照劉完素所述，六十甲子年中，只有甲己之年為南政之歲，其餘乙庚丙辛丁壬戊癸之年皆為北政之歲。

2. 司天不應脈

南北分政，脈診不同。按，客氣六步，包括司天、在泉、左右四間氣，按照一定次序，逐年往復運動於太虛之中，分布於上下左右。其中司天居南，在泉居北。三陰三陽輪流司天，以六年為一週期，周行不息（如下圖）。

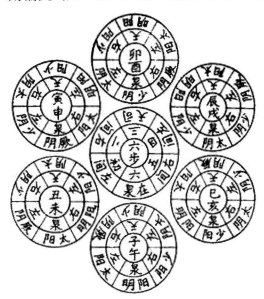

司天在泉左右間氣位置圖〔註53〕

〔註51〕 參見周銘心、陳智明《〈內經〉「南北政」問題解析》，《中國中醫基礎醫學雜誌》，2000 年第 5 期；周虎、黃玉燕《從運氣兩紀差異探討南北政劃分方法》，《現代中西醫結合雜誌》，2010 年第 12 期；晏向陽《運氣南北政簡解》，《中國中醫基礎醫學雜誌》，2009 年第 2 期。

〔註52〕 （金）劉完素：《新刊圖解素問要旨論》，選自宋乃光主編《劉完素醫學全書》，第 246 頁。

〔註53〕 蘇穎著：《五運六氣探微》，第 71 頁。

　　然而無論何年，亦無論誰為司天，誰為在泉，人體寸口處對應客氣少陰之脈位脈象總為不應。所謂不應，是指脈搏沉細，甚至摸不到。至於少陰脈因何不應於脈位，劉完素解釋道：「陰陽之脈位者，亦為君臣之道也。然六氣以少陰火為君主，餘皆為臣。君治內而降其命，臣奉命而治其外。外者陽也，故其脈浮；內者陰也，故其脈沉。」〔註54〕蓋六氣以少陰為君，君象無為，不主時氣，故少陰所主其脈不應。凡不應之期，遇到沉細難摸之脈，不能當作病脈看待。

　　按《素問・至真要大論》所載，司天不應脈的具體情況與該年屬南政北政、司天為三陰三陽都有密切關聯。簡單來說，南政之年，三陰司天時，人之寸脈不應；三陰在泉時，人之尺脈不應。北政之年，三陰司天時，人之尺脈不應；三陰在泉時，人之寸脈不應。〔註55〕劉完素在繼承王冰這一觀點的基礎上，進一步闡釋其說，並附以具體年份以助說明。茲將其所述列表如下：

南北政各歲司天不應脈對應表〔註56〕

南北政	年干	年支	司天	在泉	司天不應脈			
					左寸	右寸	左尺	右尺
北政之歲	乙丁辛癸	卯酉	陽明	少陰	✓	✓		
	丙戊庚壬	寅申	少陽	厥陰		✓		
	丙戊庚壬	辰戌	太陽	太陰	✓			
	丙戊庚壬	子午	少陰	陽明			✓	✓
	乙丁辛癸	巳亥	厥陰	少陽			✓	
	乙丁辛癸	丑未	太陰	太陽				✓
南政之歲	甲	子午	少陰	陽明	✓	✓		
	己	巳亥	厥陰	少陽		✓		
	己	丑未	太陰	太陽	✓			
	己	卯酉	陽明	少陰			✓	✓
	甲	寅申	少陽	厥陰				✓
	甲	辰戌	太陽	太陰			✓	

〔註54〕（金）劉完素：《新刊圖解素問要旨論》，選自宋乃光主編《劉完素醫學全書》，第 246 頁。
〔註55〕《黃帝內經素問》卷 22《至真要大論》，第 507、508 頁。
〔註56〕（金）劉完素：《新刊圖解素問要旨論》，選自宋乃光主編《劉完素醫學全書》，第 242～244 頁。

　　以南政之歲為例，劉完素詳解道：「假令南政之歲，是面南而君之也。遇少陰司天，所謂天位在南，故兩寸不應，而脈沉也。遇厥陰司天，則少陰在左，故曰上角則右寸不應。遇太陰司天，則少陰在右，故曰下宮則左寸不應。……左右同法，餘皆仿此，皆隨君火所在乃脈沉不應也。」〔註57〕此處，南政之年，人面南而政，人體寸脈在南，尺脈在北。所謂天位在南，指六氣之中，司天位於南面。按圖二所示，少陰司天在南時，人體在南之兩寸脈皆不應；厥陰司天而少陰在左時，人體對應少陰方位的右寸脈不應；太陰司天而少陰在右時，人體對應少陰方位的左寸脈不應。同理，北政之年，人面北而政，人體寸脈在北，尺脈在南。當三陰司天時，人體在南之尺脈也會出現各種不應的情況。總之，對照司天在泉左右間氣圖與人體的尺脈寸脈方位，就會印證上表中南北政各歲司天不應脈的具體情況。

三、劉完素運氣脈學之價值

　　運氣脈學的醫學價值，歷來為古今名醫所重。劉完素作為運氣脈學理論體系的重要創建者，其醫學貢獻，厥功至偉。後人關注劉完素之運氣學說，多是從其提出的六氣皆從火化說入手，研究其火熱論，而對此方面關注不足。因此，有必要於今日重新認識其運氣脈學之價值。

　　劉完素運氣脈學之價值，首先在於其第一次提出較為完善的理論體系。他首次完整回應了主氣應脈、客氣應脈、客主加臨、南北政劃分、司天不應脈等諸多問題，並將其進行整合，使其成為一個較為完善的理論體系。他為運氣脈學理論體系的建立，做出傑出貢獻。

　　劉完素運氣脈學之價值，更在於其理論與實踐的結合。近代梁尚博批評劉完素「滿紙盡是五行生剋之語，穿鑿阿會，強解事理」。〔註58〕這代表了部分世人對運氣格局程式化作用質疑的聲音。但是，梁氏此言並不客觀。縱觀劉完素的醫學成就，其運氣理論的借鑒運用並不死板。就運氣脈學而言，他將運氣脈學理論與實踐相結合，以用於臨床診斷。概言之，這種結合體現在兩個方面：一是將運氣脈學與實際氣象相結合。上文中提到的客主加臨即是顯著例證。二是將運氣脈學與患者實際狀況相結合。假令患者為鬼賊之脈，本當判為病脈，但是劉完素強調，醫者須在考慮患者實際是何臟腑受病後，

〔註57〕　（金）劉完素：《新刊圖解素問要旨論》，選自宋乃光主編《劉完素醫學全書》，第 246 頁。

〔註58〕　梁尚博：《辨河間六氣為病及火說》，《星群醫藥月刊》1951 年第 11 期。

再做診斷：「假令春有脾病，或遇厥陰所至，其病欲愈，脈本位而見肝脈，是為和平之候也。若便言死，豈非粗工之謬也？」〔註59〕

〔註59〕（金）劉完素：《新刊圖解素問要旨論》，選自宋乃光主編《劉完素醫學全書》，第 246 頁。

第七章　中醫運氣學（下）

第一節　運氣相合

運氣相合，指將一年的五運和六氣綜合在一起分析當年的氣候變化情況。只有將五運和六氣綜合在一起分析，才能全面分析推求出各年的大致氣候變化情況。運氣相合時，會出現運氣同化、運氣異化和平氣三種情況。

一、運氣同化

運氣同化，就是一年之中歲運與客氣的同類化合。當值年大運與客氣五行屬性在某種情況下出現一致時，如木同風化，火同暑化，土同濕化，金同燥化，水同寒化，該年可能會出現比較典型的氣候變化。運氣的同化主要分為天符、歲會、同天符、同歲會、太乙天符五種。在六十年一甲子中，計天符十二年，歲會八年，同天符六年，同歲會六年，太乙天符四年，共三十六年。除去重複十年，實為二十六年。

六十甲子年運氣同化表

甲子	乙丑	丙寅	丁卯 歲會	戊辰	己巳	庚午 同天符	辛未 同歲會	壬申 同天符	癸酉 同歲會
甲戌 歲會 同天符	乙亥	丙子 歲會	丁丑	戊寅 天符	己卯	庚辰	辛巳	壬午	癸未

甲申	乙酉 太乙天 符	丙戌 天符	丁亥 天符	戊子 天符	己丑 太乙天 符	庚寅	辛卯	壬辰	癸巳 同歲會
甲午	乙未	丙申	丁酉	戊戌	己亥	庚子 同天符	辛丑 同歲會	壬寅 同天符	癸卯 同歲會
甲辰 歲會 同天符	乙巳	丙午	丁未	戊申 天符	己酉	庚戌	辛亥	壬子	癸丑
甲寅	乙卯 天符	丙辰 天符	丁巳 天符	戊午 太乙天 符	己未 太乙天 符	庚申	辛酉	壬戌	癸亥 同歲會

1. 天符

天符，指一年歲運的五行屬性與該年司天之氣的五行屬性相同。《素問·六微旨大論》云：「帝曰：土運之歲，上見太陰；火運之歲，上見少陽，少陰；金運之歲，上見陽明；木運之歲，上見厥陰；水運之歲，上見太陽；奈何？岐伯曰：天之與會也，故《天元冊》曰天符。」〔註1〕這裡，所謂土運、火運、金運、木運、火運即指歲運。上，即當年司天之氣。

六十甲子中有十二年是天符年。十二個天符年分別為：己丑、己未年為土運不及，其與司天之氣太陰濕土相化合；戊寅、戊申、戊子、戊午年為火運太過，其與司天之氣少陽相火或少陰君火相化合；丁巳、丁亥年為木運不及，其與司天之氣厥陰風木相化合；丙辰、丙戌年為水運太過，其與司天之氣太陽寒水相化合；乙卯、乙酉年為金運不及，其與司天之氣陽明燥金相化合。按照《素問·六元正紀大論》所述「歲半之前，天氣主之」的說法，天符年的氣候偏勝多出現在上半年。

天符圖

〔註1〕《黃帝內經素問》卷19《六微旨大論》，第391、392頁。

2. 歲會

歲會，指一年歲運的五行屬性與該年年支的五行屬性及方位相同。《素問‧六微旨大論》云：「木運臨卯，火運臨午，土運臨四季，金運臨酉，水運臨子，所謂歲會，氣之平也。」〔註2〕六十甲子年中，有八年是歲會年。這八年分別為甲辰、甲戌、己丑、己未、乙酉、丁卯、戊午、丙子。這些年中，歲運的五行屬性不僅與年支的五行屬性相同，而且年支的五行方位恰是該五行屬性的正位。如甲辰、甲戌、己丑、己未四年，歲運為土運，年支辰戌丑未恰為四辰土，且分居東南、西南、東北、西北四方土之正位；乙酉年歲運為金，年支亦為金且居金之正位；丁卯年歲運為木，年支亦為木且居木之正位；戊午年歲運為火，年支亦為火且居火之正位；丙子年歲運為水，年支亦為水且居水之正位。八年之中，己丑、己未、乙酉、戊午四年既屬歲會，又屬天符。這四年也被稱為太乙天符。

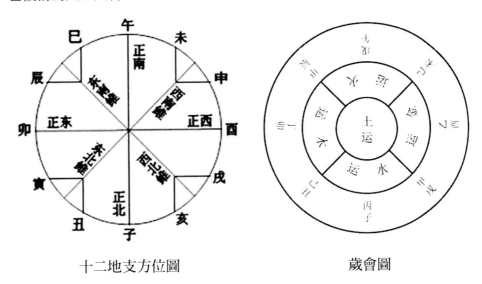

十二地支方位圖　　　　　　　　　歲會圖

3. 同天符、同歲會

同天符，指陽干之年歲運的五行屬性與在泉之氣的五行屬性相同。六十甲子年中，同天符之年有六：甲辰、甲戌、壬寅、壬申、庚子、庚午。此六年皆歲運太過之年，且歲運五行屬性與其年在泉之氣五行屬性相同。六年中，甲辰、甲戌又屬歲會。

〔註2〕《黃帝內經素問》卷19《六微旨大論》，第391頁。

同歲會，指陰干之年歲運的五行屬性與在泉之氣的五行屬性相同。六十甲子年中，同歲會之年也有六：癸巳、癸亥、辛丑、辛未、癸卯、癸酉。此六年皆歲運不及之年，且歲運五行屬性與其年在泉之氣五行屬性相同。按照《素問·六元正紀大論》所述「歲半之後，地氣主之」的說法，同天符與同歲會之年的氣候偏勝多出現在下半年。

同天符同歲會圖

不過，五運六氣理論在考慮氣候變化因素時要多種因素綜合分析。雖然上文已經慮及運氣同化之年可能出現的典型氣候變化，但是我們還需從化氣角度進一步考慮上述年份可能轉化為平氣之年與氣化偏勝之年。如遇歲運不及之年，恰逢該年的司天在泉或歲支之氣的五行屬性與歲運五行屬性相同，歲運得司天在泉或歲支之氣資助，則化為平氣之年。平氣之年，氣候平和，四季分明而無過不及。正如《素問·五常政大論》云：「木曰敷和，火曰昇明，土曰備化，金曰審平，水曰靜順。」〔註3〕天符年中，己丑、己未、乙卯、乙酉、丁巳、丁亥六個陰干之年，皆為歲運不及而得司天之氣同化者。歲會年中，丁卯、己未、己丑、乙酉四個陰干之年，皆為歲運不及而得年支之氣同化者。同歲會年中，辛丑、辛未、癸卯、癸酉、癸巳、癸亥六個陰干年中，皆為歲運不及而得在泉之氣同化者。如此，則運氣同化的 26 年中，氣候正常的亦有 13 年。

〔註3〕《黃帝內經素問》卷20《五常政大論》，第 419、420 頁。

　　又如遇歲運太過之年，恰逢該年司天在泉或歲支之氣五行屬性與歲運五行屬性相一致，歲運得司天在泉或歲支之氣同化，容易發生氣化偏勝偏亢為害的異常氣候。天符年中，戊子、戊午、戊寅、戊申、丙辰、丙戌六個陽干之年，均為歲運太過又兼司天之氣同化。歲會年中，甲辰、甲戌、丙子、戊午四個陽干之年，均為歲運太過又兼年支之氣同化（其中戊午年尤為嚴重，其年太乙天符，歲運、司天、歲支一氣同化）。同天符年本為歲運太過之年，兼與在泉之氣五行屬性相同，故亦氣化偏勝。如此，則運氣同化的 26 年中，更兼氣化偏勝，氣候亢害的又有 13 年。

六十甲子運氣同化年中平氣與氣化偏勝表

甲子	乙丑	丙寅	丁卯 （平氣） 歲會	戊辰	己巳	庚午 （偏勝） 同天符	辛未 （平氣） 同歲會	壬申 （偏勝） 同天符	癸酉 （平氣） 同歲會
甲戌 （偏勝） 歲會 同天符	乙亥	丙子 （偏勝） 歲會	丁丑	戊寅 （偏勝） 天符	己卯	庚辰	辛巳	壬午	癸未
甲申	乙酉 （平氣） 太乙天符	丙戌 （偏勝） 天符	丁亥 （平氣） 天符	戊子 （偏勝） 天符	己丑 （平氣） 太乙天符	庚寅	辛卯	壬辰	癸巳 （平氣） 同歲會
甲午	乙未	丙申	丁酉	戊戌	己亥	庚子 （偏勝） 同天符	辛丑 （平氣） 同歲會	壬寅 （偏勝） 同天符	癸卯 （平氣） 同歲會
甲辰 （偏勝） 歲會 同天符	乙巳	丙午	丁未	戊申 （偏勝） 天符	己酉	庚戌	辛亥	壬子	癸丑
甲寅	乙卯 （平氣） 天符	丙辰 （偏勝） 天符	丁巳 （平氣） 天符	戊午 （偏勝） 太乙天符	己未 （平氣） 太乙天符	庚申	辛酉	壬戌	癸亥 （平氣） 同歲會

　　運氣同化之年，由於彼此之間同氣化合，失去相互制約，致使氣象變化單一，可能造成一氣偏盛獨治的異常氣候現象，容易給人體造成一定危害。《素問・六微旨大論》云：

> 岐伯曰：天符為執法，歲位為行令，太一天符為貴人。
>
> 帝曰：邪之中也奈何？
>
> 岐伯曰：中執法者，其病速而危；中行令者，其病徐而持；中
> 貴人者，其病暴而死。〔註4〕

按照文中所述，天符之年，邪氣在上，人體發病迅速且嚴重；歲會之年，邪氣在下，人體病勢徐緩但持久；太乙天符之年（既是天符又是歲會之年），邪氣上下相交，人體病勢急劇且有死亡危險。而結合上表我們可以發現，六十甲子年中氣候變化劇烈易引發疫病的天符年主要是戊寅、戊申、戊子、丙辰、丙戌這五年。其前三年為火熱年，後兩年為寒水年；歲會年主要是丙子、甲辰、甲戌，這幾年主要是濕邪重。而濕邪的致病特點就是病情纏綿難以速愈，故歲會年致病「其病徐而持」；太乙天符年主要是戊午年，該年歲氣與司天之氣、年支之氣三者相合，火氣極盛，其氣之盛遠勝天符、歲會，故該年氣候最為暴戾，致病最為深重，所以「其病暴而死」。

4. 相關醫案

（1）天符年致病

> 戊子秋，舉人李煦南長公，約年十五，患溫，脈沉伏，妄見妄
> 言，如醉如癡，渴飲無度，以加味涼膈散連下一月而蘇。〔註5〕

戊子年，歲運為火運太過，少陰君火司天，運氣相合皆為火，該年為天符年。《素問·六微旨大論》云：「天符為執法……中執法者，其病速而危。」至秋，主氣少陽相火與司天之氣少陰君火加臨，再合之歲運火運，三火合行，衍為火毒。運氣燔灼胸膈，故楊栗山以涼膈泄熱，清上瀉下的涼膈散治之，一月而蘇。

> 張意田治一人，戊寅二月間，發熱胸悶不食，大便不通，小便
> 不利，身重汗少，心悸而驚。予疏散消食藥，症不減，更加譫語叫
> 喊。診其脈弦緩，乃時行外感，值少陽司天之令，少陽症雖少，其
> 機顯然，脈弦發熱者，少陽本象也。胸悶不食者，逆於少陽之樞分
> 也。少陽三焦內合心包，不解則煩而驚，甚則陽明胃氣不和而譫語；
> 少陽循身之側，樞機不利，則身重而不能轉側；三焦失職，則小便

〔註4〕《黃帝內經素問》卷19《六微旨大論》，第392頁。
〔註5〕（清）楊璿著：《傷寒溫疫條辨》卷2《急證急攻》，北京：學苑出版社，2006年，第87、88頁。

不利；津液不下，則大便不通。此症宜以傷寒例，八九日下之，胸滿煩驚，小便不利，讝語，一身盡重，不可轉側者，柴胡加酒骨牡蠣湯主之。以法治之。服後果愈。〔註6〕

戊寅年，火運太過，少陽相火司天，厥陰風木在泉。運氣相合，則知全年火風之氣偏盛。患者外感時氣而病，少陽司天內合三焦心包，不解則心悸而驚，甚至讝語叫喊。三焦失職，則小便不利，大便不通。

（2）太乙天符年致病

王氏　四十歲　乙酉年五月二十一日　六脈弦緊，心下伏梁，非易化之症。一生憂泣，肝之鬱也，又當燥金太乙天符之年，金來剋木，痛愈甚矣。與溫絡法，其吐血亦絡中寒也。

降香末（三錢）　川椒炭（二錢）　香附（三錢）　半夏（三錢）　枳實（三錢）　歸鬚（三錢）公丁香（八分）　廣皮（兩錢）

煮三杯，分三次服，四帖。〔註7〕

該患者本肝氣鬱結，又逢乙酉太乙天符之年，金氣盛行。患者肝氣被金氣所剋，鬱而不發，所以疼痛愈甚。又患積聚，寒凝肝經。故吳鞠通以溫通經絡之方，使肝氣調達，寒氣溫化。

又　今年天符歲會，上半年陽氣大泄，見病都屬肝胃。以厥陰為風臟，而陽明務盛陽耳。陰陽不肯相依，勢必暴來厥中，過大暑可免，以暑濕大熱，更多開泄，致元氣不為相接耳。然此本虛標實，氣火升騰所致。經旨以苦寒鹹潤酸泄，少佐微辛為治，議進補陽明泄厥陰法。

人參一錢　生牡礪五錢　生白芍二錢　烏梅肉四分　川黃連鹽水炒，六分　熟半夏醋炒，清水漂洗，一錢

上午服。

丸方：

人參二兩　生茯苓三兩　鹽水炒黃連五錢　半夏醋炒，水洗淨，一兩半　鹽水炒陳皮二兩　麩炒枳實一兩半　雞子黃制白蒺藜一兩半　生白芍一兩半　蒸烏梅肉一兩

〔註6〕　（清）魏之琇編：《續名醫類案》卷3《溫病》，第74頁。

〔註7〕　（清）吳鞠通著：《吳鞠通醫案》，第116頁。

為末，竹瀝法丸。早上服三錢，百滾湯下。〔註8〕

本則醫案是葉天士著名醫案的第十五診。葉天士依據氣運對疾病進行預後，因今年是天符歲會（即太乙天符），因此得病多為難治之證，但是如果隨歲運變化，因時制宜，則預後良好。葉天士認為此病過大暑可免，因為大暑過後為秋令，有肅降之氣，利於疾病的恢復。而大暑期間，濕熱最盛，發洩陽氣與津液。葉氏嫻熟運用運氣醫理，在診病的基礎上，參以天時，故能成一代國手。

（3）同天符年致病

江汝潔治葉延傑之內，十月病眼若合即麻痹，甚至不敢睡。屢易醫，漸成崩疾。江診得左手三部，舉之略弦，按之略大而無力；右手三部，舉按俱大而無力。經曰：血虛脈大如蔥管。又曰：大而無力為血虛。又曰：諸弦為飲。又曰：弦為勞。據脈觀症，蓋出氣血俱虛，以致氣不周運而成麻痹。時醫不悟而作火治，藥用寒涼過多，損傷脾胃，陽氣失陷而成崩矣。以歲運言之，今歲天沖主運（少角東宮震位，乃天沖司也，九星分野之名），風木在泉，兩木符合，木盛而脾土受虧，是以土陷而行秋冬之令。以時候言之，小留至大雪之末（冬至小寒），六十日有奇，太陽寒水主令，（少陰君火）厥陰風木客氣加臨，其上木火勝矣。經曰：甚則勝而不復也。其脾大虛，安得血不大下手？且脾裏血，脾虛則血不歸經而妄下矣。法當大補脾為先，次宜補氣祛濕，可得漸愈矣。以人參三錢，黃芪二錢，甘草四分，防風、荊芥、白術各一錢，陳皮八分，水煎食遠服，一劑分作三服，不數劑而安。〔註9〕

患者發病之年為壬寅年。該年木運太過，少陽相火司天，厥陰風木在泉，為同天符之年。崩漏之病，根本在於脾虛不能攝血。患者平素脾胃虛弱，加之同天符年木氣亢盛，剋伐脾土過甚，肝經疏泄失度，脾氣統攝無權，故成崩漏。江灌慮及天人之應，故補脾為先，補氣祛濕為輔，患者不數劑而安。

（4）同歲會年致病

嘉慶辛未春，予患眩暈，不出戶者累月。友人張汝功兄來，言

〔註8〕（清）葉天士著、（清）徐靈胎評：《臨證指南醫案》卷1《中風》，第14、15頁。

〔註9〕（明）江瓘著：《名醫類案》卷11《崩漏》，第460頁。

洪梅翁病劇，述其證狀，起初少腹痛，嘔吐，醫謂寒凝厥陰，投以暖肝煎，痛嘔益甚，又謂腎氣上沖，更用理陰煎合六君子湯，每劑俱用人參，服之愈劇，脘痞畏食，晝夜呻吟，面目色黃，醫稱體虧病重，補之不應，慮其虛脫，舉室憂惶。復有指為疸證，欲進茵陳蒿湯者，囑邀予診以決之。予辭以疾，汝兄強之，於是扶掖而往。診畢笑謂翁曰：病可無妨，但藥只須數文一劑，毋大費主人物料。方疏加味逍遙散，加鬱金、陳皮、谷芽、蘭葉。乃弟並鋒翁曰：家兄年將花甲，病經多日，痛嘔不食，胃氣空虛，輕淡之品，恐不濟事。予曰：此非虛證，藥不中病，致益劇耳。經云：諸痛屬肝。病由肝鬱不舒，氣機遏抑，少腹乃厥陰部位，因而致痛。肝氣上逆，沖胃為嘔，溫補太過，木鬱則火鬱，諸逆衝上，皆屬於火，食不得入，是有火也。至於面目色黃，亦肝鬱之所使然，非疸證也。逍遙一方，治木鬱而諸鬱皆解，其說出趙氏《醫貫》，予輯載拙集《醫述》中。檢書與閱，翁以為然。初服各證均減，服至四劑，不痛不嘔，黃色盡退，共服藥十二劑，服食如常。……〔註10〕

　　辛未年，水運不及，寒水在泉，濕土司天，為同歲會之年。前用藥暖肝煎、六君子煎等劑而不受，是因患者感運氣而發病體虛。同歲會之年，水運及寒水之氣顯著，患者腎臟感而明顯。水運不及之年，太陰濕土司天，濕土困脾，脾土會有加重剋制腎水的趨勢。因此，患者主要是感天時而濕土困脾，腎水受剋。治則宜解鬱。醫者準確把握運氣因素及病因病機，收效甚速。

二、運氣異化

1. 運氣異化

　　六十甲子年中，除了運氣同化的 26 年外，還有運氣異化的 34 年。運氣異化之年，根據運和氣的生剋關係，又有運盛氣衰、氣盛運衰之分。

　　運盛氣衰，指歲運和司天之氣的五行生剋關係中，歲運生司天之氣或剋司天之氣。其中前者稱為小逆，後者稱為不和。如辛亥年，歲運水生司天之氣厥陰風木，故該年小逆；甲辰年，歲運土剋司天之氣太陽寒水，故該年不和。小逆及不和之年氣候變化較大，對人體會造成一定影響。

〔註10〕（清）程杏軒撰：《杏軒醫案》，北京：中國中醫藥出版社，2009 年，第 68、69 頁。

　　氣盛運衰，指歲運和司天之氣的五行生剋關係中，歲運太過之年，司天之氣生歲運；或歲運不及之年，司天之氣剋歲運。前者稱為順化，後者稱為天刑。如甲子年，司天之氣少陰君火生該年歲運太過之土，故該年順化；己亥年，司天之氣厥陰風木剋該年歲運不及之土，故該年天刑。順化之年氣候平和，天刑之年氣候變化劇烈。

　　此外，運氣異化之年，若歲運太過之年，司天之氣剋歲運為平氣；歲運不及之年，司天之氣生歲運為平氣。平氣之年，氣候平和。

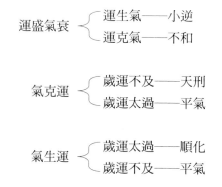

六十甲子年運氣異化表

甲子 順化	乙丑 平氣	丙寅 不和	丁卯	戊辰 平氣	己巳 天刑	庚午	辛未	壬申	癸酉
甲戌	乙亥 不和	丙子	丁丑 不和	戊寅	己卯 小逆	庚辰 小逆	辛巳 小逆	壬午 小逆	癸未 小逆
甲申 順化	乙酉	丙戌	丁亥	戊子	己丑	庚寅 平氣	辛卯 平氣	壬辰 順化	癸巳
甲午 順化	乙未 平氣	丙申 不和	丁酉 天刑	戊戌 平氣	己亥 天刑	庚子	辛丑	壬寅	癸卯
甲辰	乙巳 平氣	丙午 不和	丁未 不和	戊申	己酉 小逆	庚戌 小逆	辛亥 小逆	壬子 小逆	癸丑 小逆
甲寅 順化	乙卯	丙辰	丁巳	戊午	己未	庚申 平氣	辛酉 平氣	壬戌 順化	癸亥

　　由上表可見，六十甲子週年內的運氣異化的 34 年，其中氣候正常的有 15 年，氣候失常的有 19 年。

　　此外，在運氣同化年中，我們還可以單從歲運和司天之氣的關係來推求平氣之年。這種劃分方式，會將上文中已然判為氣化偏勝的年份重新定義為平氣之年。如判為同天符年的庚午和庚子年，本是氣化偏勝的，但該二年亦

是運氣太過而被司天所抑之年，因此這樣的年份也可以算作是平氣之年。其實從同天符年的定義而言，庚子、庚午年皆是歲運與在泉之氣五行屬性相同，二者主要顯現為下半年氣化偏勝。而從歲運與司天之氣關係來推求，二者雖皆為歲運太過，但因受司天之氣制約，反而構成平氣之年，因此在氣候上的具體表現又是上半年氣候平和。因此，無論平氣還是氣化偏勝，皆是我們從不同角度對同一年不同時間段的分析結果，二者並無顯著矛盾。〔註11〕

六十甲子年運氣同化異化匯總表

甲子 順化	乙丑 平氣	丙寅 不和	丁卯 （平氣） 歲會	戊辰 平氣	己巳 天刑	庚午 （上半年偏勝，下半年平氣） 同天符	辛未 （平氣） 同歲會	壬申 （偏勝） 同天符	癸酉 （平氣） 同歲會
甲戌 （偏勝） 歲會 同天符	乙亥 不和	丙子 （偏勝） 歲會	丁丑 不和	戊寅 （偏勝） 天符	己卯 小逆	庚辰 小逆	辛巳 小逆	壬午 小逆	癸未 小逆
甲申 順化	乙酉 （平氣） 太乙天符	丙戌 （偏勝） 天符	丁亥 （平氣） 天符	戊子 （偏勝） 天符	己丑 （平氣） 太乙天符	庚寅 平氣	辛卯 平氣	壬辰 順化	癸巳 （平氣） 同歲會
甲午 順化	乙未 平氣	丙申 不和	丁酉 天刑	戊戌 平氣	己亥 天刑	庚子 （上半年偏勝，下半年平氣） 同天符	辛丑 （平氣） 同歲會	壬寅 （偏勝） 同天符	癸卯 （平氣） 同歲會
甲辰 （偏勝） 歲會 同天符	乙巳 平氣	丙午 不和	丁未 不和	戊申 （偏勝） 天符	己酉 小逆	庚戌 小逆	辛亥 小逆	壬子 小逆	癸丑 小逆
甲寅 順化	乙卯 （平氣） 天符	丙辰 （偏勝） 天符	丁巳 （平氣） 天符	戊午 （偏勝） 太乙天符	己未 （平氣） 太乙天符	庚申 平氣	辛酉 平氣	壬戌 順化	癸亥 （平氣） 同歲會

〔註11〕此外，還有干德符年亦可判為平氣之年。宋人劉溫舒在《素問入式運氣論奧·論月建》云：「建時貼用日干同法，若五運陰年不及之歲，大寒日交初氣，其日時建干與年干合者，謂之曰干德符，當為平氣，非過與不及也。」所謂干德符年，指歲運不及之歲，年干與大寒日初氣所始之日干、時干相合時，即可判為平氣之年。如乙未年金運不及，若上一年大寒日之日干為庚，或該日雖非庚日，但是初氣所始之時干為庚，乙庚合金，這就是干德符的含義。劉溫舒將這些年份也認定為平氣之年，但是其判定標準迥異於「七篇大論」等傳統運氣文獻，故本文不作為平氣判定標準。

由六十甲子年運氣同化異化匯總表顯示可見，在六十年的一個循環內，真正氣候適宜，不易得病的年份即順化、平氣之年有 28＋2 年。氣候異常，氣化偏勝，易得病之年有 32－2 年。正常氣候之年與異常氣候之年基本上是對等的。

2. 相關醫案

天刑年致病：

> 羅謙甫治參政商公，年六旬餘。原有胃虛之症，至元己巳夏上都住，時值六月，霖雨大作，連日不止，因公務勞役過度，致飲食失節，每旦則臍腹作痛，腸鳴自利，須去一二行，乃少定，不喜飲食，懶於言語，身體倦困。羅診其脈，沉緩而弦，參政以年高氣弱，脾胃素有虛寒之證，加之霖雨，及勞役飲食失節，重虛中氣。《難經》云：飲食勞倦則傷脾，不足而往，有餘隨之。若歲火不及，寒乃大行，民病驚溏。今脾胃正氣不足，腎水必挾木勢，反來侮土，乃薄所不勝，乘所勝也。此疾非甘辛大熱之劑，則不能瀉水補土（捨時從症）。雖夏暑之時，有用熱遠熱之戒。又云：有假者反之，是從權而治其急也。《內經》云：寒淫於內，治以辛熱。乾薑、附子，辛甘大熱，以瀉寒水，用以為君，脾不足者，以甘補之，人參、白術、甘草、陳皮，苦甘溫，以補脾土，胃寒則不欲食，以生薑、草豆蔻辛溫，治客寒犯胃，厚朴辛溫，厚腸胃，白茯苓甘平，助薑附以導寒濕，白芍藥酸微寒，補金瀉木，以防熱傷肺氣為佐也，不數服良愈。〔註12〕

己巳年，土運不及，厥陰風木司天，司天之氣剋土運，風木之氣偏盛，是為天刑年。患者本胃虛，時值六月，恰為三之氣厥陰風木盛行之時，風木盛行剋傷脾土，加之連夜大雨，脾胃又為濕邪所困。醫者以補金瀉木之法治之，並甘辛大熱之劑瀉水補土。

第二節　運氣與瘟疫

一、當年化疫

歷史上眾多疫病，我們只需分析當年運氣的變化，便可以看出該年疫病

〔註12〕（明）江瓘著：《名醫類案》卷 1《中寒》，第 17 頁。

爆發的特點。

（1）乾隆戊子、癸丑年火疫

我們試以清代及建國以來疫病爆發的特點來看看當年運氣是如何運轉的。清代余霖在《疫疹一得·論疫疹因乎氣運》中記載：

> 乾隆戊子年，吾邑疫疹流行，一人得病，傳染一家，輕者十生八九，重者十存一二，合境之內，大率如斯。初起之時，先惡寒而後發熱，頭痛如劈，腰如被杖，腹如攪腸，嘔泄兼作，大小同病，萬人一轍。有作三陽治者，有作兩感治者，有作霍亂治者。迨至兩日，惡候蜂起，種種危症，難以枚舉。如此而死者，不可勝計。此天時之癘氣，人竟無可避者也。原夫至此之由，總不外乎氣運。人身一小天地，天地有如是之癘氣，人即有如是之癘疾，緣戊子歲少陰君火司天，大運主之，五、六月間，又少陰君火，加以少陽相火，小運主之，二之氣與三之氣合行其令，人身中只有一歲，焉能勝烈火之亢哉？醫者不按運氣，固執古方，百無一效。或有疑而商之者，彼即朗誦陳言，援以自證。要之執傷寒之法以治疫，焉有不死者乎？是人之死，不死於病而死於藥，不死於藥而竟死於執古方者之藥也。予因運氣，而悟疫症乃胃受外來之淫熱，非石膏不足以取效耳！且醫者意也，石膏者寒水也，以寒勝熱，以水剋火，每每投之百發百中。五月間餘亦染疫，凡邀治者，不能親身診視，叩其症狀，錄受其方，互相傳送，活人甚眾。癸丑京師多疫，即汪副憲、馮鴻臚亦以予方傳送，服他藥不效者，俱皆霍然。故筆之於書，名曰清瘟敗毒。隨症加減，詳列於後，並付治驗。〔註13〕

戊子年大運為火運太過，少陰君火司天，運氣相合，火熱為全年氣候特點。該年為天符年，氣候變化劇烈，「其病速而危」。五六月間，主氣又是少陽相火。三火相加，必發火疫。是故余霖斷此次疫情是胃受外來之淫熱，非石膏不足以取效。石膏，寒也。後創清瘟敗毒飲治療火疫，以寒勝火，故能起效。癸丑年亦是火運之年，尤其二之氣主事之時，客氣少陰君火與主氣少陽相火疊加，京師再發疫病，據上可以推知此疫亦為火疫，故而時人仍服用清瘟敗毒飲而有奇效。此事非孤證，在紀昀《閱微草堂筆記·石膏治瘟疫》中亦

〔註13〕 （清）余霖著：《疫疹一得》卷上《論疫疹因乎氣運》，南京：江蘇科學技術出版社，1985年，第27、28頁。

有記載：「乾隆癸丑春夏間，京中多疫。以張景岳法治之，十死八九；以吳又可法治之，亦不甚驗。有桐城一醫，以重劑石膏治馮鴻臚星實之姬，人見者駭異。然呼吸將絕，應手輒痊。踵其法者，活人無算。有一劑用至八兩，一人服至四斤者。雖劉守真之《原病式》、張子和之《儒門事親》，專用寒涼，亦未敢至是，實自古所未聞矣。……不知何以取效如此。此亦五運六氣，適值是年，未可執為定例也。」〔註14〕

（2）雍正癸丑年寒濕之疫

同樣是癸丑年疫情（此為雍正時期，非同年），葉天士則側重於歲運的勝氣及司天、在泉之氣的分析：

> 雍正癸丑，疫氣流行，撫吳使者屬葉天士制方救之。葉曰：時毒癘氣必應司天，癸丑濕土氣化運行，後天太陽寒水，濕寒合德，挾中運之火，流行氣交，陽光不治，疫氣大行。故凡人之脾胃虛者，乃應其癘氣，邪從口鼻皮毛而入，病從濕化者，發熱，目黃，胸滿，丹疹，泄瀉，當察其舌色，或淡白或舌心乾焦者，濕猶在氣分，甘露消毒丹治之。若壯熱旬日不解，神昏譫語斑疹，當察其舌鋒乾光圓硬，津涸液枯，是寒從火化，邪已入營矣，用神犀丹治之。〔註15〕

癸丑年火運不及，全年寒水之氣偏勝。太陰濕土司天，太陽寒水在泉。上半年濕氣主事，下半年寒氣主事，挾中運之火流行。陽光不治，疫氣大行。凡人之脾胃虛者，皆應其癘氣。或病從濕化，或寒從火化。前者用甘露消毒丹治之，後者用神犀丹治之。效如桴鼓。

（3）某年寒濕疫

與葉桂同時期的薛雪，在診斷某年疫情時，亦參以該年的司天在泉，而後立法開方：

> 今年天運寒水，地氣濕土，春夏雨濕泛潮，鬱勃穢濁之氣，人在氣交之中，口鼻觸受，直走胃絡募原，分布上下。如此症初病頭脹，痞悶嘔惡，必舌白，病全在氣分，為里中之表。芳香逐穢，淡滲逐痰。此不為僅以《陶氏全書》方案競進。彼寒分六經，熱犯三焦，不同道也。且醫藥初用即瀉，暑必挾濕也。消之不降，清之不

〔註14〕（清）紀昀著：《閱微草堂筆記》卷 18《姑妄聽之（四）》，北京：華夏出版社，2013 年，第 455 頁。

〔註15〕（清）魏之琇編：《續名醫類案》卷 5《疫》，第 135 頁。

應，此濕邪乃是無形，醫治卻是有形。今診脈小澀，舌乾口渴，不能湯飲。胸次軟而澀，仍有嘔逆之狀，當溫脾陽以運濕，仍佐辛香，可望其效。

　　草果　桂枝木　茯苓皮　厚朴　廣皮　木防己〔註16〕

該年為太陽寒水司天，太陰濕土在泉。全年氣候寒濕，故易產生寒濕疫氣。治療此類寒濕之疫，薛雪採用散寒祛濕、健運脾胃之方。是為對症下藥。

（4）子午卯酉年天花疫情

清代溫病大家吳瑭認為痘證（天花）的發病時間與運氣亦關係密切。他指出，天花多在子午卯酉年發病，蓋因天花胎毒藏於腎臟，腎與心，皆人身少陰君火所司之處。子午年少陰君火司天，卯酉年少陰君火在泉。天地之少陰君火與人身之少陰君火相搏，則激發天花：

　　治痘明家，古來不下數十，可稱盡善，不比溫病毫無把握，尚俟愚陋之瞽論也。但古人治法良多，而議病究未透徹來路，皆由不明六氣為病，與溫病之源。故論痘發之源者，只及其半，謂痘證為先天胎毒，由肝腎而脾胃而心肺，是矣。總未議及發於子午卯酉之年，而他年罕發者何故。蓋子午者，君火司天；卯酉者，君火在泉；人身之司君火者，少陰也。少陰有兩臟，心與腎也。先天之毒，藏於腎臟，腎者，坎也，有二陰以戀一陽，又以太陽寒水為腑，故不發也，必待君火之年，與人身君火之氣相搏，激而後發也。故北口外寒水凝結之所，永不發痘。蓋人生之胎毒如火藥，歲氣之君火如火線，非此引之不發。〔註17〕

（5）庚午年治疫二則

　　庚午暑挾濕寒治驗　庚午仲夏之朔，斯時溽暑早來，以歲支屬午君火司天也，故氣化先一步至。予偶步河梁間，仰見雲氣在中，微雨在下，烈日居上。日既酷烈，濕鬱乎下矣。因私揣，謂人有感斯氣而不作疾者乎！及抵舍，大雨如注，從午至申方止。惟雨大而且久，陰寒之氣大作，頃刻間炎蒸變為淒冷，儼然暮秋光景。予時

〔註16〕　（清）薛生白著：《掃葉莊醫案》卷3《春溫》，選自（清）薛生白、（清）也是山人著《掃葉莊醫案·也是山人醫案》，第119頁。

〔註17〕　（清）吳瑭著：《溫病條辨》卷6《痘證總論》，北京：人民衛生出版社，2005年，第202、203頁。

> 臆逆當有三疾變見，得先一日暑熱之氣者，宜與香薷黃連祛暑之劑
> 清之；得濕熱鬱蒸之氣而病者，當與感冒輕解之劑散之；得最後暴
> 寒之氣所襲者，宜與平胃、五苓辛溫藥矣。次日及門者，一如前三
> 法治之，毫髮不爽。惟所感或有淺深，而治法亦因之損益耳。〔註18〕

仲夏時節，客氣少陰君火加臨主氣少陽相火，暑熱之氣大盛。加之太陰濕土之氣氣化先至，致使溽暑早至，陰雨大作。此時患疫者，無外乎三種情況：一是感受暑熱之氣而病者，二是感受濕熱鬱蒸之氣而病者，三是感受暴寒之氣而病者。此三種病患，雖同感時氣而病，然病機不同，治法亦異。第一種患者，用香薷黃連祛暑之劑清熱；第二種患者，用感冒輕解之劑散邪；第三種患者，用平胃散、五苓散辛溫之劑解表。

> 庚午三氣二火治驗　庚午三氣二火重見，當季夏時暑令盛行，
> 時適科考。嘉湖文學俱僦居昭慶寺，然皆挾舟迢遞數百里，冒暑而
> 來，靡不感暑而病瘧者。如桐鄉錢平湖張嘉興卜諸文學，咸命予診
> 治。予惟以香薷、石膏、柴苓等解散暑邪。一投劑而寒熱立止，比
> 時有道古法而用清脾飲及常山、檳榔、半夏諸藥，鮮獲效者，蓋半
> 夏原屬辛燥之物，最為暑令所忌。況人當三伏時，無病亦渴，豈病
> 暑者而反能以此收功耶？明者當自鑒之。〔註19〕

季夏時節，三之氣當令之時，客氣少陰君火加臨主氣少陽相火，二火重見，科考人士多感受暑熱之邪發病。故醫者用藥據天時，以香薷解表，以石膏清裏熱，以柴胡解表裏。至於常用之方藥常山、檳榔、半夏諸藥，一無所取。蓋因其為辛燥之物，最為暑令所忌。

（6）建國後乙腦疫情

上世紀五六十年代，中國各地曾多次爆發乙型腦炎。廣大中醫工作者依據五運六氣理論成功消滅疫情。1957 年，值年丁酉（天刑），石家莊地區乙型腦炎流行，時任河北省衛生廳副廳長張錫純弟子郭可明查該年為木運不及，又受司天陽明燥金相剋，熱證劇烈，乃用加味白虎湯治療，效如桴鼓。1960年，值年庚子（同天符），廈門地區發生流行性乙型腦炎，當地中醫慮及歲金太過，陽明燥金在泉，燥氣流行，肝木受邪。故以白虎湯清燥，羚羊角、全蠍、蜈蚣、地龍平肝風。療效顯著。同年，北京地區乙型腦炎流行，北京中醫

〔註18〕（明）徐亦稚撰：《運氣商》，第 18 頁。
〔註19〕（明）徐亦稚撰：《運氣商》，第 19 頁。

先仿石家莊經驗，用加味白虎湯治療，療效甚微。後蒲輔周教授結合北京地區當時雨濕流行，按濕溫處置，重用蒼術加白虎湯化濕清熱，治99例皆愈。這裡需要注意的是，庚子年乃同天符之年，本燥化偏勝，但北京實際氣候卻是濕溫流行。醫家當以實際為準，不可執於教條。醫者意也，運氣給後世醫家的啟示，是結合天人感應，全方位考慮問題，而非定下框架不可逾越。執於運氣條文而不參實際氣候者，一如執於古方而不參運氣者也。

（7）2003年SARS疫情「金疫」

2003年爆發的SARS疫情，亦可用當年運氣的變化來分析。2002年，歲次壬午，小逆之年，木運太過，君火司天，燥金在泉。木運生火氣，當年冬季出現暖冬現象。2003年，歲次癸未，小逆之年，火運不及，上太陰濕土司天，下太陽寒水在泉。由於火運不及，亦受勝氣寒水壓制和復氣濕土侵犯，從而春季出現倒春寒的寒濕氣候現象。冬春之際連續氣候異常，風、寒、濕連同「SARS」病毒共同侵犯人體，使時人處於「寒包火」狀態。到了二之氣之時（春分至小滿），主客氣均為少陰君火，原先受到抑制的火氣爆發，引起大面積瘟疫流行。細查當年我國氣候，春天大部分地區陰雨綿綿，尤其廣東省，寒濕之氣盛與往年。3月21日進入二之氣時段後，此時華北地區SARS忽然爆發。立夏之後，SARS明顯回落，至小滿前後步入三之氣，疫情基本得到控制。此時客氣太陰濕土加臨主氣少陽相火，火氣明顯回落。SARS疫情從爆發到消失，幾於運氣分析毫釐不差。

癸未年（丑未年）客主加臨圖

二、三年化疫

古人認為，瘟疫的發生不僅與當年的氣候變化緊密有關，而且有時甚至與往年氣候的變化也有著必然的聯繫。《素問遺篇・刺法論》和《素問遺篇・本病論》都認為瘟疫的發生與近三年的運氣變化都有關係，即所謂三年化疫。至於三年化疫的原因，按《素問・刺法論》的解釋，為當年司天之氣與在泉之氣剛柔上下失守，從而導致三年後相關疫情的爆發。

> 黃帝問曰：「剛柔二干，失守其位，使天運之氣皆虛乎？與民為病，可得平乎？」
>
> 岐伯曰：「深乎哉問！明其奧旨，天地迭移，三年化疫，是謂根之可見，必有逃門。
>
> 假令甲子剛柔失守，剛未正，柔孤而有虧，時序不令，即音律非從，如此三年，變大疫也。……
>
> 假令丙寅剛柔失守，上剛干失守，下柔不可獨主之，中水運非太過，不可執法而定之。布天有餘，而失守上正，天地不合，即律呂音異，如此即天運失序，後三年變疫。……
>
> 假令庚辰剛柔失守，上位失守，下位無合，乙庚金運，故非相招，布天未退，中運勝來，上下相錯，謂之失守，姑洗林鍾，商音不應也。如此則天運化易，三年變大疫。……又或在下地甲子乙未失守者，即乙柔干，即上庚獨治之，亦名失守者，即天運孤主之，三年變癘，名曰金癘，其至待時也。
>
> 假令壬午剛柔失守，上壬未近正，下丁獨然，即雖陽年，虧及不同，上下失守，相招其有期，差之微甚，各有其數也，律呂二角，失而不和，同音有日，微甚如見，三年大疫。
>
> 假令戊申剛柔失守，戊癸雖火運，陽年不太過也，上失其剛，柔地獨主，其氣不正，故有邪干，迭移其位，差有淺深，欲至將合，音律先同，如此天運失時，三年之中，火疫至矣……又或地下甲子癸亥失守者，即柔失守位也，即上失其剛也。即亦名戊癸不相合德者也，即運與地虛，後三年變癘，即名火癘。」〔註20〕

這裡的「剛」，指司天之氣；「柔」，指在泉之氣。由於上一年司天之氣

〔註20〕《黃帝內經素問》附《黃帝內經素問遺篇・刺法論》，第579～581頁。

太過不退位，致使下一年司天之氣不能遷正，但是下一年在泉之氣已經到位，此時上下之氣不能呼應，此即謂剛柔失守。剛柔失守後三年，很可能爆發「五疫」，即木疫、火疫、土疫、金疫與水疫。五疫定性的緣由，起於疫情爆發三年前剛柔失守之年的歲運五行屬性。即甲己失守，後三年化成土疫；乙庚失守，後三年化為金疫；丙辛失守，後三年化成水疫；丁壬失守，後三年化成木疫；戊癸失守，後三年化為火疫。清代名醫薛雪就強調治療瘟疫要結合三年中司天在泉等五運六氣進行綜合考慮：「凡大疫之年，多有難識之症，醫者絕無把握，方藥雜投，夭枉不少，要得其總決，當就三年中司天在泉，推氣候之相乖者在何處，再合本年之司天在泉求之，以此用藥，雖不中，不遠矣。」〔註21〕

（1）2003 年 SARS 疫情

試以上文所述庚辰年剛柔失守為例說明之。《素問遺篇・本病論》對該年剛柔失守現象解讀到：「假令庚辰陽年太過，如己卯天數有餘者，雖交得庚辰年也，陽明猶尚治天，地已遷正，太陰司地，去歲少陰以作右間，即天陽明而地太陰也，故地不奉天也。乙巳相會，金運太虛，反受火勝，故非太過也，即姑洗之管，太商不應，火勝熱化，水復寒刑，此乙庚失守，其後三年化成金疫也，速至壬午，徐至癸未，金疫至也。」〔註22〕庚辰年，金運太過。由於之前一年己卯年司天之氣陽明燥金太過不退位，致使庚辰年司天之氣太陽寒水不能遷正，發揮作用。但是該年在泉之氣太陰濕土已經到位。司天之氣陽明燥金與在泉之氣太陰濕土不相匹配，這就造成地不奉天的剛柔上下失守現象。這種異常情況會影響到此後二到三年（壬午或癸未年），導致金疫的發生。

2003 年的「非典」事件，那次著名的瘟疫，以肺部感染為主要病症，即上文所謂的金疫。若以三年化疫理論推之，2003 年為癸未年，前推三年恰為庚辰年。其瘟疫的演變發生，一如上文金疫的描述。故三年化疫理論在現實中，有重要的臨床應用價值。

〔註21〕（清）唐笠山輯：《吳醫匯講》卷2《日講雜記》，北京：中國中醫藥出版社，2013 年，第 19、20 頁。
〔註22〕《黃帝內經素問》附《黃帝內經素問遺篇・本病論》，第 590 頁。

1999～2003 年金疫「SARS」運氣分析表

1999 年	2000 年	2001 年	2002 年	2003 年
己卯	庚辰	辛巳	壬午	癸未
小逆。司天之氣陽明燥金太過。	小逆。金運太過，上年司天之氣陽明燥金不退位，金氣太過。本年司天之氣太陽寒水不能遷正。本年在泉之氣太陰濕土到位，剛柔上下失守。為三年後金疫的爆發埋下伏筆。	小逆	小逆。木運太過，君火司天，燥金在泉。木運生火氣，冬季出現暖冬現象。	小逆。火運不及，上太陰濕土司天，下太陽寒水在泉。火運受勝氣寒水壓制和復氣濕土侵犯，從而春季出現倒春寒的寒濕氣候現象。二之氣之時，主客氣均為少陰君火，原先受到抑制的火氣爆發，易引起大面積金疫流行。

（2）金代壬辰年「土疫」

我們再以歷史實例來驗證三年化疫的觀點正確與否。

首先來說金朝末年開封城的那場死亡百萬的大瘟疫。按照李杲之意，壬辰年（1232）開封城這場大瘟疫，是一場由脾胃功能失調引發的大瘟疫，與平常所見火熱之疫不同。據李杲《內外傷辨惑論》記載：

> 向者壬辰改元，京師戒嚴，迨三月下旬，受敵者凡半月。解圍之後，都人之不受病者萬無一二。既病而死者，繼踵而不絕。都門十有二所，每日各門所送，多者二千，少者不下一千，似此者幾三月。此百萬人豈俱感風寒外傷者耶？大抵人在圍城中，飲食不節，及勞役所傷，不待言而知。由其朝饑暮飽，起居不時，寒溫失所，動經三兩月，胃氣虧乏久矣，一旦飽食太過，感而傷人，而又調治失宜，其死也無疑矣。〔註23〕

我們亦以三年化疫的理論來分析這場瘟疫。壬辰年（1232）向前推三年即己丑年（1229）。《素問遺篇・本病論》載「甲己失守，後三年化成土疫」，若 1229 年運氣失常，剛柔上下失守，則三年後的壬辰年應發土疫，即一種與脾胃關係密切的疫病。雖然壬辰年那場可怕的瘟疫，今人已不能完全探其究竟，但是從李杲創立脾胃學說，以補中益氣湯治之，收效顯著而論，顯然《黃帝內經》這一論述與李東垣所經歷的那場瘟疫性質是相吻合的。

〔註23〕（金）李東垣著：《內外傷辨惑論》卷上《辨陰證陽證》，北京：中國醫藥科技出版社，2011 年，第 3 頁。

1228～1232 年土疫運氣分析表

1228 年	1229 年	1230 年	1231 年	1232 年
戊子	己丑	庚寅	辛卯	壬辰
天符（偏勝）年。火運太過。司天之氣少陰君火亦太過。	太乙天符年。上年司天之氣少陰君火不退位，本年司天之氣太陰濕土不遷正，在泉之氣太陽寒水到位，剛柔上下失守。為三年后土疫的爆發埋下伏筆。	平氣	平氣	順化。三月下旬（穀雨後）二之氣主氣少陰君火，客氣陽明燥金，主剋客，乃為逆，土疫爆發。

（3）崇禎辛巳年「火疫」

再比如明末崇禎年間的那場大瘟疫。那場瘟疫幾乎席捲大半個中國，時名醫吳有性親臨其中。《溫疫論・原序》載：「崇禎辛巳，疫氣流行，山東、浙省、南北兩直，感者尤多，至五六月益甚，或至闔門傳染。」[註24] 按照三年化疫的理論進行推理，辛巳年（1641）前推三年是戊寅年（1638）。戊癸化火，若戊寅年天運失常，必將導致三年後的火疫。據史料記載，戊寅年恰天運失常，其年大旱。而爆發於辛巳年的這場瘟疫，疫病特性恰偏於火熱。吳有性之師不明此理，仍以傷寒法治之，結果卻是藥到人亡。「始發之際，時師誤以傷寒法治之，未嘗見其不殆也。」吳有性改以苦寒之藥攻之，立起沉疴。

1637～1641 年火疫運氣分析表

1637 年	1638 年	1639 年	1640 年	1641 年
丁丑	戊寅	己卯	庚辰	辛巳
不和	天符（偏勝）年。其年大旱。上年司天之氣太陰濕土不退位，本年司天之氣少陽相火不遷正。在泉之氣厥陰風木到位，剛柔上下失守。為三年後火疫的爆發埋下伏筆。	小逆	小逆	小逆。該年初之氣及二之氣時，皆為客氣剋主氣，不相得，火疫爆發。

（4）乾隆甲子年「水疫」

再看楊栗山《傷寒溫疫條辨》記載：「肇於乾隆九年甲子，猶及謝事，寒水大運，證多陰寒，治多溫補。縱有毒火之證，亦屬強弩之末。自茲已後，而陽火之證漸漸多矣。向溫補宜重者變而從輕，清瀉宜輕者變而從重。」[註25] 乾隆九年（1744）為什麼證多陰寒？如果我們向前推三年，辛酉年（1741）歲

〔註24〕　（明）吳有性撰：《溫疫論・自序》，北京：中國醫藥科技出版社，2018 年。
〔註25〕　（清）楊璿著：《傷寒溫疫條辨》，北京：學苑出版社，2006 年，第 18 頁。

運恰為水運。如果辛酉年運氣失常，那麼三年後的甲子年（秋分至小雪間）極易發生水疫。瘟疫的症狀便是證多陰寒，治多溫補。所以，當時原本溫補宜重者變而從輕，原本清瀉宜輕者變而從重。

1740～1744年水疫運氣分析表

1740年	1741年	1742年	1743年	1744年
庚申	辛酉	壬戌	癸亥	甲子
平氣	平氣。上年司天之氣少陽相火不退位，本年司天之氣陽明燥金不遷正，在泉之氣少陰君火到位，剛柔上下失守。為三年後水疫的爆發埋下伏筆。	順化	同歲會（平氣）	順化。該年度唯五之氣時客氣少陽相火剋主氣陽明燥金，不相得，水疫爆發。

綜上所述可見，三年化疫之三四年間的歲運運氣變化具有一定規律性。首先，疫情爆發前三年的歲運勝氣相加，司天在泉不相配合，地不奉天，氣運失守。此後三年間可能爆發與本年歲運五行相同屬性的瘟疫。其次，疫情當年歲運為三年前歲運所侮。三年前氣候異常變化的強弱程度也與三年後五疫疫情的輕重程度正相關。三年前氣候輕微異常，則三年後疫情輕微；三年前氣候嚴重異常，則三年後疫情亦嚴重。

延伸閱讀：新型冠狀肺炎疫情的運氣分析

近兩年來，新型冠狀病毒肺炎疫情席捲全球，令世人談之色變。雖然此次疫情的直接致病源是新型冠狀病毒，但是《黃帝內經》對疫病的發生，從來就有天、人、邪「三虛致疫」的理論。歷史上的大疫，沒有相應的運氣條件，光有病毒是孤掌難鳴的。2003年SARS疫情的忽然爆發和消失，就是很好的現實例證。同理，2020年年初爆發並持續至今的新型冠狀病毒疫情，我們也可以從運氣的角度予以解讀。

一、庚子～壬寅年運氣分析

庚子年為同天符年，即該年本為歲運太過之年，兼與在泉之氣五行屬性相同，故在運氣同化年中，屬於氣化偏勝之年。前文已知，運氣同化之年，由於彼此之間同氣化合，失去相互制約，致使氣象變化單一，可能造成一氣偏盛獨治的異常氣候現象，容易給人體造成一定危害。

庚子年一年六時主客之氣的相得順逆情況如下：客氣初之氣太陽寒水生

主氣初之氣厥陰風木，乃相得；客氣二之氣厥陰風木生主氣二之氣少陰君火，乃相得；客氣司天之氣少陰君火加臨於主氣三之氣少陽相火之上，乃為順；客氣四之氣太陰濕土同於主氣四之氣，乃相得；客氣五之氣少陽相火剋主氣五之氣陽明燥金，雖不相得，仍為順；客氣在泉之氣陽明燥金生主氣終之氣太陽寒水，乃為順。綜上分析，除卻五之氣當令期間氣候略有異常外，庚子年全年氣候較為正常，人們不易患病。

庚子年（子午年）客主加臨圖

　　上述分析顯然與庚子年上半年的新冠疫情之猛烈形成鮮明對比。因此，單從六氣客主加臨情況，還不能有效分析庚子年全年的氣候變化特點和易發疾病。我們還需從運氣之間乃至於三年化疫等角度審視該年的氣候特點以及新型冠狀病毒肺炎產生發展的趨勢。

　　從歲運與司天之氣之間的關係來看，該年上半年，司天之氣少陰君火剋太過之金運。火剋金，氣剋運，本來是金運太過，但有火來剋金，正好使得金氣就不那麼旺了，則上半年又為平氣之年特徵。平氣之年，氣候平和，疾病流行較少，即使發病，病情也較單純。從上半年易爆發疾病來看，上半年由少陰君火司天主令，火為熱，熱灼於金，容易出現肺病。且火氣上逆，上灼於頭，亦容易出現心腦血管疾病。因此上半年，還應該相對重視肺病和心腦血管疾病的爆發。不過因為過旺的金運被剋，金運處於正常的水平。金就不會有剝奪之象。其雖主肅殺，但無殘害之象，五行氣化得以宣暢清明。故而上半年其氣潔淨，其性剛強，其生化能使萬物結實收斂。人體得以在較舒適環境中健康成長。

　　庚子年的大運為金運太過，又得到陽明燥金在泉之氣的加強，故該年下

半年金氣偏勝，秋涼之氣更加強勁，涼風蕭瑟，肅殺凋零。人感受了這種秋金之氣，則容易發病為大小便清泄、下體清冷。而且，下半年金氣過旺，肺容易生病。金旺則剋木，影響肝膽氣機生發，亦容易出現抑鬱。同天符年的一氣偏盛獨治的異常氣候現象，主要發生在此時。《黃帝內經》講：天符為執法，「中執法者，其病速而危」。同天符亦類似於天符，意味著 2020 年下半年也會出現一些速而危的疾病。

總之，從運氣相合的角度來分析，整個庚子年屬於寒熱錯雜，且上熱下寒，上半年偏熱而下半年偏寒。上半年為少陰君火當令，火灼於金，容易見肺部熱症；下半年為陽明燥金當令，與大運的庚金相合，兩金疊加，肅殺力強，人們易傷於秋燥，燥傷肺，因此容易出現各種與肺相關的寒涼疾病。庚子年下半年是肺病較為流行的時期。上半年的新型冠狀病毒肺炎雖已逐漸得到控制，但是下半年秋冬之際天氣轉涼之時，新一輪肺炎的爆發幾率仍然較高，需要社會各界人士加以重視。從後來看，實際情況是，該年 3 月份我國疫情便很快消退。國內第一波疫情得到很好控制。但是 10 月份以後又出現第二波疫情，疫情反覆纏綿，難以徹底消退。

2021 年辛丑年疫情發生情況則比較特殊，未能盡合該年的運氣分析。其主要原因是該年實際氣候反常，擾亂運氣格局。從理論上講，該年二之氣客氣、主氣均為少陰君火，二火迭加，容易產生疫情。經曰「其病溫屬大行，遠近咸若」。可是後來的實際情況是，一之氣時出現明顯燥象，此時的主客之氣厥陰風木未能及時加臨。至三月驚蟄前後大風突降，這是一之氣推遲至二之氣發作。而後倒春寒，三四月份氣溫明顯偏低，理論上二之氣的二火迭加情況並未出現，「溫屬大行」的疫情當然也未出現。五月上旬，氣溫驟升，二之氣少陰君火又推至三之氣之時鬱發。三之氣太陰濕土的後移則使四之氣時主客之氣皆為太陰濕土，從而導致鄭州特大暴雨和全國多地水災。以後每一時段客氣的逐一後延，使原本較好的運氣格局被擾亂，各地疫情不斷。而該年冬季冬令失藏，致使「冬不藏精，春必病溫」，故而疫情一直到第二年年初，也未見消停。辛丑年的經驗告訴我們，五運六氣的預測不能僅靠古人書本的記載，《內經》強調「時有常位而氣無必也」。疫情的運氣預測，不僅要查閱古訓，也要依據實際氣候的觀察結果。辛丑年的剛柔失守，不僅增加了運氣預測的難度，而且從三年化疫的角度考量，也預示著三年後，即甲辰年或有一場新的疫情——水疫即將爆發。這是尤其值得當下世人警醒的。

癸未年（丑未年）客主加臨圖

　　今年是壬寅年，仍如庚子年，為同天符年。客主加臨，六氣皆為相得。唯下半年木氣偏盛，經曰：「歲木太過，風氣流行，脾土受邪。民病飧泄，食減，體重，煩冤，腸鳴腹支滿，上應歲星。甚則忽忽善怒，眩冒巔疾。化氣不政，生氣獨治，雲物飛動，草木不寧，甚而搖落，反脅痛而吐甚，沖陽絕者死不治，上應太白星。」受辛丑年氣候疫情的影響，今年年初仍疫情多發，但結合本年的運氣特點來看，今年疫情不會泛濫。很可能在初之氣後半段，本輪疫情即將終結。只是下半年疫情恐仍有反覆之勢。不過，相信在政府的大力管控下，在中醫藥的積極參與下，壬寅年新冠疫情影響將日漸式微。

壬寅年（寅申年）客主加臨圖

二、三年化疫分析

若從三年化疫的角度來分析，庚子年的新型冠狀病毒肺炎疫情的爆發是否可從三年前（丁酉年）尋求蛛絲馬蹟，並進而歸結為「金疫」？檢索《黃帝內經》，確有相關記載，但是其所生成疫情乃稱「木癘」，而非「金疫」。《素問遺篇·刺法論》云：「又或地下甲子，丁酉失守其位，未得中司，即氣不當位，下不與壬奉合者，亦名失守，非名合德，故柔不附剛，即地運不合，三年變癘，其刺法亦如木疫之法。」〔註26〕

按，三年前丁酉歲的地不奉天「柔不附剛」，而後「三年化疫」，故今之疫當為「伏燥」「木癘」。顧植山認為，此次新冠肺炎，「伏燥」和「木癘」之氣是貫穿始終的病機之本。主要病機中「伏燥」易耗損心肺。尤其新冠肺炎的重症，都是內燥較甚者。但其實伏燥傷肺、肝、腎之陰，故新冠肺炎的病機是三陰同病。木疫傷肝，《柳葉刀》文章報導大多數人有肝損害，國內臨床報導亦可見患者出現肝功損壞和蛋白尿，這些符合《黃帝內經》上「木癘」的講法。我們注意到一些新冠病人早期並沒有肺部病灶，甚至有的病人沒有明顯發熱和肺部炎性病灶，看到許多病人感冒樣症狀進了醫院，在治療過程中症狀越來越嚴重。若能在早期進行正確的中醫運氣診療，應該有可能把多數患者阻斷在發生「肺炎」之前。〔註27〕

無獨有偶，南昌市洪都中醫院副院長熊鳴峰在南昌大學第一附屬醫院象湖院區通過一個月的一線臨床觀察，亦發現新冠肺炎患者除肺部受損，肝經也明顯虛弱，一些患者有腹瀉症狀，多為膽汁淤積肝臟充血所致。因此，他提出從肝論治。這一提早發現，已被循證醫學和解剖研究證實。熊鳴峰及其團隊結合江西地域、氣候特點，從阻斷肺肝傳導途徑入手，按照養肝、疏肝、柔肝、平肝原則確定了 5 種治療方劑。這些舉措，為在病情發展早期及時採取措施贏得先機。〔註28〕

《黃帝內經》對丁酉歲後三年所化之疫不稱「金疫」而稱「木癘」，耐人尋味。而從顧植山、熊鳴峰等中醫的診療思路來看，把新冠病毒感染一概稱為「肺炎」值得商榷。新冠病毒引起的疾病稱為肝病可能更為妥帖。

〔註26〕《黃帝內經素問》附《黃帝內經素問遺篇·刺法論》，第 581 頁。
〔註27〕顧植山：《五運六氣看當前新型冠狀病毒肺炎疫情》，《世界中醫藥》2020 年第 2 期。
〔註28〕劉健、吳鍾昊、高皓亮、袁慧晶：《疫情下一群中西醫的「混合雙打」》，《新華每日電訊》2020 年 3 月 17 日。

　　從三年化疫的角度比較，2017 年丁酉年的「柔不附剛」並沒有 2000 年庚辰年的「剛柔失守」那麼強烈，所以新冠肺炎的烈性程度也比不上 SARS。但是新冠肺炎的傳染性則強於 SARS。新冠疫情發生於歲氣交接之際，又有三年化疫的伏邪因素，病機錯綜複雜又隨時變化，故治療亦需要察運因變，靈活機動。其既稱「木癘」，上要和木抗金，下要固土禦木，另要兼顧寒、火，對中醫整體辨證能力的要求極高。

第八章　命理與健康

第一節　命理術概述

　　命理術，是術數的一種。它是中國古代發展起來的以一個人的出生時間為依據，以陰陽五行理論為推命方法，描寫並預測個人命運的術數。在中國古代社會，以理性主義為主導的儒家雖然主張不語怪力亂神，反對淫祀活動，但是對命運的信仰卻由來已久。從先秦時期開始，儒家對於世間的種種富貴貧賤、榮辱不定、生死無常等現象，有時不得其解，只能看成人所稟受自天，並強名之曰「命」。他們普遍認為命發源於天，由上天指掌。孔子曰：「死生有命，富貴在天。」〔註1〕一個人的命的貴賤完全取決於天而不取決於人。故知命者，可以洞悉天命而知道。這樣的人，方可論君子。「不知命，無以為君子也。」〔註2〕孟子也認為，人生諸事的發生，看似無緣無故，實則均由天命主宰。「莫之為而為者，天也；莫之至而至者，命也。」〔註3〕中國人自先秦起便建立起的這套「認命」的觀念，為後世命理術的出現及兩千年來的命理信仰奠定了堅實的思想基礎。

　　唐宋以來，人們對命理術的起源眾說紛紜。這些說法大致可以歸結為以下幾種：其一認為命理術起自先秦，其二認為命理術起於漢初或兩漢，其三認為

〔註1〕黃懷信主撰：《論語彙校集釋》卷12《顏淵第十二》，上海：上海古籍出版社，2008年，第1076頁。
〔註2〕黃懷信主撰：《論語彙校集釋》卷20《堯曰第二十》，第1747頁。
〔註3〕楊伯峻譯注：《孟子譯注》，北京：中華書局，2010年，第204、205頁。

命理術源於唐初或唐代中後期。總體來講，以上諸說或出於古人的臆斷或市井傳言，或源於古人對個別文獻斷章取義的考據，均缺乏足夠的論證。程佩於《宋代命理術研究》一書中認為，中國古代命理術，發軔於魏晉，獨立於南北朝，至隋唐初步完成其古法的定型。後歷經兩宋的不斷深化改進，命理術古法日趨完善。與此同時，南宋後期，新法出現，並以蓬勃之勢迅速發展。至明清兩代，新法逐漸取代古法成為命理術正宗，其影響力至今延續。〔註4〕

一、命理術古法

命理術古法，一種以李虛中術為代表的盛行於唐宋時期的命理術推命方法。其法以年柱為主，視各柱干支、納音或神殺與年柱的利害關係來推命。由於古法使用者中，唐代李虛中最負盛名，故而又將其稱之為李虛中術。

隋唐五代時期，命理術古法逐漸完善定型。雖然由於文獻的缺乏，今人難以全面考量這一時期命理術的發展狀況，但是從隋代唐初留下的一些記載以及近代以來發現的敦煌文獻的相關文書中，還是可以看到當時命理術發展的大體情況。至宋代，命理術古法迎來發展的黃金時期，這從當時著錄的命理書籍數量、命理術於眾多術數中的地位、宋人對其熟悉程度可判大概。南宋晁公武稱：「自古術數之學多矣。言五行則本《洪範》，言卜筮則本《周易》。近時兩者之學殆絕，而最盛於世者，葬書、相術、五星、祿命、六壬、遁甲、星禽而已。」〔註5〕周必大在《五行精紀》序言中說：「今士大夫至田夫野老，人人喜於談命，故其書滿天下。」〔註6〕南宋費袞則進一步證實了這一說法：「近世士大夫多喜談命，往往自能推步，有精絕者。」〔註7〕宋末文天祥也提

〔註4〕程佩著：《宋代命理術研究》，新北：花木蘭文化出版社，2019年。
〔註5〕（宋）晁公武撰：《郡齋讀書志》卷14《五行類》，《宋元明清書目題跋叢刊》（第二冊），北京：中華書局，2006年，第364頁。晁公武此說雖有一定現實依據，但是我們還需要對他提到的這七種術數做具體分析。比如六壬、遁甲與太一（乙）皆為「三式」，這三種術數於宋代基本上成為官方掌控的秘學。南宋秦九韶（1208～1261）曰：「太乙、壬、甲，謂之三式，皆曰內算，言其秘也。」（《數學九章·序》，文津閣《四庫全書》第264冊，第113頁）。雖然唐時政府並不禁止三式，入宋後習之者應也不少，但是隨著政府力量的介入，這三類術數逐漸退出了民間的卜算市場。一些學者認為，至南宋末，精於三式者已經很少了。參見趙益著《古典術數文獻述論稿》，北京：中華書局，2005年，第195、196頁。
〔註6〕（宋）廖中撰：《五行精紀·周序》。
〔註7〕（宋）費袞撰：《梁溪漫志》卷9《談命》，金圓校點，上海：上海古籍出版社，2001年。

及當時的命理書籍的泛濫：「天下命書多矣。」〔註8〕看來直至南宋末年，命理術古法尚盛行不衰，而在此基礎上形成的命理文化也逐漸深入人心。

古法的論命，首先以年柱三命為主。與明清以來子平術論命以日干為主不同，古法時期的命理術在推命時，絕大多數情況下是以年柱為主，其他三（四）柱為輔的。不少命理文獻將年柱視為身命。這也就是說，命局的論命重心是在年柱上。宋人常視年柱為己身，故其判命也以年柱身命為主，但凡身命處福聚之地，即可判為富貴之命；但凡身命陷禍聚之地，就難逃凶災卑賤。然而細看這個福聚、禍聚之地，發現其實裏面包含了眾多判命的因素，比如五行間的刑沖害合、神殺吉凶、命主得地與否……所謂的福聚、禍聚之地只是諸多判命法則籠統的說法。因此，具體到對它的應用，不少的問題及矛盾就會凸顯出來。比如五行福聚之地，難以求全，而不同貴命所臨之福亦各有差。

古法命理術中，年柱納音、年干、年支三者的具體作用是不同的，古人往往將此三者通稱為三命。而在具體的推命過程中，一些命理術士可能使用年柱納音，一些命理術士可能著眼於年柱天干，還有一些命理術士可能是以年柱地支為主。在這裡首先要搞清楚三命的真正含義。古代命理書籍中常常提到「三命」這個概念。許多命理書甚至直接以「三命」來冠名，如宋代的《三命提要》、《三命指掌》、《三命纂局》、《三命指迷賦》，明代的《三命通會》等等。那麼，這些三命究竟是何含義呢？

三命一詞是起源於唐代道教，後被引入命理術中，並於宋代逐漸成為命理術之代稱。三命即指祿——年干、命——年支、身——年柱納音。年干為祿，定貴賤；年支為命，定修短；年柱納音為身，察盛衰。宋人王廷光和宋代命理文獻《金書命訣》都講到了命理術中三命之所指：

> 談命者當分祿命身，以干配祿，以支合命，以納音論身，之謂三命。(《珞琭子》王廷光注文) 〔註9〕

> 干為祿，定貴賤，支為命，定修短，納音為身，察盛衰。(《金書命訣》) 〔註10〕

〔註8〕 （宋）文天祥撰：《文山集》卷13《贈談命朱斗南序》，文津閣《四庫全書》第395冊，第688頁。

〔註9〕 （宋）廖中撰：《五行精紀》卷6《並論干神》，第49頁。

〔註10〕 （宋）廖中撰：《五行精紀》卷9《論五行三》，第76頁。

古往今來，人們找術士看命，無非就是想知道自己的健康壽夭、禍福貴賤等情況，而祿、命、身三者，基本上涵蓋了人們的上述所求。故而也就不難理解為何會見到如此多的宋明命理文獻冠以「三命」之名了。

二、命理術古法的推理方法

古法推理的手段，一是依據納音五行、神煞的特殊組合，進行喻象分析；二是依據命局內各柱間的生剋關係，推斷貴賤吉凶。

所謂的喻象分析，簡而言之，就是將納音五行、干支、神煞等諸多元素所喻之象，通過類比想像而延伸到人的命運上。這些喻象，往往會構成自然界的一些景觀、物質。人們通過對這些景觀、物質的性質、作用、宜忌以及人類對它們所賦予的品性的描述，來類比個人的才華、品性及貴賤。喻象分析不比後世子平術中的關係分析要求分析者有縝密的邏輯分析及系統思維的能力。喻象分析對分析者要求更多的是對喻象的豐富聯想力。做喻象推命者，需要具備在象與命之間解釋它們共通性的能力。

喻象分析，首重納音。唐宋命理文獻，納音五行的應用，要多於正五行和真五行。納音五行，本書第四章第三節已有詳論，此處不再贅述。唐宋命理術士主要通過特殊的納音五行組合來進行推理。他們通常把這種特殊的組合，稱之為「格」。入貴格者，大多為王侯將相；入賤格者，貧困夭折者居多。比如，四柱八字中，若有甲子、乙丑海中金遇到己未天上火時，便稱蚌珠照月格。若甲子、乙丑海中金遇癸亥大海水，則為珠藏淵海格。能入其格者，皆是貴人。至於原因，從喻象角度解釋，海中金是太陰之氣凝金於氣海胞胎，藏於氣海龍宮之中，乃有名無形之珠。己未是太陰火，乃月亮。甲己合化，恰似蚌殼內珍珠映照月光，此便是蚌珠照月格之喻象。若海中金遇大海水，深海藏金，則是珠藏淵海格之喻象。由此可見，納音五行所組格之推理依據，基本就是靠喻象分析。

然喻象分析之應用，非侷限於納音五行，其在干支正五行、真五行、神煞等領域一樣應用廣泛。其中，神煞之喻象分析，又尤具普遍性和代表性。神煞本意所指，乃是天上的星宿神煞。古人認為，人命的好壞與這些星宿神煞關係很密切。因而古代很多術數都將神煞引入其算命體系。但是事實上，天上的神煞與人間命理術中的神煞並沒有直接的聯繫。命理術中的神煞，「是根據命理四柱五行生剋制化的演繹，對某一範疇的事物做出的具體規範並進

行形象比喻的術語」〔註11〕。古代的命理術士，從陰陽五行生剋制化的原理出發，把天干、地支、納音之間的某種特定的組合形式規定為固定的格式或公式，並賦予這些格式或公式一定的命理意義，然後再冠之以一個個神殺之名。說白了，神殺就是這些格式或公式的神秘化代稱。剝去神殺的神秘外衣，其本質也就是一些干支特定組合的格。唐宋時期的命理術，處在推命體系尚未完善的階段，很多論命過程就是單純的神殺喻象推理。當時的命理術士們靠著自己豐富的聯想為一個個命造編織著多彩的命運：

　　　　寅申庚甲，商途吏人。

　　　　寅為功曹，主曹吏。申為傳送，主道路，上又見庚甲者商路，
　　　或公吏人也。又云：甲為青龍，庚為白虎，白虎主道路，青龍主文
　　　書、財物，故上言耳。假令庚寅人、甲申日時，或甲申人、庚寅日，
　　　或子午卯酉諸命，但有庚甲寅申者，應上文也。〔註12〕

　　　　癸乙壬加卯酉，男女私情。

　　　　癸為玄武，乙為六合，壬為天後，卯、酉為私門，忌之，男女
　　　多奸私也。假令乙卯年、壬午月、癸酉日、乙卯時，此應耳。〔註13〕

第一例中，以命局天干中有庚甲，地支中有寅申，判此人或為商販，或為吏卒。其因為何？蓋庚為白虎，白虎主道路奔波。甲為青龍，青龍主文書、財物。寅為功曹，功曹主小吏。申為傳送，傳送主道路。當以上這些神殺匯聚一堂時，命理術士們便展開想像的翅膀，判四柱中有寅申庚甲的人或為商販，販賣財物；或為吏卒，時常奔波於道路，傳遞消息。如此，一個單靠神殺的斷命便完成了。

　　再看第二例。一個人四柱天干中有癸、乙、壬，地支中有卯、酉，則此人身上必有男女奸私之事發生。原因何在？因為癸為玄武，玄武主盜竊。乙為六合，六合主私事。壬為天後，天後主淫女。卯酉皆主門戶。試想，當一個人命中神殺出現門戶、盜竊、淫女之象徵事物，不是很容易判其人門戶不正，家有男盜女娼之事嗎？這樣，單靠著神殺的組合，就可以完成一個個命運的推斷。這就是命理古法喻象分析的應用。

〔註11〕凌志軒著：《古代命理學研究：命理基礎》，廣州：中山大學出版社，2013年，
　　　　第261頁。
〔註12〕《玉照定真經》，文淵閣《四庫全書》第809冊，第31頁。
〔註13〕《玉照定真經》，文淵閣《四庫全書》第809冊，第31頁。

　　命理古法推理的另一種方式，是通過各柱間的生剋關係來斷定吉凶。命局無論四柱五柱，皆以年柱為尊為己。從年柱開始，到胎柱、月柱、日柱、時柱，一個從上到下、由尊至卑的序列便形成了。如果不考慮胎元一柱，那麼四柱間從尊到卑的順序依次是年、月、日、時；如果加上胎元一柱，那麼五柱間的尊卑順序則依次為年、胎、月、日、時。釋曇瑩云：「立年為尊，其胎月日時資以次之。」〔註14〕《鬼谷子遺文》云：「五行各有奇儀，須分逆順，歲、胎、月、日、時者順。時、日、月、胎、年者逆。」〔註15〕依照命局中四（五）柱間的尊卑順序，命理術古法確立了推命的兩條基本規則。一是以尊生卑為賤，卑生尊為貴；二是以尊剋卑為治，卑剋尊為逆。

　　舉例來說，所謂的以尊生卑為賤，卑生尊為貴，具體來說，就是四（五）柱間納音五行順生，主命主卑微，納音五行逆生，主命主發達。這種尊卑相生判吉凶的規則最早在《廣信集》中有一些描述：

　　　　凡命五行下生上曰助氣，主一生享福，凡事容易受人福力，上
　　生下曰盜氣，主一生為人謀，多庇蔭他人，供他人之福。〔註16〕

　　　　又李莊顯謨丙寅年火，庚寅月木，丁未日水，壬寅時金，無剋
　　制富貴而壽，蓋四柱下生上而粹為實也。〔註17〕

按照《廣信集》的說法，命局中各柱之間，下生上（即卑生尊）為助氣，主一生享福，易得他人相助；上生下（即尊生卑）為盜氣，主多蔭庇他人，自己則甘為他人做嫁衣。該書又舉李莊顯謨之命具體說明。此命造四柱納音由下至上遞生，依次為時柱金箔金生日柱天河水，日柱天河水生月柱松柏木，月柱松柏木生年柱爐中火。這正符合由時柱到年柱的卑生尊為貴的規則，所以可以判此命為前程發達之命。《廣信集》判此命「無剋制富貴而壽，蓋四柱下生上而粹為實也」。

三、命理術今法及其推理特點

　　南宋後期，命理術今法出現，並以蓬勃之勢迅速發展。至明清兩代，新法逐漸取代古法成為命理術正宗，其影響力至今延續。該法以日干為主，參以月支及其他命局中干支五行的生剋關係，不論納音，專論正五行，在推命

〔註14〕（宋）廖中撰：《五行精紀》卷27《論兇殺》，第211頁。
〔註15〕（宋）廖中撰：《五行精紀》卷18《論三奇》，第141頁。
〔註16〕（宋）廖中撰：《五行精紀》卷9《論五行三》，第70頁。
〔註17〕（宋）廖中撰：《五行精紀》卷8《論五行二》，第67頁。

中滲入大量財官、六親等關係分析要素。由於今法的創始者，自宋末以來，一直認為是宋人徐子平，故該法又稱子平術。

與古法相較，命理術今法有如下三點不同。

第一，中和原則出現。「所謂『中』，就是適中；所謂『和』，就是和諧。中和，就是用『中』的方式，來達到『和』的目的。」〔註18〕中與和，在這裡分別有其自身的特定含義。中，是一個適當的標準。孔子認為，任何事物都有一個適當的標準，達不到這個標準，就是不及。超過這個標準，就是過。「過與不及，則為乖道」。凡事應避免過與不及，以達到中的標準，因為萬物皆「貴在折歸於中道」〔註19〕。和，是一個和諧的狀態。這種和諧，不僅僅適用於人與人之間，人與物之間，甚至還衍生到了物與物之間。在周人看來，萬物只有處於和之中，才可以相依相生。「夫和實生物，同則不繼。以它平它謂之和，故能豐長而物生之。若以同裨同，盡乃棄矣。故先王以土、金、木、水、火雜以成百物。」〔註20〕和的狀態，更像是宋代太極圖中的陰陽魚，雖陰陽相反，性質相反，卻又水乳交融，合為一體。

天地五行之中，包含了太多的不同甚至矛盾，但是，如果五行之間能夠按照一定比例關係達成一種協調、均衡的態勢，五行就會處在一種穩定平衡的狀態。此時，五行就處在中和的狀態。當然，這種穩定平衡狀態不會一直持續下去。由於彼此間的矛盾並沒有消除，五行終究會有失衡的一天。古代的命理術士們很早注意到了這一點，他們在觀察一個命局時，首先會看這個命局結構是否平衡，是否符合中和原則。五行太過和不及，都是有違中和之道的：「夫論五行之用，多則太過，少則不及，其氣其數，有餘不足，皆能致凶。」〔註21〕如果命局中各組成要素之間以適中的比例關係保證了五行的協調均衡，那麼這樣一個命局就符合中和原則，就基本上是一個成功的命局了。隨後，命理術士們會進一步觀察大運、小運、流年這些變量與命局的組合，當這些變量與命局各要素的比例也是適中協調時，這一時期的運勢就都是好的。當這些變量與命局各要素不協調、不均衡時，這一時期的運勢就不會令

〔註18〕陸致極著：《中國命理學史論》，第 141 頁。本文對中和的解釋主要參照陸致極的觀點。

〔註19〕（宋）廖中撰：《五行精紀》卷 8《論五行二》，第 65 頁。

〔註20〕徐元誥撰：《國語集解‧鄭語第十六》，王樹民、沈長雲點校，北京：中華書局，2002 年，第 470 頁。

〔註21〕（宋）廖中撰：《五行精紀》卷 8《論五行二》，第 63 頁。

人期待了。命理術士會對這種不平衡仔細分析，依此判定可能出現的疾病、橫禍甚至死亡。一個失敗的命局，往往是命中五行強弱不一，「生旺太過，則福中藏禍，死絕太過，則福無可托」。任一五行太過不及的結果，都有可能導致整個結構的失衡崩潰，從而引發一系列嚴重的後果。如何保持一個命局的中和？對於命理術士而言，唯一的解決之道就是「抑揚歸中」〔註22〕，即秉承中和原則，強者使弱，弱者使強，益其不及，損其太過。一語以蓋之，補不足而損有餘，從而將命局重新調整到平衡的狀態。

第二，日主核心地位的確立。今法時期的標準模型，與古典模型的最顯著區別，是八字結構不再以年柱為主，而以日干為主。陸致極指出：「標準模型跟古典模型的差別，首先在於論命的出發點的轉移：它從年柱（年干支）移到了日干（日柱天干）。從此，日干被稱為『日主』或『命主』，成了八字結構的核心。」〔註23〕如明代的《淵海子平・論日為主》在介紹子平術的特點時反覆強調一點，那就是子平術推命是以日為主，年、月、時柱為輔的：「至於宋時，方有子平之說。取日干為主，以年為根，以月為苗，以日為花，以時為果，以生旺死絕休囚制化決人生休咎，其理必然矣，復有何疑哉。」「以日為主，年為本，月為提綱，時為輔佐。以日為主，大要看時臨於甚度，或身旺，或身弱。又看地支有何格局，金木水火土之數，後看月令中金木水火土何者旺。又看歲運有何旺，卻次日下消詳，此非是拘之一隅之說也。」〔註24〕

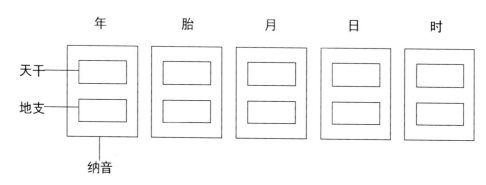

古典模型圖

〔註22〕（宋）廖中撰：《五行精紀》卷8《論五行二》，第63頁。

〔註23〕陸致極著：《中國命理學史論》，第145頁。

〔註24〕李峰注解：《新刊合併官板音義評注淵海子平》卷1《論日為主》，第89頁。

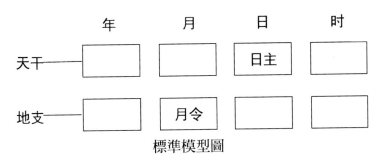

標準模型圖

　　對於這種結構重心轉變的原因，至今還沒有發現一個令人信服的理論解釋。筆者認為，日干能成為標準模型結構的重心，是與古典模型中六親宮位的逐漸確立有著直接關係的。所謂六親宮位，是指命理模型中，命主和命主的六親在各柱干支的固定位置。在今天的四柱命理術中，六親在四柱八字中都佔有固定的位置，這些位置就定名為宮位。以今而論，年柱為祖上宮或父母宮，屬於祖妣、父母的位置。其中年干為祖父、父親的宮位，年支為祖母、母親的宮位。月柱為父母宮或兄弟宮，屬於父母或兄弟姐妹的位置。其中月干為父親或與自己同性的兄弟的宮位，月支為母親或與自己異性的姐妹的宮位。日柱為夫妻宮，屬於自己和配偶的位置。其中日干為己身的宮位，日支為配偶的宮位。時柱為子女宮，屬於子女的位置。其中時干為兒子的宮位，時支為女兒的宮位。由於日干為己身，因此隨著時間的流逝，日主核心地位的確立，也就順理成章。現將六親宮位以表格形式展示如下：

六親宮位表

四　柱	年　柱	月　柱	日　柱	時　柱
宮位	祖上宮（父母宮）	父母宮（兄弟宮）	夫妻宮	子女宮
天干	祖父（父親）	父親（兄弟）	己身	兒子
地支	祖母（母親）	母親（姐妹）	配偶	女兒

　　第三，十神系統的建立。十神的建立和應用是命理學史上的重大進步，也是命理術古法與今法的關鍵性區別。它的建立，使命理推導從原先的喻象分析，跨入了更為抽象的關係分析。

　　首先來瞭解一下十神的概念和彼此間的關係。由於今法時期的子平術是以日為主，日干成為命局分析的一個重要核心，所以常以日干代表命主——我。按照五行的生剋關係，十神與日干分別構成了生我、我生、剋我、我剋、

同我的五種關係——換言之，十神其實就是這五種關係的代名詞。具體來說，生我者是正印、偏印（又叫梟印）。其中陰陽相錯是正印，陰陽相同是偏印；我生者是傷官、食神。其中陰陽相錯是傷官，陰陽相同是食神；剋我者是正官、偏官（又叫七殺）。其中陰陽相錯是正官，陰陽相同是偏官；我剋者是正財、偏財。其中陰陽相錯是正財，陰陽相同是偏財。同我者是比肩、劫財。其中陰陽相錯是劫財，陰陽相同是比肩。假設一個命局中日主為甲，那麼十干之中，癸為正印，壬為偏印，丁為傷官，丙為十神，辛為正官，庚為偏官，己為正財，戊為偏財，乙為劫財，甲為比肩。根據日主與十天干之間的陰陽五行生剋關係，總結出以下的天干十神表：

天干十神表

日主＼十神（天干）	甲	乙	丙	丁	戊	己	庚	辛	壬	癸
甲	比肩	劫財	食神	傷官	偏財	正財	偏官	正官	偏印	正印
乙	劫財	比肩	傷官	食神	正財	偏財	正官	偏官	正印	偏印
丙	偏印	正印	比肩	劫財	食神	傷官	偏財	正財	偏官	正官
丁	正印	偏印	劫財	比肩	傷官	食神	正財	偏財	正官	偏官
戊	偏官	正官	偏印	正印	比肩	劫財	食神	傷官	偏財	正財
己	正官	偏官	正印	偏印	劫財	比肩	傷官	食神	正財	偏財
庚	偏財	正財	偏官	正官	偏印	正印	比肩	劫財	食神	傷官
辛	正財	偏財	正官	偏官	正印	偏印	劫財	比肩	傷官	食神
壬	食神	傷官	偏財	正財	偏官	正官	偏印	正印	比肩	劫財
癸	傷官	食神	正財	偏財	正官	偏官	正印	偏印	劫財	比肩

由於十神是與日主相關的五種關係的代名詞，十神實質上是對已有的天干符號的再一次符號化，因此十神不僅與日主有生剋關係，十神之間也存在著相生、相剋的關係。十神之間的相生關係有：財生官，官生印，印生日主及比肩、劫財，日主和比肩、劫財生食神、傷官，食神、傷官再生財。十神之間的相剋關係有：財剋印，印剋食神、傷官，食神、傷官剋官，官剋日主及比肩、劫財，日主及比肩、劫財剋財。十神之相剋，同性剋重，異性剋輕。

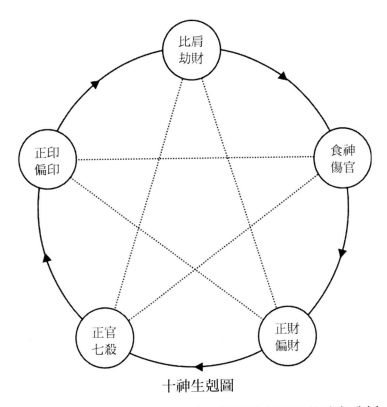

十神生剋圖

以十神為基礎的抽象的關係分析方法開始取代以往的喻象分析。對於這種分析方法的轉換意義，陸致極給予了高度的評價：「十神的運用，其意義也不能低估。它使傳統命理學在某種程度上突破了喻象觀察和分析的侷限，使它能在更為抽象的關係分析層面上，把它的探角伸向了廣闊的社會天地，並由此大大提高了它對現實人生的描寫和推測能力。」〔註25〕另一位學者何麗野也關注到了十神的出現給命理術帶來的變化。他認為早期的命理術尚未使用今天熟知的十神的分析方法，那時的命理術是納音術和神煞推命的混合體，其中有些形而上學思維方式的成分。六十甲子各自成象，四柱就是四個象。當時（宋代）的命理術注意到了象與象之間互相影響、互相作用，但是四個象之間尚未連成一個整體。這種思維方式只能說是辯證思維和形而上學思維方式的混合。子平術出現以後，八字開始使用十神的方法，人們已經開始注意到財官印傷劫殺之間的生剋關係，已經把四柱八字連成一個整體進行考慮，初步形成了系統思維方法。〔註26〕

〔註25〕陸致極著：《中國命理學史論》，第188頁。
〔註26〕何麗野著：《八字意象與哲學思維》，北京：中國社會科學出版社，2004年，

延伸閱讀：生辰八字與個人命運

傳統命理學是一門非常複雜的術數，經過千餘年的發展，已經形成了一套比較完善的程序結構。它不僅刻畫一個人生命的潛在特徵，而且還全方位地去描寫其生命過程。「凡人受命，在父母施氣之時，已得吉凶矣。」〔註27〕從生辰八字推斷出的生命信息蘊含著命主本人的性格、學業、事業、婚姻、健康等一系列世俗人關注的問題。並且還可以通過陽男陰女順行、陰男陽女逆行的法則，從月柱干支推導出大運，進而細看大運及大運中的每一年流年的吉凶。因此，從生辰八字中可以推導出一個人命運的概括。試以下面這則命造為例，分析其格局、用神、大運、流年，從中判斷命主的貴賤壽夭。

	官	劫	日元	印
坤造	乙	己	戊	丁
	亥	丑	申	巳
藏干	甲壬	癸辛巳	戊庚壬	庚丙戊
	殺財	才傷劫	比食財	食梟比
衰旺	絕	養	病	臨官

該命造月刃格，五行俱全，印比偏重，命主身強，根基雄厚，可吐食任財制官。局中無明顯刑沖剋害，命局平穩，此命堪稱貴造。年柱財官為喜用神，說明得祖上蔭庇。但月柱劫財、時柱印星皆非所喜，其與父母、子女的緣分較淺。經核實，此為一位海外留學生的命造。命主出生於廣東佛山，出身好，學業順利。命主家庭為重建家庭，有一同父異母弟弟。命主常年留學國外，與家庭成員關係較為疏遠。命主喜走耗身之運，忌強身之運，遇食傷則學業有成、才華展現。逢財得財，逢官得官。只是命主印星已強，逢印反而不主掌權。以財星（水）為用神，食傷（金）官星（木）為喜神，印比（火土）為忌神。

性格：該命局中財星為用，財旺逢生，主人勤勉能幹，性格溫和，古道熱腸、仗義疏財，思想純正。喜神為食傷，食傷旺而逢生，主人氣質高雅，思想脫俗，反應靈敏，風流瀟灑，才華橫溢。但刃為忌神，主人神氣高傲，魯莽紊亂，性格執拗不認輸，個性矛盾，具有雙重性格，有時充滿自信樂觀，有時

第 70、71 頁。

〔註27〕黃暉撰：《論衡校釋》卷 2《命義篇》，第 56 頁。

充滿疑慮失望，自我矛盾，天性使然，其人亦不自覺也。其人帶有些神經質，並有好投機，望僥倖，性格衝動，往往盲目冒然而行，做出錯誤的判斷而失敗。或不顧一切，做出盲目的事，以致愈陷愈深，不可收拾。對感情的處理上，有苛對自己，寬以待人的現象，反而容易導致家庭失和。

學業：命局時柱印星通根透干，遍地食傷。印主畢業錄取文書，食傷主才華聰慧。命主身強，印比食一氣呵成，故若時運配合得當，命主必獲高學歷。查命主大運，前兩步（8-27）恰為食傷之運，故命主必學業有成，易獲高學歷。後得反饋，其於 2021 年年初考取英國劍橋大學藝術史專業博士，並獲得大學全額獎學金，可謂才華橫溢，人中龍鳳。而從食傷遍布年月時支特點來看，命主未來一生大可依其才華立足。

事業：命中劫財多，適合自由職業或技術人員。有劫財，羊刃的人，格局中食傷比官殺為強，則應該盡量從事運用腦力的工作或專攻一門特殊的才藝，亦可學習一門專業技術。劫財為劫奪之神，運用財來作事時，難免有所成敗。命中劫財為忌神，雖沒有刑沖空亡，且命局顯示亦非工薪階層，但是仍不適合從事合夥事業或者是投資。未來事業方位，以原生家庭為原點，宜向北方、東方、西方發展，不宜留在家鄉及向南。查大運，命主自 28 歲至 67 歲連行四十年財官之運，事業運極高，未來人生事業可期。

婚姻：命主雖身強，但年柱官星有力，其非為剋夫之命。夫宮申金得日主相生，未來婚姻女方付出較多，但夫宮為喜神，且未有明顯刑沖剋害等跡象，故未來婚姻較穩定，琴瑟和諧。女方會得一佳偶。唯一不足，夫宮與時支合中帶刑，命主比劫重，未來婚姻中後期丈夫或有外遇。未來夫君命理應以金水為重，忌火土為重。

健康：命局中比肩、劫財為重，原命局中，比劫五行為土，故未來命主易患脾胃系統疾病。且偏向於脾實類和胃實類疾病，包括寒濕困脾、濕熱蘊脾、胃寒、胃熱、食積、胃氣上逆、瘀阻胃絡等證。脾胃病證防治，尤其要注意飲食，當進易消化的食物，甚至流食。忌食油膩、魚腥、辛辣、生冷、粗硬食物以及醇酒厚味。必要時可少食多餐，並配合食療加以調養。居處要寒溫適宜，避免冷濕。注意勞逸結合，若未來病情發作，應臥床休息，保持心情舒暢，避免精神刺激。平素加強體育鍛鍊。

起大運周歲：7 歲 9 個月 21 天，交大運日期：11 月 2 日起運（公曆）。

	食	傷	財	才	殺	官	梟	印
大運	庚寅	辛卯	壬辰	癸巳	甲午	乙未	丙申	丁酉
	長生	沐浴	冠帶	臨官	帝旺	衰	病	死
虛歲	8	18	28	38	48	58	68	78
始於	2003	2013	2023	2033	2043	2053	2063	2073
	癸未	癸巳	癸卯	癸丑	癸亥	癸酉	癸未	癸巳
	甲申	甲午	甲辰	甲寅	甲子	甲戌	甲申	甲午
	乙酉	乙未	乙巳	乙卯	乙丑	乙亥	乙酉	乙未
	丙戌	丙申	丙午	丙辰	丙寅	丙子	丙戌	丙申
	丁亥	丁酉	丁未	丁巳	丁卯	丁丑	丁亥	丁酉
	戊子	戊戌	戊申	戊午	戊辰	戊寅	戊子	戊戌
	己丑	己亥	己酉	己未	己巳	己卯	己丑	己亥
	庚寅	庚子	庚戌	庚申	庚午	庚辰	庚寅	庚子
	辛卯	辛丑	辛亥	辛酉	辛未	辛巳	辛卯	辛丑
	壬辰	壬寅	壬子	壬戌	壬申	壬午	壬辰	壬寅
止於	2012	2022	2032	2042	2052	2062	2072	2082

大運：

第一二步大運庚寅、辛卯（8～27）行食傷之運，命主此階段學業有成，易獲高學歷。

第三四步大運壬辰、癸巳（28～47）為財運，命主身強可任財，此階段逢財則發，青年時期即實現人生財富自由。

第五六步大運甲午、乙未（48～67）行官煞之運，命主中年時期為官掌權，事業有成。

第七八步大運丙申、丁酉（68～87）晚年行梟印之運，去官無權，人生歸於落寞。

綜合判斷，命主少時學業有成，青年生活富足，中年事業如日中天，唯獨晚年轉衰，雖如此，運勢亦為上乘。

流年：

庚寅年（2010），該年與年柱天地合德，亦為歲運並臨之年，貴人相助，易有學業之成就；癸巳年（2013），該年干支與日柱干支鴛鴦合，有異性緣發動，且有貴人相助；甲子年（2044），該年干支與月柱天地合德，財官相生，

事業有成之年。

乙未年（2015），與原命局、大運成三合木局，官星重，易有佳偶出現；壬子年（2032），與原命局、大運成三合水局，易發財；己卯年（2059），與原命局、大運成三合木局，事業有成。

丁酉年（2017），大運流年天剋地沖，印剋食傷，考試不甚理想。

甲戌年（2054），三刑，該年易有凶事、血光之災。

其餘：戊午年（2038）流年天干與大運相合化火，地支半會火局，其年印星極重，易有降職之憂；己巳年（2049）流年天干與大運化刃，地支半會火局，印比重，流年不利。

第二節　命理健康研究回顧

命理與中醫，貌似風馬牛不相及，實則同源。因為二者都以天干地支作為推斷工具，都遵循著陰陽五行學說，以五行屬性聯繫各個臟腑器官，以生剋制化來闡明病理變化的原因。故古人有所謂醫易同源之謂也。然而，隨著後世文明的進展，命理和中醫漸漸同源而殊途。命理學以個人出生時間（生辰八字干支）為研究對象，推斷命主的性格、健康、學業、事業諸項，是推測個人未來命運的學問。其研究對象未涉及人體本身。中醫學則是研究人體生理病理，疾病診斷與防治以及攝生康復的一門醫學科學。中醫學屬於在陰陽五行理論指導下、從動態整體角度研究人體生理病理藥理及其與自然環境關係、尋求防治疾病最有效方法的學問。因此，從根本上來說，中醫學一直是中國傳統醫學的正脈，而命理學只能算作中國傳統醫學領域的另類奇葩。

一、生辰八字與先天稟賦

比起中醫學來，命理學的健康研究有先天不足。僅僅從個人出生年月日時的干支出發推論人生疾病隱患，所依實在有限。但是，若以此全盤否定歷史上人們探尋命理學與健康的關聯所做出的努力，則又失之束隅。既然干支和陰陽五行學說是中醫和命理學共同遵循的推理工具，因此在大的理論框架下，二者交集亦是明顯的。尤其在藏象學說、哲學基礎方面，命理與中醫的同一性是驚人的。基於此，從古至今，不少學者前赴後繼在命理健康領域，尤其在先天稟賦方面展開研究，並取得寶貴的經驗和成果。

一般而言，先天稟賦除了來自雙親的基因遺傳，還深受出生時的氣候特

質的影響。從發生的角度來看，先天稟賦是人體體質形成和發展的根本原因，是個體體質特異性以及穩定性的決定性因素。那麼，這種先天稟賦該如何探尋呢？一種方法是基因檢測（gene-test）。基因檢測是通過血液、其他體液或細胞對 DNA 進行檢測的技術，是取被檢測者脫落的口腔黏膜細胞或其他組織細胞，擴增其基因信息後，通過特定設備對被檢測者細胞中的 DNA 分子信息作檢測，預知身體患疾病的風險，分析它所含有的各種基因情況。只是，這種檢測方法，一是價格高昂，目前尚無法做大範圍普及。二是雖然研究結果顯示，絕大多數遺傳性疾病可以通過基因檢測技術做出診斷，但是先天稟賦的內涵，除了父母的遺傳基因外，還不應忽視個人出生時所處的外部時空因素的影響。而基因檢測顯然尚無法企及這一領域。

其實，無論是中醫特有的運氣學說，還是民間傳統的命理思想，皆認為人的先天稟賦的形成，除了父母的基因遺傳外，還直接受到時空基因「氣」的影響。作為建立在氣本論基礎上的中國傳統文化，其中心思想是，人處天地之間，稟受天地之氣而生，並受天地之氣刻畫。「萬物之生，皆稟元氣。」〔註28〕「人之生，氣之聚也。聚則為生，散則為死。」〔註29〕是故《黃帝內經》認為天地亦為人之父母，「天地合氣，命之曰人」：「人以天地之氣生，四時之法成……夫人生於地，懸命於天，天地合氣，命之曰人。人能應四時者，天地為之父母……」〔註30〕那麼，一個人出生之瞬時，「氣」運動週期節律便賦予其先天稟賦。因此，「在一個人出生之瞬時就決定了一個人的運氣週期節律，正因為如此，人的體質必然會受到流年氣候影響他的健康狀況」〔註31〕。

在中國古代，對「氣」運動規律的表述出現過兩種不同系統的表述方式。一種是五運六氣學說，另一種是生辰八字命理學說。本章採納後一種「氣」的表述方式，用以闡釋個體人的先天稟賦及病理變化規律。這是因為，後者

〔註28〕黃暉撰：《論衡校釋》卷 23《言毒篇》，第 1103 頁。
〔註29〕（戰國）莊周著：《莊子》卷 2《外篇・知北遊》，第 261 頁。
〔註30〕《黃帝內經素問》卷 8《寶命全形論》，第 158～160 頁。
〔註31〕田合祿等著：《中醫自然體質論治》，太原：山西科學技術出版社，2012 年。而現代科學也傾向於認定，人出生的那一刻，對一個人的生命會有巨大的影響。人出生後為了對抗大氣壓力吸了第一口氣，整個血液循環開始啟動，朝向大腦的神經元也開始搭建。在這一瞬間，所有的星球，所有朝向變化，所有的天氣變化，都會形成一個共同的磁場。這個磁場決定了一個人的神經元如何搭建，也就決定了這個人的思維方式，所以出生時間影響生命的說法並非中國古人之妄想。

刻畫的「氣」運動的最小時間片段要遠遠小於前者。在運氣框架內，時間跨度的下限是一年內的六氣。六氣之每一氣，均包含兩個月 60 天的時間長度。在這樣一個時限內，涵蓋的人數數以萬計。顯然，這種研究的所謂的「個體人」的先天稟賦，已然成為「群體人」的先天稟賦。有鑑於此，本章汲取古代生辰八字命理學說，將先天稟賦研究的時間框架，精確至每一個時辰（2 小時）。以此為一個時間片段，更能精確描寫個體人出生時天地陰陽五行之氣的獨特運行狀態。

　　一個人的生辰八字，就是用年、月、日、時天干地支表示出來的這個人的出生時間。與西方等國家計時工具不同的是，由於干支符號既有表述時間的功能，又具陰陽五行的內涵，因此它可以成為標記個體人出生時天地陰陽五行之氣的運動狀態的工具。早在漢代，干支符號系統已經完成與陰陽、五行、臟腑的搭配。而自東漢章帝元和二年（85）頒布四分曆以來，干支紀年、紀月、紀日和紀時也正式進入官方紀時系統。從此，包括紀年、紀月、紀日和紀時的四柱八字的干支符號，不僅是單純的時間概念，而且是屬於構成人體的氣血基本物質，在遺傳與變異的矛盾運動中起到能與時俱進的功能態表達。

二、古代命理健康研究

　　至遲在唐宋時期，古人已開始越來越廣泛地將人出生時的年、月、日、時四柱的天干地支八字的組合，用來表述這個時間片段的天地陰陽五行之氣的運行狀態及其對人體生命健康的影響。以個體人生辰八字推算其疾病，主要依據的是陰陽五行學說。以陰陽五行屬性連絡人體臟腑，運用五行生剋制化理論說明人體的生理、病理現象。其大體步驟為：首先以五行屬性搭配臟腑，即肝屬木，心屬火，脾屬木，肺屬金，腎屬水等。其次根據命局內五行分布的情況，以生剋制化原理為指導，分析五行強弱關係，最終判定命主先天罹患何種疾病幾率為高。故《五行精紀》言：「夫人稟五行之和氣而成形，所以有疾苦者，皆由陰陽五行之氣虛、實、寒、熱太過不及，贅疣而致也。」〔註32〕《三命通會》云：「夫疾病皆因五行不和，即人身五臟不和也。蓋五行通於五臟六腑，通於九竅。凡十干受病屬六腑，十二支受病屬五臟。」〔註33〕《淵海子平》又載：「夫

〔註32〕　（宋）廖中撰：《五行精紀》卷 31《論疾病》，第 240 頁。
〔註33〕　（明）萬民英撰：《三命通會》卷 7《論疾病先知五臟六腑所屬干支》，北京：中醫古籍出版社，2008 年，第 384 頁。

疾病者，乃精神血氣之所主，各有感傷。內有臟腑，外有肢體。八字干支，五行生剋之義，取傷重者而斷之。五行干支太旺、不及，俱病。」〔註34〕

天干陰陽五行臟腑對照表〔註35〕

五　行	木		火		土		金		水	
陰陽	陽木	陰木	陽火	陰火	陽土	陰土	陽金	陰金	陽水	陰水
天干	甲	乙	丙	丁	戊	己	庚	辛	壬	癸
地支	寅	卯	巳	午	辰戌	丑未	申	酉	亥	子
臟腑	肝	膽	小腸	心	胃	脾	大腸	肺	膀胱	腎

五行五臟受損易發疾病對應表〔註36〕

受損干支	受損五行	受損五臟	對應病症
甲乙寅卯	木	肝	諸風暈掉、眼光日昏，血不調暢、早年落髮、筋青爪枯
丙丁巳午	火	心	膿血瘡疥、舌苦暗啞
戊己辰戌丑未	土	脾	浮腫、腳氣、黃腫、口臭、翻胃、脾寒膈熱
庚辛申酉	金	肺	鼻塞酒槁、語塞氣結、咳嗽喊
壬癸亥子	水	腎	白濁、白帶、霍亂、瀉痢、疝氣小腸

值得一提的是，由於歷史上命理學曾經歷了古法與今法的轉換，其論命的重心亦有年柱轉移至日干之變化。唐宋時期，論命重心在年柱，其中年干為祿，定貴賤；年支為命，定修短；年柱納音為身，察盛衰。故《五行精紀》云：「凡欲推疾病災厄，先看祿、命、身三等，大小運如何。若三命無氣，祿馬敗絕，但只祿財、命財旺相，亦不至死。」〔註37〕明清以來，隨著今法子平術的盛行，命理論病時，又多以日干為核心論病。「凡論殘疾病症，先論日

〔註34〕李峰注解：《新刊合併官版音義評注淵海子平》，第364頁。

〔註35〕《三命通會》、《淵海子平》等命理文獻與《醫宗金鑒》皆將十天干與臟腑作如此搭配。至於地支，遵循《醫宗金鑒》規定：「至於地支所論卻有偏差，以天干代入地支即可。」此處以天干代入對照。

〔註36〕（明）萬民英撰：《三命通會》卷7《論疾病先知五臟六腑所屬干支》，第384頁。

〔註37〕（宋）廖中撰：《五行精紀》卷31《論疾病》，第242頁。

干，次詳月令，然後通年時看之。」〔註38〕「須看日主及所用格局，或朗健，或中和，或平順，皆無疾之命也；或晦弱，或駁雜，或乖戾，皆有疾之命也。」〔註39〕然爭議之處亦在於此：若依命理學古法，論病重心當在年柱，其命局五行之喜忌皆出自年柱干支或納音；若依今法，論病重心又歸日干，其命局五行之好惡又源自日干。孰是孰非，莫衷一是。且無論以何者為是，疾病判定均不能客觀顯示出生辰八字命局內五行強弱分布。

　　而另一令後世疑惑的問題是，無論古法今法，命理術都力圖詳盡描述命主受病的部位以及疾病的種類。如《五行精紀》言：「凡人午為頭，巳為左肩，未為右肩，辰為左膊，申為右膊，卯為左肋，酉為右肋，寅為左腿，戌為右腿，丑為左腳，亥為右腳，子為陰；又辰為腿，丑為唇，未為三焦，戌為兩腿之間，取疾病去處，須推此。」〔註40〕而在《三命通會》、《淵海子平》中，古人甚至還詳列了日干五行被剋耗泄時易罹患之近百種疾病：

《三命通會》日干五行虧損時易發疾病表〔註41〕

日干五行	盛行五行	內　症	外　症	婦　科	兒　科
木	金	肝膽驚悸、勞瘵、手足頑麻、筋骨疼痛	頭目眩暈、口眼歪斜、左癱右瘓，迭撲損傷		
	火	痰喘咯血、中風不語、內熱口乾	皮膚乾燥	血氣欠調、有孕者墮胎	急慢驚風、夜啼咳嗽、面色青黯
火	水	心氣疼痛、顛癇舌強、口痛咽啞、急慢驚風、語言蹇澀	潮熱發狂、眼暗失明、小腸疝氣、瘡疥膿血、小便淋濁	血氣經脈不調	痘疹、疥癬，面色紅赤
土	木	脾胃不和、翻胃隔食、氣噎蠱脹、泄瀉、黃腫、擇揀飲食、嘔吐噁心	右手沉重、濕毒流注、胸腹痞塞	飲食不甘、吞酸虛弱、呵欠困倦	五疳五軟、內熱好睡、面色痿黃

〔註38〕（明）萬民英撰：《三命通會》卷 7《論疾病先知五臟六腑所屬干支》，第 387頁。

〔註39〕袁樹珊著：《新命理探原》，北京：北京燕山出版社，2010 年，第 91 頁。

〔註40〕（宋）廖中撰：《五行精紀》卷 31《論疾病》，第 241 頁。

〔註41〕（明）萬民英撰：《三命通會》卷 7《論疾病先知五臟六腑所屬干支》，第 384、384 頁。

金	火	腸風痔漏、糞後下血、痰火咳嗽、氣喘吐血、魍魎失魂、虛煩勞症	皮膚枯燥、肺風鼻赤、疽腫發背、膿血無力	痰嗽、血產	膿血、痢疾、面色黃白
水	土	遺精盜汗、夜夢鬼交、血濁虛損、寒戰咬牙、耳聾眼盲、傷寒感冒	風蟲牙痛、偏墜腎氣、腰痛膝痛、淋瀝、吐瀉、怕冷惡寒	白帶、鬼胎、經水不調	耳中生瘡、小腸疼痛、夜間作吵、面色黧裏

《淵海子平》日干五行虧損時易發疾病表〔註42〕

日干五行	盛行五行	病	內　症	外　症	婦　科	兒　科
木	金	肝膽病	驚精虛怯、癆疾、嘔血、頭眩目暗、痰喘、頭風腳氣、左癱右瘓、口眼歪斜、風症、筋骨疼痛	皮膚乾燥、眼目之疾、髮鬚疏少、顛撲手足、損傷之患	墮胎、血氣不調	急慢驚風、夜啼咳嗽
火	水	小腸、心經病	顛啞、口心痛疼、急緩驚風、禿舌口咽啞、潮熱發狂	眼暗失明、小腸腎氣、瘡毒膿血	乾血淋漓	痘疹癬瘡
土	木	膽、胃經病	膈食、翻胃氣噎、蠱脹泄瀉、黃腫、不能飲食、吃物揀擇、嘔吐脾傷	左手口腹有疾、皮膚燥澀		疳病脾黃
金	火	大腸、肺經病	咳嗽喘吐、腸風痔漏、魍魅失魂、癆怯之症	皮膚枯燥、瘋鼻赤疽、癱背膿血		
水	土	膀胱、腎經病	遺精白濁、盜汗、鬼交、虛損耳聾、傷寒感冒	牙痛、疝氣、偏墜、腰痛、腎氣淋漓、吐泄疼痛	胎崩漏白帶	

這種拋卻四診合參而形而上機械化的論病之法，其精準度和合理性難免不受後人的質疑。雖然這種干支與臟腑的對應，並未與醫家相忤，但是在具體應用中，患者每次發病之部位果如典籍所言嗎？故而，這種詳推疾病的做法，引起了後世的頗多微詞。設想，若以命理五行盛衰論百病，則百病無一不是命理五行之病。以此按圖索驥，而不論醫家之望聞問切，則論病難免不會牽

〔註42〕李峰注解：《新刊合併官版音義評注淵海子平》，第366～368頁。

強附會，甚至荒謬至極。故民國時期袁樹珊歎曰：「至於干支配頭目手足等類，皆當以意消息之。若必盡取諸病而擬議之，則名醫所論，孰非五行，恐須摘取醫書數十百種，列於命書矣。」〔註43〕筆者通過近兩年來百餘例臨床檢驗後亦認為，命理論病，概難精準，只能泛以臟腑疾病、重大疾病而論。恰如吳俊民所言，命理論病即便推斷正確，合乎實際，其推斷的疾病，也「僅屬於重大的疾病，尤以五臟六腑之病為最」〔註44〕。正因為近代以來學人的反思，今人並未抱殘守缺命理經典古籍所載之論病法。命理健康研究反而於現當代呈現出異彩紛呈的多途。

延伸閱讀：劉完素四時傷寒傳正候法

宋元時期，中醫五運六氣理論與臨床發展逐漸邁入鼎盛期。學者、醫家深入探討了運氣天地之理與疾病變化的關係，並指導對病因、病機的認識及藥物的使用，促進了運氣學說理論與臨床的結合。正是在這樣的背景下，金元醫學新局面之開創者劉完素（1110～1200年），大力倡導「醫教要乎五運六氣」、「識病之法，以其病氣歸於五運六氣之化」，成為此時期研究中醫運氣學的代表人物。後人關注劉完素之運氣學說，多是從其提出的六氣皆從火化說入手，研究其火熱論。事實上，劉完素運氣學說發揮極廣，不僅涉及眾人關注的後天運氣學，也涉及到先天運氣這一小眾內容。所謂的先天運氣，是依據天地之氣變化對應於人體的即時性變化，而總結的五運六氣規律。該學說認為，自初生之時胎兒期，人體已備受天地之氣變化影響，由天地之氣變化特徵導致的嬰孩臟腑偏盛偏衰特徵固化於機體當中，以稟賦或體質的形式長期影響人體。〔註45〕

四時傷寒傳正候法（亦簡稱傳病法），就是以先天運氣學理論對發病情況進行診治的方法。此法以病人生年干支與得病日辰作為疾病診斷之依據，通過一系列法則推演，推算出臟腑病位、傳變過程及預後。該法載于氏著《新刊圖解素問要旨論》，由其弟子馬宗素整理、校訂、刊印。故後世亦以為書中夾雜師徒二人之觀點。本文試對其法的推演法則作一梳理，並在此基礎上探討劉完素先天運氣學價值之所在。

〔註43〕袁樹珊著：《新命理探原》，第 91 頁。
〔註44〕吳俊民著：《命理新論》，臺北：進源書局，2006 年。
〔註45〕楊威、白衛國著：《五運六氣研究》，北京：中國中醫藥出版社，2011 年，第198 頁。

一、劉完素四時傷寒傳正候法推演法則

1. 四時傷寒傳正候法基本推演法則

首先，據患病日辰推出司天、司地與司人。「當日日辰名司天。司天前三天名在泉，為司地。左右間氣為司人。」〔註46〕假令患者甲子日患病，參照中醫運氣學中客氣司天、在泉之概念及推算法則（見下表、下圖），其司天甲子為少陰君火（足少陰腎經），其司地（在泉）丁卯為陽明燥金（足陽明胃經）。司人為左右二間氣。其中，司地左間氣為戊辰太陽寒水（足太陽膀胱經），司地右間氣為丙寅少陽相火（足少陽膽經）。

十二地支與司天、司地對應表

年 支	子 午	丑 未	寅 申	卯 酉	辰 戌	巳 亥
司天之氣	少陰君火	太陰濕土	少陽相火	陽明燥金	太陽寒水	厥陰風木
司地之氣	陽明燥金	太陽寒水	厥陰風木	少陰君火	太陰濕土	少陽相火

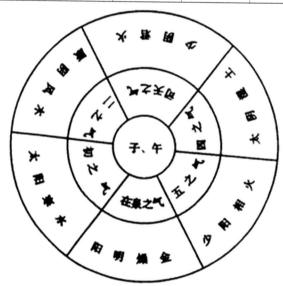

子午年司天在泉圖

上文所以取足六經不取手六經者，在於患病日日干甲為陽干。若患病日日干為陰干，則取手六經。如患者己卯日患病，己為陰干，則其司天己卯為手陽明大腸經，司地壬午為手少陰心經。

〔註46〕（金）劉完素著：《新刊圖解素問要旨論》，選自宋乃光主編《劉完素醫學全書》，第222頁。

其次，推算患者在何臟腑先受病。「若要四時病傳正候，須將人之相屬加在左右間氣之上，司地在陽乃加左間氣，在泉在陰乃加右間氣。數至司天氣上，見何臟腑，先受病也。」〔註47〕在根據患病日辰推算出司天、司地、司人後，緊接著將患者出生之年的地支也納入計算範疇。假令甲子年出生的患者，戊午日患病，司地丁卯為足陽明胃經。按，手為陽支，足為陰支。陽支從司地左間氣數起，陰支從司地右間氣數起。此處足陽明胃經司地，則將患者出生之年的年支，加之司地右間氣少陽相火之上。故司地右間氣地支依患者生年年支而變為子。再從司地右間氣逆數至司天之位，司天地支則變為戌。地支戌對應司天為太陽寒水，兼屬足六經，則其對應足太陽膀胱經。故患者所患疾病最先起於膀胱。

最後，推算疾病的傳變日期及預後。按照地支的逆傳以及地支與司天的對應關係，疾病每日傳變至不同臟腑。假令患者患病第一日為寅，疾病起於（手少陽）三焦。第二日為丑，疾病傳（足太陰）脾；第三日為子，疾病傳（足少陰）腎；第四日為亥，疾病傳（足厥陰）肝；第五日為戌，疾病傳（足太陽）膀胱……

推算出傳變過程後，再依據每日所主五行與疾病初起日五行的生剋關係，來確定疾病預後。以疾病初起日五行為本，凡我生、生我者為微邪，我剋者為實邪，剋我者為賊邪。賊邪之日，患者病情加重或死亡。上文中，患者疾病初起於三焦，是為火；第二日傳脾，脾屬土，火生土。我生者為微邪，當補心泄脾；第三日傳腎，腎本屬水，但在傳病法中，地支子午對應少陰君火之氣，故腎於此屬火。三焦亦是火。二火相沖，當解心經；第四日傳肝，肝屬木，三焦屬火。木生火，為微邪。當補肝泄心；第五日傳膀胱，膀胱屬水，三焦屬火，水剋火，剋我者為賊邪，其人是日必死。〔註48〕

2. 運氣同化概念的介入

以上為四時傷寒傳正候法基本推演法則。但是在具體推演過程中，運氣同化現象也是重要考慮因素。運氣同化，就是五運與六氣同類化合。傳統中醫運氣學認為，在六十年的運與氣變化中，有二十六年是同化關係，即歲運

〔註47〕（金）劉完素著：《新刊圖解素問要旨論》，選自宋乃光主編《劉完素醫學全書》，第222頁。
〔註48〕（金）劉完素著：《新刊圖解素問要旨論》，選自宋乃光主編《劉完素醫學全書》，第223頁。

與六氣在某種情況下出現了五行屬性相同的情況，構成了比較特殊的年份，可能出現比較典型的氣候變化。〔註49〕不過，與傳統中醫運氣學中運氣同化概念運用於年不同，在劉完素四時傷寒傳正候法中，運氣同化概念主要運用於日，同時亦可見於年、月、時。若患病或傳病於運氣同化之日，患者往往病情加重，預後不佳。

運氣同化主要包括天符、歲會、太乙（一）天符等不同類型。所謂天符，指歲運五行屬性與司天之氣的五行屬性相同。在六十甲子中，計天符有十二，分別為己丑、己未、戊寅、戊申、戊子、戊午、丁巳、丁亥、丙辰、丙戌、乙卯、乙酉。按《素問·六微旨大論》所述，天符之年，邪氣在上，人體發病迅速且嚴重。

所謂歲會，指歲運五行屬性與地支五行方位屬性相同。六十甲子中，計歲會有八，分別為甲辰、甲戌、己丑、己未、乙酉、丁卯、戊午、丙子。這些干支中，歲運的五行屬性不僅與地支的五行屬性相同，而且地支的五行方位恰是該五行屬性的正位。歲會之年，邪氣在下，人體病勢徐緩但持久。

所謂太乙天符，亦稱太一天符，指既是天符，又是歲會的干支組合，即歲運的五行屬性與司天之氣的五行屬性及年支的五行方位屬性皆相同。《素問·天元紀大論》稱之為「三合為治」。六十甲子中，計太乙天符有四，分別為戊午、乙酉、己丑、己未。相比於天符和歲會，在太乙天符之年、月、日、時，患者病情會更為危重。太乙天符之年，邪氣上下相交，人體病勢急劇且有死亡危險。故按劉完素所論，假令患者「太一其日得病，十死一生也」。〔註50〕

二、對劉完素先天運氣學價值的批判與再認識

1. 對劉完素先天運氣學的批判

劉完素的四時傷寒傳正候法，作為典型的先天運氣學理論，以患者生年及患病日辰為依據，純粹以推演得出疾病初患部位、傳變日程、臟腑及預後。之後其弟子馬宗素，在此基礎上，進一步發明類似之說《傷寒鈐法》。該法將《傷寒論》各病證方藥鈐成固定字號，亦從患者生年和患病之日干支入手，推算出所患何病，病在何經，當現何症，當用何方，何日病痊或病重。

〔註49〕 蘇穎著：《五運六氣探微》，第 77 頁。

〔註50〕 （金）劉完素著：《新刊圖解素問要旨論》，選自宋乃光主編《劉完素醫學全書》，第 223 頁。

　　無論劉、馬，其法皆只重推演而未辨脈理。這也引發後世醫家對二人先天運氣理論的猛烈抨擊。然抨擊焦點主要集中在馬宗素，此恐是後世顧全劉完素身後威名之故。早在元代，劉完素三傳弟子朱丹溪曾側擊其師門道：「學醫之初，宜須先識病機之變化，論人形之處治。若便攻於運氣，恐流於馬宗素之徒，而云某生人，某日病於某經，用某藥治之之類也。」〔註51〕明代虞摶則堅決反對此法：「此馬宗素無稽之術而以世之生靈為戲玩耳。」〔註52〕清代葉天士亦認為：「如馬宗素之流者，假仲景之名，而為《傷寒鈐法》，用氣運之更遷，擬主病之方治，拘滯不通，誠然謬矣。」〔註53〕總之，元以後不少醫家認為先天運氣理論悖逆《內經》之旨，惑亂仲景辨證論病之法，有損五運六氣聲譽。

　　近代以來，隨著中國傳統文化賴以生存的社會土壤日漸喪失，中醫的發展更是舉步維艱。「陰陽五行說，為兩千年來迷信之大本營。」〔註54〕深植於陰陽五行框架之上的中醫運氣學愈發為世人不屑。劉完素的先天運氣學，更是受到世人的直接指謫。梁尚博便直批劉完素「滿紙盡是五行生剋之語，穿鑿阿會，強解事理」〔註55〕。是故建國以來，有關劉完素的醫學研究中，罕見先天運氣理論的研究。

2. 對劉完素先天運氣學價值的再認識

　　作為運氣學說的重要組成部分，先天運氣學對患者出生及胎孕期的運氣氣化特點進行分析，探討其對患者生理病理體質及發病證候的影響。這本身就體現出對時間因素與人體健康關係的深刻認識。目前，即使在國外，也開始重視時間因素對疾病影響的研究。〔註56〕先天運氣學，恰恰是中醫在此領域的先天優勢。劉完素先天運氣學之價值，也正體現於此。

　　中國大陸對先天運氣學的研究始於上世紀80年代。汪德雲先生對出生及胎孕時間與體質與證候的關係進行專題研究，提出人體胎曆病理內臟定位規

〔註51〕（明）徐春圃著：《古今醫統大全》，北京：人民衛生出版社，1991年。
〔註52〕（明）虞摶著：《醫學正傳》，北京：中國醫藥科技出版社，2011年。
〔註53〕（清）葉天士著：《葉選醫衡》，北京：人民軍醫出版社，2012年。
〔註54〕梁啟超：《陰陽五行說之來歷》，選自顧頡剛主編《古史辨》（第五冊），上海：上海古籍出版社，1982年，第343頁。
〔註55〕梁尚博：《辨河間六氣為病及火說》，《星群醫藥月刊》1951年第11期。
〔註56〕王國為、楊威：《淺談中醫理論的時間屬性及其對晝夜節律的認識》，《世界睡眠醫學雜誌》2017年第1期。

律，籍此預測後天發病的病理定位。〔註57〕汪氏的系列研究成果受到當時學者的關注。之後的後續研究則零星出現。劉玉芝、余丹分別對眾多肝火上炎患者及腦卒中患者的出生時間的運氣特點與疾病特點進行對比分析，發現二者的密切聯繫。〔註58〕張薇薇、李游等人對胎孕及出生時運氣氣化特點與中醫體質的相關性進行研究，在認可二者關聯客觀存在的同時，指出人體未來發病的規律。〔註59〕總之，上述學者從臨床實踐出發，對先天運氣學價值均給予相當的肯定。劉完素的四時傷寒傳正候法，作為先天運氣學的重要組成部分，其價值自然亦應受到今日學者之認可。

綜上所述，劉完素的四時傷寒傳正候法，是以先天運氣學理論對發病情況進行診治的方法。其理論價值在於，我們不但可以應用它的預測功能最大限度預防疾病，更為重要的是，可以運用其理論來更好地指導臨床辨證論治。然而，由於運氣學本身的預測屬於定性預測，具體到個人，則未必相符。因此，運氣醫學本身的侷限性，決定了四時傷寒傳正候法對疾病的診治只能是概率性的群體診治，而不會是精準的診治。故該法不能視為臨床診療之圭臬。但是瑕不掩瑜，劉完素先天運氣理論不會因此而貶值，其在臨床方面依然有其廣泛的適用性，尤其在中醫「治未病」方面，有重要的指導意義，值得深入研究。

三、現當代命理健康研究

現當代命理學健康研究，當發軔於臺灣學者鍾義明（1949～ ）的《現代命理與中醫》。該書在結合命理學和現代醫學方面做出開拓性的貢獻。書中不僅回顧了古往今來命理健康研究的成果，而且收錄了 130 個人的病例，其中絕大多數由作者親批八字，做命理健康分析，並長期追蹤調查。作者將命理

〔註57〕 參見汪德雲系列論文：《出生年月的運氣與疾病的關係》，《浙江中醫雜誌》1981 年第 3 期；《從胚胎發育期看運氣學說》，《中醫藥學報》1984 年第 3 期；《小兒疾病與胚胎發育期之間內在規律的探討》，《北京中醫學院學報》1984 年第 4 期；《十二指腸潰瘍自然發生率與胎歷時間有關》，《中醫藥學報》1984 年第 6 期；《運氣學說病理定位律的臨床應用》，《山東中醫學院學報》1988 年第 2 期。

〔註58〕 劉玉芝、符文增：《300 例肝炎上炎型眩暈患者出生時相運氣特徵研究》，《河南中醫藥學刊》1998 年第 4 期；余丹、張蘇明：《出生時間與腦卒中發病的關係》，《中國臨床康復》2004 年第 19 期。

〔註59〕 張薇薇、鍾宇、楊宇琦等：《五運六氣對體質及患病的影響》，《中華實用中西醫雜誌》2007 年第 20 期。

學與醫學，甚至堪輿學相結合，解析病人的病因、證候。該書命理論病的結論要點，據作者所言，大體分為兩點：一是天干看殺。原命局或大運、流年有七殺時，疾病即顯現。尤其是原命局和歲運中沒有印、食通關、制約時，疾病顯現幾率更高；二是地支看刑沖。原命局或大運流年出現刑沖情形，非病即傷。尤其是三刑等局面的出現，意味著命主往往因意外或重病死亡。

　　值得關注的是，鍾義明在實踐的基礎上，首次提出命理論病不應以日干為主，而是應將四柱八字看成一個整體結構：

> 　　我的經驗是：五行的太旺、太弱、戰剋沖刑，不限定在日主，
> 應把四柱八個字看成一個「命的全體」結構；全體結構若呈現某個
> 五行特別強旺、特別微弱，或兩個相反的五行勢均力敵（木金、金
> 火、火水、水土、土木兩兩對峙），干支（不管在哪一個宮位）有相
> 沖相刑的情形，身體必有疾病傷痛。〔註60〕

鍾義明一改明清以來以日主論病的習俗，也為 20 年後陸致極的命理健康研究開闢了道路。

　　2012 年，《又一種「基因」的探索》〔註61〕出版，這是陸致極（1949～）先生繼《八字命理新論》（1996）、《八字與中國智慧》（1998）、《中國命理學史論》（2008）之後出版的第四部命理學專著，也是他的第一部命理健康研究著作。在此之後，他將研究聚焦於命理健康領域，又相繼出版《解讀時空基因密碼：輕鬆知道你的先天體質》〔註62〕、《解讀時空基因密碼：續集：疾病早知道》〔註63〕，成為海內外命理健康研究的巨擘。

　　《又一種「基因」的探索》，是陸致極根據傳統命理學理論，嘗試用現代方法對健康問題所作的一種探索的研究手記。他通過對 100 多人出生時空的計量分析，進而核對這些案例的體質測試，證明二者之間具有某種相關性。其工作流程如下：第一，先獲取觀測案例，每個案例包括兩方面內容，一是根據「中醫體質分類與判定自測表」獲取體質測試結果。二是對測試人出生時間的生辰八字進行編碼運算。第二，以體質測試結果為準則，將

〔註60〕鍾義明著：《現代命理與中醫》（上），臺北：武陵出版社，1992 年，第 288 頁。

〔註61〕陸致極著：《又一種「基因」的探索》，上海：上海人民出版社，2012 年。

〔註62〕陸致極著：《解讀時空基因密碼：輕鬆知道你的先天體質》，北京：中國中醫藥出版社，2017 年。

〔註63〕陸致極著：《解讀時空基因密碼：續集：疾病早知道》，北京：中國中醫藥出版社，2020 年。

其生辰八字編碼運算結果進行分組。再進一步將同組案例的運算結果各個元素一一疊加，求取平均值，得到跟體質測試結果主項類型相對應的基本式。最後，探索這些基本式與它相對應的體質類型之間的相關性。作者採用傳統中醫理論解釋此類相關性所體現出來的生理學和病理學意義。雖然，該書作者收集到的案例有限，結果並不完全具有說服力，但是這種從出生的時空結構信息出發，借助軟件運算，通過臨床數據的不斷驗證，確立這些數據與不同體質之間的關聯的努力，無疑為後來者提供了一個嶄新的研究方向。

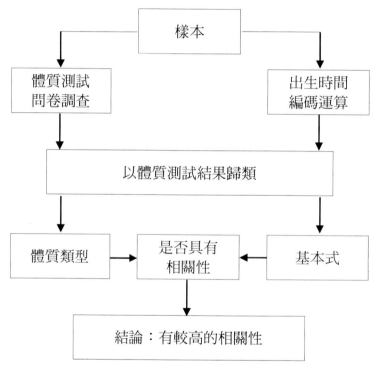

陸致極命理體質識別工作流程圖

如果說《又一種「基因」的探索》，發現了先天稟賦與出生時空的相關性，那麼，之後陸致極在此研究基礎之上，更上一層樓，又先後出版《解讀時空基因密碼：輕鬆知道你的先天體質》、《解讀時空基因密碼：續集：疾病早知道》。在二書中，陸致極繼續以所收集到的上千例病案為樣本，使用模糊聚類和邏輯回歸算法和計算機程序，進一步展示了個體出生時間的時空結構與後天體質以及各種疾病之間的相關性。在書中，作者經過縝密的數據運算，得

出了一系列較有說服力的論點，如進一步調整確認了出生時空結構與中醫九種體質之間的關聯；先天五臟能量分布的偏頗性是後天發生疾病的重要條件；五臟相剋關係是潛在疾病發生的主要線索；五臟內部陰陽關係的偏頗性是癌症發生的重要顯性指標……陸氏結合大數據時代所提供的科學調查手段、數理統計方法以及計算機工具而進行的生命科學探索，為現代命理健康研究提供了前所未有的廣闊天地。

然而命理健康的現代研究卻才剛剛起步。鍾義明、陸致極諸前輩的研究雖然帶給我們振奮人心的成果，但是從臨床上加以考核，這些成就還遠未達到臻於至善的境界。此外，基於大數據分析的上述研究，雖然在宏觀上使得看似不相關的事物（如生辰八字與疾病、體質）相互聯繫起來，避免了現代科學在實驗室一味建立因果關係的侷限，但是這些數據本身還是具有一定模糊性，還需要結合研究者個人主觀的悟性來得出結論。最後，命理健康研究在現當代無論哪個國家，都還處於醫學研究的邊緣地帶甚至禁區。僅靠個別人士的努力，短時間內難以取得實質性突破。這也是命理健康研究當前及未來一段時間面臨的最大困境。

延伸閱讀：命理健康分析診斷案例

	財	劫	日元	殺
坤造	己	甲	乙	辛
	卯	戌	未	巳
藏干	乙	辛丁戊	乙巳丁	庚丙戊
	比	殺食才	比財食	官傷才
衰旺	臨官	墓	養	沐浴

患者，女，24歲，學生，身體常年抱恙。近期醫生又說其心臟有問題，令患者頗為煩惱，故來尋求命理健康方面指導。財格。月令本氣正財未透，但偏財通根透干，且天干甲己化土，又生財星，財星（土）極重，仍以財格來判。比劫混雜，但年月二柱天地相合後，比劫減弱，傷財增強。身弱財重，傷官見官，無印（水）通關生身。喜用神乏力，格局不高。土重剋水，脾胃系統及腎系統先天隱患較重。

起大運周歲：9歲7個月8天，每一交大運年5月18日起運（公曆）。

排大運：

	比	傷	食	才	財	官	殺	印
大運	乙亥	丙子	丁丑	戊寅	己卯	庚辰	辛巳	壬午
歲數	11	21	31	41	51	61	71	81
年份	2009	2019	2029	2039	2049	2059	2069	2079

第二三步大運傷食（21～40），火運泄身，心為火，心繫統隱患顯著。

第四五步大運才財（41～60），土運耗身，忌神當令，脾胃問題愈發凸顯。

第六七步大運官煞（61～80），金運制身，無印通關，肺系統隱患出現。

健康的身體陰陽協調，運化循環通暢，如果在生發、發散、收斂、歸藏、運化任何一個環節出現問題，人就會得病。陰陽五行中的核心是水火的循環運化，水主陰，火主陽。河洛記載天一生水，水乃先天之本，在人體為腎（這裡說的是腎氣，不是單純指腎臟這個器官），腎是人的先天之本。腎的元陽足，一個人的身體就會好。這裡所說的腎的元陽，實指腎水中藏著的相火。水下藏火在《周易》卦象上是水火既濟之卦，外卦是水，內卦是火。在人體水下藏的相火就是腎的元陽。如果一個人的先天之本裏相火衰弱，水旺成災，會引起疾病。命主既命局無印，先天之本不足，相火必虛。是為命理先天健康隱患之源。

人體的循環就是相火的生長、發散、收斂和收藏。陰陽五行的平衡協調其關鍵就是水中相火的循環運化。土在其中起的作用是居中運化。土在人體主脾胃，其作用是吸收和運化，提供循環所需的能量。所以土被稱為後天之本。一個人能吃身體都不會太差，這就是土運化的作用。命主土行過重，脾胃居中運化失衡，難以化生相火。故後天之精無從濡養先天之本。加之人生主要階段大運（21～）皆為耗泄之運，命運結合身愈弱，故疾病隱患一直較為明顯。

當今之計，應重點調解脾胃，穩固後天。後天之本固，則可補先天之缺。脾土健康為後天之本，是生化水谷精微的源泉；病弱時，是損耗能源的大害。脾胃問題一日不解決，先天、後天之精皆不足，進而導致人身元氣不足，邪氣必入。故李杲曰：內傷脾胃，百病由生。脾胃預防調理原則：脾胃病證防治，尤其要注意飲食。當進易消化的食物，甚至流質，忌食油膩、魚腥、辛辣、生冷、粗硬食物，以及醇酒厚味。應遵循進食的一般規律，必要時可少食多餐。要注意飲食衛生，忌食餿腐不潔之食物。居處要寒溫適宜，避免冷濕，

防止外感。注意勞逸結合，病情較重時應臥床休息，保持心情舒暢，避免精神刺激。平素要加強體育鍛鍊，選擇適當的體療方法。

第三節　命理與疾病、體質的臨床研究

一、命理與疾病

現代命理推論疾病的要點可以歸納為，以生辰八字為研究對象，根據干支五行與人體臟腑的對應關係，觀察八字系統內是否有天干或地支受損過度或亢旺過度，如有，則其對應的臟腑可能會發生相應的疾病。再依據後天時空運氣發展規律，不俟疾病發生，即能預測其何時可能發生何病。在病因病機分析與臨床驗證的基礎上，最終判定命主先天罹患何種臟腑疾病的幾率為高。不過這些疾病，「僅屬於重大的疾病，尤以五臟六腑之病為最」。

天干陰陽五行臟腑對照表〔註64〕

五　行	木		火		土		金		水	
陰陽	陽木	陰木	陽火	陰火	陽土	陰土	陽金	陰金	陽水	陰水
天干	甲	乙	丙	丁	戊	己	庚	辛	壬	癸
地支	寅	卯	巳	午	辰戌	丑未	申	酉	亥	子
臟腑	肝	膽	小腸	心	胃	脾	大腸	肺	膀胱	腎

筆者自2019年以來，先後通過100餘例臨床醫案，初步建立起個人生辰八字與其臟腑疾病間的關聯。依臨床檢驗，無論傳統命理學中論命的重心為何，以生辰八字論病，既不能以命理術古法之年柱干支或納音為論病重心，也不能以命理術今法之日干為出發點，而只能以命局內五行旺衰為依。只要五行扶抑得當，五臟即處平和狀態，身體便會康泰；單一或幾種五行之氣太過或不足，與之對應的五臟亦處於亢衰狀態，人體便會患上相應疾病。即所謂「氣相得而安和，氣相逆而災殄」〔註65〕。

〔註64〕《三命通會》、《淵海子平》等命理文獻與《醫宗金鑒》皆將十天干與臟腑做如此搭配。至於地支，遵循《醫宗金鑒》規定：「至於地支所論卻有偏差，以天干代入地支即可。」此處以天干代入對照。

〔註65〕（明）萬民英撰：《三命通會》卷7《論疾病先知五臟六腑所屬干支》，第386頁。

輔以陸氏時空基因軟件〔註66〕的測試生成圖，現通過具體案例將部分關聯展現如下：

（一）肝脾疾病

乾造1：辛酉　癸巳　丁酉　乙巳〔註67〕

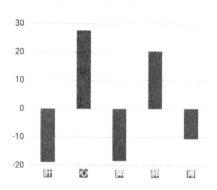

乾造1：先天五臟能量分布圖

患者常年處於亞健康狀態。據反饋，其在21歲時曾患急性胰腺炎，之後幾年脾胃問題出現，一度嚴重至休學，直到大學畢業後才逐漸消失。而自大學時代至今20年來，又發現自身一直患有陽痿和極易視疲勞等問題。經脈診，患者肝經損傷嚴重。觀其先天五臟能量分布，肝脾弱而心肺強，且強弱分明。肝臟能量弱，故肝經先天弱，非後天所致；且肝主宗筋，患者應年少時即有陽痿症狀，只是不自知。肝在竅為目，目的視覺功能，依賴肝血的濡養和肝氣的疏泄。肝經弱，患者自然易患視疲勞。至於其脾胃問題，一方面，和肝疏泄功能失常，無力促進和協調脾胃之氣的升降運動有關；另一方面，與脾運化失常有關。張錫純認為，胰腺屬於脾臟一部分，既然患者脾臟能量弱，故其脾胃疾患和胰腺炎發生幾率較之常人都為高。

〔註66〕該軟件由陸致極開發，在「至基文化」微信公眾平臺上應用。平臺配有先天體質及疾病傾向的預測程序。在輸入個人出生時間、地點等信息後，該軟件能將抽象的生辰八字命局轉化為形象的臟腑強弱圖像。經筆者上百次臨床驗證，雖然軟件生成的體質結果與實際臨床結果仍有較大差異，但是在生辰八字五行強弱差別較為明顯或命局結構較為單純的情況下，該軟件的臟腑強弱圖像仍較為可信。其中，五臟能量值在10以下，表示五臟能量較為平和，在正常範圍之內；五臟能量值在10以上，表示臟腑先天能量過強或過衰，有病變的可能性。以下所舉案例中先天五臟能量分布圖，皆取自該軟件生成圖像。

〔註67〕按照命理術語，乾造為男，坤造為女。其後排列八字順次為年干支、月干支、日干支和時干支。下同。

（二）腎臟疾病

乾造 2：癸亥　丙辰　辛未　戊子

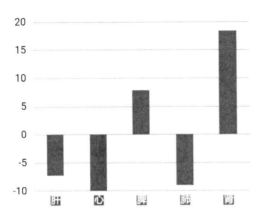

乾造 2：先天五臟能量分布圖

　　患者反饋 30 歲後性功能衰退嚴重。32 歲時，發現腎結石，當年曾做過碎石處理，但是目前（38 歲）又有新的腎結石出現。從其八字結構來看，肝、心、脾、肺四髒能量數值皆在正常範圍內，唯腎臟能量值過高，不僅命局內有癸水、亥水、子水，而且天干丙辛化水，水行極重。過猶不及，腎為水臟，腎臟系統必然極易處於病態中。待步入壬子大運（32～41 歲），天干地支又為水行。命運結合，水氣泛濫，腎陽不足，陰寒凝滯，結而成形。故腎結石在此階段反覆出現，性功能衰退嚴重。

（三）肺臟疾病

坤造 1：乙未　丁亥　壬辰　壬寅

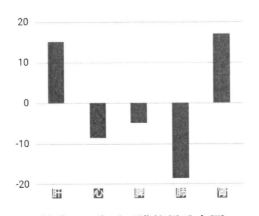

坤造 1：先天五臟能量分布圖

　　患者反饋中年以後常年患有氣喘，但從未認真治療。近三年（64歲以後）氣喘愈發嚴重，且冠心病、肺炎反覆發作，幾次住院治療。從其先天五臟能量分布圖來看，患者肺臟能量最弱，肺氣的宣發與肅降運動不易維繫，進而導致氣虛，出現少氣不足以息、肢倦乏力等症。若肺氣虛弱，不能輔心行血，則又可導致心血運行不暢，甚至血脈瘀滯，出現心悸胸悶等症。至於肝臟能量數值偏高，《素問·刺禁論》載「肝生於左，肺藏於右」〔註68〕，左升右降，則氣機調暢，氣血循環貫通。但是患者肝強而肺弱，肝易升而肺難降，如此則氣機難以調暢，氣血循環難以貫通。又，腎臟能量值也偏高。肺為呼氣之主，腎為納氣之根。患者肺弱而腎強，肺腎之間升降難以協調，則呼吸亦難以和利。況患者五六步大運壬辰、癸巳運（44～63歲）時，再行水運，腎水數值更高，肺腎之間升降愈發失調，故中年以後呼吸不利問題逐漸凸顯。七八步大運甲午、乙未（64～83歲）又行木運，木亢而侮金，肝升肺降之功效愈弱，患者氣機逐漸失調，氣喘愈發嚴重，氣血循環貫通不暢問題愈發凸顯。

（四）大腸疾病

乾造3：己未　丙寅　丙午　戊子

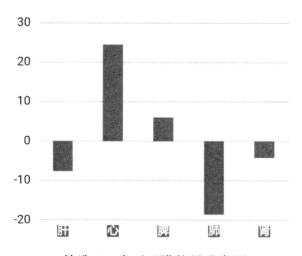

乾造3：先天五臟能量分布圖

　　患者在2020年（41歲）下半年體檢時發現罹患大腸癌，惡性，已到晚期。已做手術及數次化療，目前仍在恢復中。從其先天五臟能量分布來看，心系統過亢、肺系統過衰，且心火剋肺金，剋害嚴厲。大腸與肺由手陽明大

〔註68〕《黃帝內經素問》卷14《刺禁論》，第275頁。

腸經和手太陰肺經相互屬絡而成表裏關係，故其先天疾病隱患在大腸與肺之間。值得關注的是，患者在發現罹患大腸癌前不久曾前往廣州中山大學附屬腫瘤醫院防癌體檢中心做了 79 組全序列基因檢測，進行癌症篩查。檢查結果卻顯示，其基因全是低風險。這也證明患者的腫瘤應該不是來自基因遺傳。那麼，從先天稟賦的角度考慮，其大腸癌的爆發更多應歸因於時空基因中生辰八字蘊含之「氣」的影響。

「康泰生於和合，疾病起於刑傷。究五行衰旺之理，推百病表裏之詳。內應五臟，外屬四肢。」〔註69〕命理論病，在某種意義上，與傳統中醫是一致的，並對古代中醫的發展起到一定作用。但亦應注意到，命理學對疾病的推斷與中醫學有很大的區別。雖然二者都是以五行屬性聯繫各個臟腑，以生剋制化闡明病理變化原因，但是中醫學是以臨床上的四診合參診斷人體的健康狀況，並辨證論治。命理學則是以個體人的生辰八字而非人體本身作為研究對象，其推算過程有時會牽強附會，甚至不乏荒謬之處。現代命理健康研究，聚焦於先天稟賦有缺而導致的臟腑疾病隱患，並未計較於具體的部位和疾病，也是基於規避上述缺陷的考慮。臨床證明，這種預測方法可以大大降低疾病預測的錯誤率，為現代人去實踐古代中醫治未病的理想拓展了新的途徑。在近兩年的時間裏，筆者從臨床 100 多個案例中初步建立起個體人的生辰八字與其臟腑疾病之間的對應關係。雖然這種對應仍屬粗略，但是其中蘊含的規律激人奮進。

二、命理與體質

體質是指人體生命過程中，在先天稟賦和後天獲得的基礎上所形成的形態結構、生理功能和心理狀態方面綜合的、相對穩定的固有特質。其表現為結構、功能、代謝以及對外界刺激反應等方面的個體差異性，對某些病因和疾病的易感性，以及疾病傳變轉歸中的某種傾向性。體質學說的提出，最初源於人們對生命個體差異現象的發現。早在《黃帝內經》時代，中醫界對體質就已有了初步的認識。《靈樞‧通天》以個體陰陽含量多少的差異，將人分為太陰、少陰、太陽、少陽、陰陽平和 5 種類型。《靈樞‧陰陽二十五人》則按形態特徵、性格心態、寒熱適應等，將人體體質劃分為木、火、土、金、水五種類型，五種主類型下，再依五音太少、陰陽屬性等差異，細分為 5 種亞

〔註69〕萬民英撰：《三命通會》卷 7《論疾病先知五臟六腑所屬干支》，第 385 頁。

型，於是有 25 種體質。後世名醫不斷將中醫體質學說研究推向深入，尤其是明代張景岳、清代黃宮繡、葉桂等人，在多年的理論探索與臨床實踐的基礎上，逐漸確定了傳統中醫體質學說。但是，傳統的中醫體質學僅散見於各家醫著，並未形成專門的學術體系。直到上世紀 70 年代後期，王琦教授開始從事中醫體質學說的理論、基礎與臨床研究，他和他的課題組，在古代體質學說的基礎上，結合臨床實踐、流行病學及統計學調查方法，逐步確立了中醫體質理論體系，建立了中國人九種基本體質類型系統。至此，中醫體質學說作為一門嶄新的學科正式確立。

然而目前的中醫體質學研究，主要還是通過調查的形式，歸納和描寫個體人在後天生命過程中某個階段的相對穩定的固有特質，對於先天體質的研究依舊闕如（這與其觀察和度量本身存在的困難有關）。從發生的角度來看，先天體質是人體體質形成和發展的根本原因，是個體體質特異性以及穩定性的決定性因素。因此，未來的中醫體質學研究，應當在先天體質研究方面，努力開拓進展。

那麼，這種先天體質該如何探尋呢？

一般而言，先天體質除了來自雙親的基因遺傳，還深受出生時的氣候特質的影響。近幾十年來，不斷有學者嘗試從個人出生時的運氣週期節律入手，推求一個人與生俱來的由外部時空所造成的「基因」圖譜，即先天體質。上世紀 80 年代，汪德雲〔註 70〕、李陽波〔註 71〕就以人體胎兒期或出生時的五運六氣狀態為先天稟賦的根源，探索後天疾病發生的規律。進入本世紀，田合祿、毛小妹等人從人出生之年所受的運氣週期節律出發，更深層次地判定人體稟賦體質。〔註 72〕只是，上述研究都是在運氣範疇內做出的。而在運氣框架內，時間跨度的下限是 60 天的時間長度。在這樣一個時限內，涵蓋的人數可能數以萬計。有鑑於此，另一些學者汲取古代命理健康理論，將先天稟賦研究的時間框架，精確至每一個時辰（2 小時）。通過臨床檢驗，大膽嘗試以生辰八字推斷人體健康，初步總結個體人出生時的年月日時干支體系框架與中醫九種體質之關聯。

〔註 70〕 王德民著：《運氣與臨床》，合肥：安徽科學技術出版社，1990 年。

〔註 71〕 黃濤、李堅、文玉冰整理：《李陽波五運六氣講記》，北京：中國醫藥科技出版社，2012 年。

〔註 72〕 田合祿、毛小妹、秦毅著：《中醫自然體質論治》，太原：山西科學技術出版社，2012 年。

　　雖然在傳統命理健康理論中，由生辰八字推斷的健康領域內容主要為陰陽五行、臟腑強弱，並未包含人的體質一說。但在中醫體質學說中，氣血、陰陽、臟腑等因素是每種體質形成的最重要根源。如果由生辰八字可以推導出臟腑疾病，那麼，從理論上來講，生辰八字亦可建立起與中醫體質之間的關聯。只是，這中間的理論目前仍是盲點。不過，受惠於追求相關關係的科學方法論以及大數據時代的便利，我們可以先將二者依據其相關性聯繫起來，進而尋找出藏在現象背後的某些規律。

　　近年來，陸致極利用計算語言學、大數據方法論，在命理學先天體質研究領域，取得令人矚目成果〔註73〕。大體而言，他以古代命理學的理論為基礎，從生辰八字的成分組合層面深入它的構成元素層面，同時進行數量化編碼，使八字結構成為可以用數字表示的變量關係。通過臨床數據的不斷驗證，確立這些數據與不同體質之間的關聯。整個操作過程大體如下：

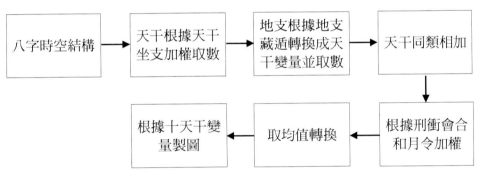

生辰八字轉化體質指數編碼程序圖

經過筆者數百次的驗證，這種經由生辰八字轉化而成的數字變量，大體上符合傳統命理術所推算出的天干強弱。故為使命局五行強弱分布一目了然，本書所舉命理醫案，皆以陸氏所研發的先天五臟能量計算軟件為佐助，附上其所生成的先天五臟能量分布圖。

　　雖然從當下來說，陸致極的研究尚有諸多缺陷。比如其計算的出發點的數據來源是自由心授或古書所授，並非科學意義上的數據生成；又比如經臨床檢驗，由陸氏開發的軟件計算出的體質與現實中通過對患者的調查而得到的體質，差異仍較為明顯。但是，這種通過新測案例修訂統計參數，在不斷

〔註73〕陸致極著：《又一種「基因」的探索》，上海：上海人民出版社，2012 年。陸致極著：《解讀時空基因密碼：輕鬆知道你的先天體質》，北京：中國中醫藥出版社，2017 年。

測試基礎上，用統計方法重新計算和改進程序的方法，已經大為改觀古代命理學研究的現狀，也為現代命理研究注入了勃勃生機。依託大數據時代所提供的科學調查手段、數理統計方法以及軟件工具，隨著統計案例的增加，其統計的精度或許還會有質的提升。

筆者自 2019 年以來，亦先後通過 100 餘例臨床檢驗，初步建立起個人生辰八字與其體質間的相關關係。輔以陸氏時空基因軟件的測試生成圖，現通過具體案例將部分關聯展現如下：

（一）陽虛體質

坤造 2：戊辰　庚申　辛亥　戊子

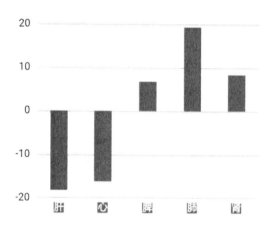

坤造 2：先天五臟能量分布圖

坤造 2 中，臨床調查與命理健康預測皆為陽虛體質。從五行層面來看，命局內肺金、腎水為正值，肝木、心火為負值。金水寒涼，木火溫熱。這恰好對應著陽虛質的定義：由於陽氣不足，失於溫煦，以形寒肢冷等虛寒現象為主要特徵的體質狀態。〔註 74〕從生辰八字結構來看，陽虛體質的人通常其出生時空結構中金水遠旺於木火。肺腎系統強旺而肝心繫統過衰。

陽盛陰衰、陰盛陽衰，本是人之常態，很少有人八字結構完全中和。生辰八字並非稍有偏差，即落入陽虛或陰虛體質。臨床檢驗上，八字結構中木火和金水的強弱對比，只有較為明顯時（正負值皆在 10 以上甚至 20 以上），患者本人才會有陽虛或陰虛的體質傾向。其餘體質的命理推斷亦如此。

〔註 74〕王琦著：《中醫體質學研究與應用》，北京：中國中醫藥出版社，2012 年，第 47 頁。以下體質定義都引自該書。

（二）陰虛體質

坤造 3：丁卯　甲辰　甲午　己巳

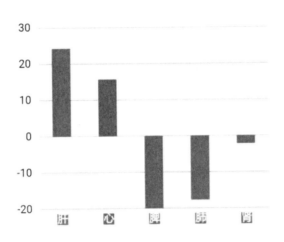

坤造 3：先天五臟能量分布圖

　　坤造 3 中，臨床調查與命理健康預測皆為陰虛體質。從五行層面來看，命局內木行、火行為正值，金行、水行為負值。與陽虛體質相反，陰虛體質之人往往其出生時空結構中木火旺而金水衰，即肝心系統強於肺腎系統。

（三）痰濕體質

坤造 4：戊子　甲子　丁酉　乙巳

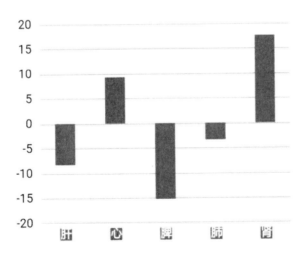

坤造 4：先天五臟能量分布圖

坤造 4 中，臨床調查與命理健康預測皆為痰濕體質。痰濕質定義：由於水液內停而痰濕凝聚，以黏滯重濁為主要特徵的體質狀態。〔註75〕五行層面上，命局內脾土最弱，而腎水最旺。明代張介賓言：「蓋脾主濕，濕動則為痰；腎主水，水泛亦為痰。故痰之化無不在脾，而痰之本無不在腎。所以凡是痰證，非此即彼，必與二臟有涉。」〔註76〕臨床觀測顯示，痰濕體質之人的先天五臟能量分布中，以脾土虛弱、腎水泛濫最為顯著，此亦暗合張介賓之意。

（四）氣鬱體質

坤造 5：癸丑　乙卯　甲子　丁卯

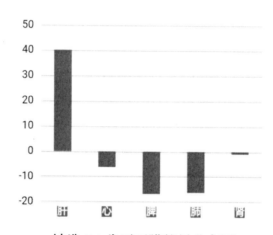

坤造 5：先天五臟能量分布圖

坤造 5 中，臨床調查與命理健康預測皆為氣鬱體質。氣鬱質的表現為：由於長期情志不暢、氣機鬱滯而形成的以性格內向不穩定、憂鬱脆弱、敏感多疑為主要表現的體質狀態。〔註77〕中醫臨床上，抑鬱症顯著病機為肝氣升發不足。其原因或為肝受寒，或為肝受剋，或為肝血不足，肝氣無以化生。筆者臨床調查顯示，氣鬱體質患者雖然先天五臟能量差異不一，但是其八字中皆有一共同點，即肝臟能量明顯不足。這正反映出該類患者的病機特點。

（五）濕熱體質

坤造 6：丁丑　壬子　壬子　戊申

〔註75〕王琦著：《中醫體質學研究與應用》，第 48 頁。
〔註76〕（明）張景岳著：《張景岳醫學全書》，北京：中國中醫藥出版社，1999 年，第 1260 頁。
〔註77〕王琦著：《中醫體質學研究與應用》，第 50 頁。

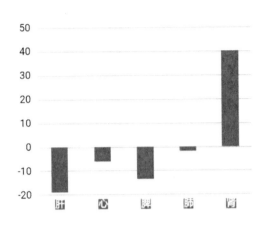

坤造 6：先天五臟能量分布圖

　　坤造 6 中，臨床調查和命理健康預測皆為濕熱質。濕熱質，是以濕熱內蘊為主要特徵的體質狀態。〔註 78〕命局內肝木、脾土為負值，唯腎水為正值且數值極高。傅傑英認為，濕熱體質造成的原因主要是肝膽、脾胃功能相對失調。肝膽鬱結化熱，脾虛內生痰濕。〔註 79〕而從臨床觀察可以發現，凡濕熱體質之人，其生辰八字中，除了肝脾虛弱外，腎水數值還極高。腎水泛濫，或許可解釋其機體內濕生成之源。

（六）血瘀體質

坤造 7：丁丑　丙午　乙未　丙子

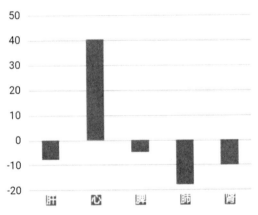

坤造 7：先天五臟能量分布圖

〔註 78〕王琦著：《中醫體質學研究與應用》，第 49 頁。
〔註 79〕傅傑英著：《中醫體質養生》，廈門：鷺江出版社，2009 年，第 135、136 頁。

　　坤造 7 中，臨床調查與命理健康預測皆為血瘀體質。血瘀質的定義是：體內有血液運行不暢的潛在傾向或淤血內阻的病理基礎，以血瘀表現為主要特徵的體質狀態。〔註80〕在坤造 7 先天五臟能量分布圖中，心火過旺，肺金不足。心火過旺，或熱灼脈絡，導致內出血，以致血液壅滯導致淤血。或血熱互結，煎灼血中津液，使血液黏稠運行不暢。故《醫林改錯·積塊》云「血受熱則煎熬成塊」〔註81〕。肺氣不足則氣虛，氣為血之帥，血隨氣而運行。氣虛則運血無力。《血證論·吐血》云：「氣結則血凝，氣虛則血脫，氣迫則血走，氣不止而血欲止，不可得矣。」〔註82〕故氣虛者亦易成血瘀。

　　然臨床中，血瘀體質之人先天五臟能量之分布繁雜多樣，以上只為其中一種。其生辰八字之規律尚待更多臨床驗證和總結歸納。

（七）氣虛體質

坤造 8：丁卯　甲辰　乙巳　丁亥

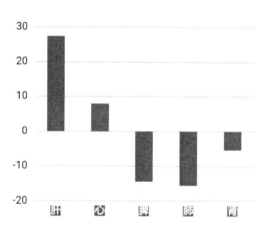

坤造 8：先天五臟能量分布圖

　　坤造 8 中，臨床調查和命理健康預測皆為氣虛體質。先天五臟能量分布圖中，肝木過亢，而脾土、肺金、腎水皆為負值，其中尤以脾土、肺金為弱。腎、脾弱，如此則先天之精與後天之精皆不足，其所構成之元氣亦不足。而肝木強盛剋伐脾土，更加重脾虛，致使後天之精生化乏力，先天之精亦失其

〔註80〕王琦著：《中醫體質學研究與應用》，第 49 頁。
〔註81〕（清）王清任著：《醫林改錯》，北京：中國醫藥科技出版社，2011 年，第 30 頁。
〔註82〕（清）唐容川著：《血證論》卷 2《血上乾證治》，北京：中國醫藥科技出版社，2011 年，第 16 頁。

所養，元氣愈加虧虛。肺氣不足，加之水谷精微不能上榮於肺，其人更易喘息氣短，少氣懶言。這種生辰八字所反映出的先天五臟特點，較為貼合氣虛質的定義：由於一身之氣不足，以氣息低弱、臟腑功能狀態低下為主要特徵的體質狀態。〔註83〕

（八）平和體質

坤造9：癸亥　乙丑　甲辰　甲戌

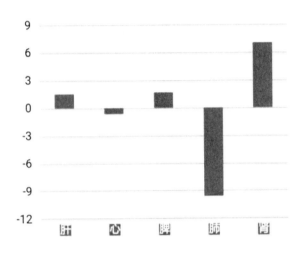

坤造9：先天五臟能量分布圖

坤造9中，臨床調查和命理健康預測皆為平和體質。從其先天五臟能量分布圖上可以發現，命局內先天五臟能量分布較為均衡，其均值都在－10至＋10之間，無明顯的過與不及。這表明平和體質的人五臟機能完善，陰陽平衡，先天稟賦良好。這也符合平和質的定義：先天稟賦良好，後天調養得當，以體態適中，面色紅潤，精力充沛，臟腑功能狀態強健壯實為主要特徵的一種體質狀態。〔註84〕臨床調查顯示，符合平和體質之人，其生辰八字中的先天五臟能量分布確實較常人更為均衡。

除了上述八種體質外，還有特稟體質未被提及。未被提及的原因，主要在於臨床調查中尚難以總結其命局的五行分布規律。這大概跟這種體質與時空結構關聯不大、而與遺傳因素最為緊密有關——由於先天稟賦不足和稟賦遺傳等因素造成的一種特殊體質。包括先天性、遺傳性的生理缺陷與疾病，

〔註83〕王琦著：《中醫體質學研究與應用》，第46頁。
〔註84〕王琦著：《中醫體質學研究與應用》，第45頁。

過敏反應等。〔註85〕陸致極曾認為，特稟質在先天時空結構中有鮮明的特徵，即脾土為命局內最突出的五行。其原因很可能與脾胃是消化食物的通道，與外界的過敏源易發生反應有關。〔註86〕然而筆者在近兩年的臨床檢驗中卻未能證實。或許，特稟體質與生辰八字結構的關聯的真實性，還需未來更多臨床的驗證。

雖然從當下來說，我們的研究尚有諸多缺陷。比如，這種拋卻四診合參而僅聚焦於出生之時時空信息的論病之法，其精準度和合理性難免不受後人的質疑；又比如計算的出發點的數據來源是自由心授或古書所授，並非科學意義上的數據生成。但是，這種通過新測案例修訂統計參數，在不斷測試基礎上，用統計方法重新計算和改進程序的方法，已經大為改觀古代命理學研究的現狀，也為現代命理研究指明了科學方向。1000 多年前，我們的祖先發現了生命體與出生時空結構的相互關係。但是長期以來我們只把這種關係看做一種哲學上的思考。在今天的大數據時代，新的數據統計方法和科學思維，為傳統的研究提供了前所未有的廣闊天地。搭乘現代科學的便車，中醫先天體質的研究或許會翻開嶄新的一頁。

然而命理健康的現代研究卻才剛剛起步。陸致極等前輩的研究雖然帶給我們振奮人心的成果，但是從臨床上加以檢驗，這些成就還遠遠未達到臻於至善的境界。此外，基於大數據分析的上述研究，雖然在宏觀上使得看似不相關的事物（如生辰八字與疾病、體質）相互聯繫起來，避免了現代科學在實驗室一味建立因果關係的侷限，但是這些數據本身還是具有一定模糊性，還需要結合研究者個人主觀的悟性來得出結論。最後，命理健康研究在現當代無論哪個國家，都還處於醫學研究的邊緣地帶甚至禁區。命理健康研究的科學性，長久以來為學者所質疑，這也是其難以步入學術殿堂的重要原因。僅靠個別人士的努力，短時間內難以取得實質性突破。這也是命理健康研究當前及未來一段時間面臨的最大困境。

〔註85〕王琦著：《中醫體質學研究與應用》，第 51 頁。
〔註86〕陸致極著：《又一種「基因」的探索》，第 124～130 頁。

徵引文獻

一、古籍類

1. 黃壽祺、張善文譯注：《周易譯注》，上海：上海古籍出版社，2007 年。

2.（戰國）左丘明撰、（西晉）杜預集解：《左傳》，上海：上海古籍出版社，2015 年。

3.（戰國）左丘明著、（三國吳）韋昭注：《國語》，上海：上海古籍出版社，2015 年。

4. 黃懷信主撰：《論語彙校集釋》，上海：上海古籍出版社，2008 年。

5. 楊伯峻譯注：《孟子譯注》，北京：中華書局，2010 年。

6. 潛苗金譯注：《禮記譯注》，杭州：浙江古籍出版社，2007 年。

7. 江曉原等譯注：《周髀算經》，瀋陽：遼寧教育出版社，1996 年。

8. 黎翔鳳撰：《管子校注》，北京：中華書局，2004 年。

9.（戰國）莊周著：《莊子》，北京：中國華僑出版社，2018 年。

10. 陳奇猷校釋：《呂氏春秋校釋》，北京：學林出版社，1984 年。

11.《十三經注疏》，北京：中華書局，1979 年。

12.《二十二子》，上海：上海古籍出版社，1986 年。

13.（漢）司馬遷撰：《史記》，北京：中華書局，1982 年。

14. 劉文典撰：《淮南鴻烈集解》，北京：中華書局，1989 年。

15.（漢）董仲舒撰、（清）凌曙注：《春秋繁露》，北京：中華書局，1975 年。

16.《黃帝內經素問》，北京：人民衛生出版社，1963 年。

17. （漢）班固撰：《漢書》，北京：中華書局，1962 年。

18. 黃暉撰：《論衡校釋》，北京：中華書局，1990 年。

19. （漢）鄭玄注、（唐）孔穎達等正義：《禮記正義》，上海：上海古籍出版社，1990 年。

20. （晉）陳壽撰：《三國志》，北京：中華書局，1959 年。

21. （晉）葛洪著、王明校釋：《抱朴子內篇校釋》，北京：中華書局，1985 年。

22. （北齊）魏收撰：《魏書》，北京：中華書局，1974 年。

23. （隋）蕭吉撰：《五行大義》，北京：學苑出版社，2014 年。

24. （唐）房玄齡等撰：《晉書》，北京：中華書局，1974 年。

25. （唐）魏徵等撰：《隋書》，北京：中華書局，1973 年。

26. （唐）韓愈撰、馬通伯校注：《韓昌黎文集校注》，上海：古典文學出版社，1957 年。

27. （唐）王冰著：《王冰醫學全書》，太原：山西科學技術出版社，2012 年。

28. （後晉）劉昫等撰：《舊唐書》，北京：中華書局，1975 年。

29. （宋）司馬光編著、（元）胡三省音注：《資治通鑒》，北京：中華書局，1956 年。

30. （宋）沈括撰：《夢溪筆談》，上海：上海書店出版社，2003 年。

31. （宋）趙彥衛撰：《雲麓漫抄》，北京：中華書局，1996 年。

32. （宋）晁公武撰：《郡齋讀書志》，《宋元明清書目題跋叢刊》（第二冊），北京：中華書局，2006 年

33. （宋）錢乙著：《小兒藥證直訣》，北京：人民衛生出版社，2017 年。

34. （宋）廖中撰：《五行精紀》，北京：華齡出版社，2010 年。

35. （宋）秦九韶《數學九章》，文津閣《四庫全書》第 264 冊，北京：商務印書館，2005 年。

36. （宋）文天祥撰：《文山集》，文津閣《四庫全書》第 395 冊。

37. （宋）費袞撰：《梁溪漫志》，上海：上海古籍出版社，2001 年。

38. 宋乃光主編：《劉完素醫學全書》，北京：中國中醫藥出版社，2006 年。

39. （金）李東垣著：《內外傷辨惑論》，北京：中國醫藥科技出版社，2011 年。

40.《玉照定真經》，文淵閣《四庫全書》第 809 冊，上海：上海古籍出版社，2007 年。

41.（元）陶宗儀撰：《輟耕錄》，文津閣《四庫全書》第 346 冊。

42.（元）脫脫撰：《宋史》，北京：中華書局，1977 年。

43.（明）沈德符著：《萬曆野獲編》，北京：文化藝術出版社，1998 年。

44.（明）吳承恩著：《西遊記》，天津：天津古籍出版社，2004 年。

45.（明）張介賓著《類經圖翼》，北京：人民衛生出版社，1965 年。

46. 李峰注解：《新刊合併官板音義評注淵海子平》，海口：海南出版社，2002 年。

47.（明）萬民英撰《三命通會》，北京：中醫古籍出版社，2008 年。

48.（明）徐亦稚撰：《運氣商》，北京：中國中醫藥出版社，2016 年。

49.（明）江瓘著：《名醫類案》，北京：人民衛生出版社，2005 年。

50.（明）徐春圃著：《古今醫統大全》，北京：人民衛生出版社，1991 年。

51.（明）虞摶著：《醫學正傳》，北京：中國醫藥科技出版社，2011 年。

52.（明）吳有性撰：《溫疫論》，北京：中國醫藥科技出版社，2018 年。

53.（明）張景岳著：《張景岳醫學全書》，北京：中國中醫藥出版社，1999 年。

54.（明）孫一奎撰：《醫旨緒餘》，北京：中國中醫藥出版社，2009 年。

55.（明）趙獻可著：《醫貫》，北京：人民衛生出版社，2005 年。

56.（清）陳啟沅著：《理氣溯源》，《晚清四部叢刊》（第八編）第 70 冊，臺中：文聽閣圖書公司，2012 年。

57.（清）顧炎武著、（清）黃汝成集釋：《日知錄集釋》，上海：上海古籍出版社，2014 年。

58.（清）段玉裁撰：《說文解字段注》，成都：成都古籍出版社，1987 年。

59.（清）錢大昕撰：《潛研堂集》，上海：上海古籍出版社，2009 年。

60.（清）李文輝撰、孫正治注：《增刪卜易》，北京：中醫古籍出版社，2012 年。

61.（清）任鐵樵注：《滴天髓闡微》，北京：中醫古籍出版社，2012 年。

62.（清）沈孝瞻、（清）陳素庵著：《子平真詮・命理約言》，北京：華齡出版社，2010 年。

63.（清）沈孝瞻撰、徐樂吾評注：《子平真詮評注》，北京：中醫古籍出版社，2012 年。

64.（清）魏之琇編：《續名醫類案》，北京：人民衛生出版社，1997 年。

65.（清）葉天士著、（清）徐靈胎評：《臨證指南醫案》，上海：上海科學技術出版社，1959 年。

66.（清）林珮琴編著：《類證治裁》，太原：山西科學技術出版社，2010 年。

67.（清）吳鞠通著：《吳鞠通醫案》，上海：上海浦江教育出版社，2013 年。

68.（清）薛生白、（清）也是山人著：《掃葉莊醫案·也是山人醫案》，上海：上海科學技術出版社，2010 年。

69.（清）李延昰撰：《脈訣匯辨》，上海：上海科學技術出版社，1963 年。

70.（清）程杏軒撰：《杏軒醫案》，北京：中國中醫藥出版社，2009 年。

71.（清）葉天士著：《葉選醫衡》，北京：人民軍醫出版社，2012 年。

72.（清）余霖著：《疫疹一得》，南京：江蘇科學技術出版社，1985 年。

73.（清）紀昀著：《閱微草堂筆記》，北京：華夏出版社，2013 年。

74.（清）吳瑭著：《溫病條辨》，北京：人民衛生出版社，2005 年。

75.（清）唐笠山輯：《吳醫匯講》，北京：中國中醫藥出版社，2013 年。

76.（清）楊璿著：《傷寒溫疫條辨》，北京：學苑出版社，2006 年。

77.（清）王清任著：《醫林改錯》，北京：中國醫藥科技出版社，2011 年。

78.（清）唐容川著：《血證論》，北京：中國醫藥科技出版社，2011 年。

二、專著類

1.（日）新城新藏著、沈璿譯：《東洋天文學史研究》，上海：中華學藝社，1933 年。

2. 劉坦著：《中國古代之星歲紀年》，北京：科學出版社，1957 年。

3. 張家駒著：《兩宋經濟重心的南移》，武漢：湖北人民出版社，1957 年。

4. 錢寶琮著：《錢寶琮科學史論文選集》，北京：科學出版社，1983 年。

5. 顧頡剛編：《古史辨》（第二冊），上海：上海古籍出版社，1981 年。

6. 顧頡剛編：《古史辨》（第五冊），上海：上海古籍出版社，1982 年。

7. 湖北省博物館：《曾侯乙墓》，北京：文物出版社，1989 年。

8.《中國天文學史文集》（第五集），北京：科學出版社，1989 年。

9. 王德民著：《運氣與臨床》，合肥：安徽科學技術出版社，1990 年。

10. 鍾義明著：《現代命理與中醫》，臺北：武陵出版社，1992 年。

11. 韋千里著：《千里命稿》，鄭州：中州古籍出版社，1995 年。

12. 常玉芝著：《殷商曆法研究》，長春：吉林文史出版社，1998 年。

13. 馮友蘭著：《中國哲學史新編》，北京：人民出版社，1998 年。

14. 張先覺編：《劉師培書話》，杭州：浙江人民出版社，1998 年。

15. 張榮明著：《方術與中國傳統文化》，北京：學林出版社，2000 年。

16. 葛兆光著：《中國思想史》，上海：復旦大學出版社，2001 年。

17. 黃正建著：《敦煌占卜文書與唐五代占卜研究》，北京：學苑出版社，2001 年。

18. 葛金芳著：《中國經濟通史》（第五卷），長沙：湖南人民出版社，2002 年。

19. 葛金芳著：《兩宋社會經濟研究》，天津：天津古籍出版社，2010 年。

20. 陸玉林著：《中國學術通史》（先秦卷），北京：人民出版社，2004 年。

21. 盧央著：《京氏易傳解讀》，北京：九州出版社，2004 年。

22. 何麗野著：《八字意象與哲學思維》，北京：中國社會科學出版社，2004 年。

23. 趙益著：《古典術數文獻述論稿》，北京：中華書局，2005 年。

24. 吳俊民著：《命理新論》，臺北：進源書局，2006 年。

25. 高懷民著：《先秦易學史》，桂林：廣西師範大學出版社，2007 年。

26. 劉長林著：《中國象科學觀——易、道與兵、醫》，北京：社會科學文獻出版社，2007 年。

27. 秦倫詩著：《周易應用經驗學》，呼和浩特：內蒙古人民出版社，2007 年。

28. （德）馬克思、恩格斯著：《馬克思恩格斯全集》，北京：人民出版社，2007 年。

29. 陸致極著：《中國命理學史論》，上海：上海人民出版社，2008 年。

30. 陸致極著：《又一種「基因」的探索》，上海：上海人民出版社，2012 年。

31. 陸致極著：《解讀時空基因密碼：輕鬆知道你的先天體質》，北京：中國中醫藥出版社，2017 年。

32. 陸致極著：《解讀時空基因密碼：續集：輕鬆知道你的先天體質》，北京：中國中醫藥出版社，2020 年。

33. 朱伯崑著：《易學哲學史》，北京：崑崙出版社，2009 年。

34. 馮達文著：《中國古典哲學略述》，廣州：廣東人民出版社，2009 年。

35. 傅傑英著：《中醫體質養生》，廈門：鷺江出版社，2009 年。

36. 鄧鐵濤、鄭洪主編：《中醫五臟相關學說研究——從五行到五臟相關》，廣州：廣東科技出版社，2010 年。

37. 袁樹珊著：《新命理探原》，北京：北京燕山出版社，2010 年。

38. 劉大鈞著：《納甲筮法講座》，桂林：廣西師範大學出版社，2010 年。

39. 楊威、白衛國著：《五運六氣研究》，北京：中國中醫藥出版社，2011 年。

40. 張濤編：《周易文化研究》（第三輯），北京：社會科學文獻出版社，2011 年。

41. 王琦著：《中醫體質學研究與應用》，北京：中國中醫藥出版社，2012 年。

42. 田合祿等著：《中醫自然體質論治》，太原：山西科學技術出版社，2012 年。

43. 梁湘潤著：《祿命法千年沿革史》，臺北：行卯出版社，2013 年。

44. 凌志軒著：《古代命理學研究：命理基礎》，廣州：中山大學出版社，2013 年。

45. 蘇穎著：《五運六氣探微》，北京：人民衛生出版社，2014 年。

46. 陳遵媯著：《中國天文學史》，上海：上海人民出版社，2016 年。

47. 北京大學中國古代史研究中心編：《祝總斌先生九十華誕頌壽論文集》，北京：中華書局，2019 年。

48. 程佩著：《宋代命理術研究》，新北：花木蘭文化出版社，2019 年。

三、論文類

1. 汪德雲：《出生年月的運氣與疾病的關係》，《浙江中醫雜誌》1981 年第 3 期。

2. 汪德雲：《小兒疾病與胚胎發育期之間內在規律的探討》，《北京中醫學院學報》1984 年第 4 期。

3. 汪德雲：《十二指腸潰瘍自然發生率與胎曆時間有關》，《中醫藥學報》1984 年第 6 期。

4. 汪德雲：《運氣學說病理定位律的臨床應用》，《山東中醫學院學報》1988 年第 2 期。

5. 龐樸：《陰陽五行探源》，《中國社會科學》1984 年第 3 期。

6. 常存庫等：《運氣學說的流行與理學》，《中醫藥學報》1990 年第 1 期。

7. 廖育群：《〈素問〉「七篇大論」運氣不同推算方式之分析》，《中華醫史雜誌》1994 年第 24 期。

8. 劉玉芝、符文增：《300 例肝炎上炎型眩暈患者出生時相運氣特徵研究》，《河南中醫藥學刊》1998 年第 4 期。

9. 姜志翰、黃一農：《星占對中國古代戰爭的影響——以北魏後秦之柴壁戰役為例》，《自然科學史研究》1999 年第 4 期。

10. 周銘心、陳智明：《〈內經〉「南北政」問題解析》，《中國中醫基礎醫學雜誌》2000 年第 5 期。

11. 武占江：《四時與陰陽五行》，《河北師範大學學報》2003 年第 2 期。

12. 余丹、張蘇明：《出生時間與腦卒中發病的關係》，《中國臨床康復》2004 年第 19 期。

13. 彭華：《陰陽五行研究》（先秦篇），華東師範大學 2004 年博士學位論文。

14. 張薇薇、鍾宇、楊宇琦等：《五運六氣對體質及患病的影響》，《中華實用中西醫雜誌》2007 年第 20 期。

15. 曹建敦：《周代祭祀用牲禮制考略》，《文博》2008 年第 3 期。

16. 晏向陽：《運氣南北政簡解》，《中國中醫基礎醫學雜誌》2009 年第 2 期。

17. 周虎、黃玉燕：《從運氣兩紀差異探討南北政劃分方法》，《現代中西醫結合雜誌》2010 年第 12 期

18. 陸敏珍：《刑場畫圖：十一、十二世紀中國的人體解剖事件》，《歷史研究》2013 年第 4 期。

19. 王彥敏、張其成：《近代醫易學派的興衰歷程及其原因初探》，《中華中醫藥雜誌》2013 年第 5 期。

20. 王彥敏：《近代醫易學派研究》，北京中醫藥大學 2014 年博士學位論文。

21. 楊威、于崢：《五運六氣脈法之研究》，《中國中醫基礎醫學雜誌》2015 年第 1 期。

22. 林碩：《納音術形成時間考》，《中國道教》2017 年第 1 期。

23. 王國為、楊威：《淺談中醫理論的時間屬性及其對晝夜節律的認識》，《世界睡眠醫學雜誌》2017 年第 1 期。

24. 李震：《先秦陰陽五行觀念的政治展開——以稷下為中心》，《管子學刊》2017 年第 3 期。

25. 程佩、胡素敏：《中醫運氣學十干紀運來源考釋》，《醫學與哲學》（A）2018 年第 2 期。

26. 程佩、胡素敏、沈秋蓮：《從祭祀走向中醫：兩漢時期五臟、五行配屬模式轉換原因探尋》，《醫學與哲學》2019 年第 4 期。

27. 程佩、孫悅、胡素敏、丁成華：《劉完素運氣脈法理論及臨床價值探討》，《中華中醫藥雜誌》2019 年第 3 期。

28. 程佩、沈秋蓮、孫悅、胡素敏、丁成華：《劉完素先天運氣推演法則及其價值研究——以四時傷寒傳正候法為對象的探討》，《中國中醫藥現代遠程教育》2019 年第 23 期。

29. 王子劍：《陰陽與政教：關於四時五行合流何以可能的再考察——重讀〈管子〉中〈幼官〉〈四時〉〈五行〉諸篇》，《管子學刊》2020 年第 1 期。

30. 顧植山：《五運六氣看當前新型冠狀病毒肺炎疫情》，《世界中醫藥》2020 年第 2 期。

31. 劉健、吳鍾昊、高皓亮、袁慧晶：《疫情下一群中西醫的「混合雙打」》，《新華每日電訊》2020 年 3 月 17 日。

32. 石小力：《清華簡〈五紀〉中的二十八宿初探》，《文獻》2021 年第 9 期。

33. 田合祿、田峰：《五氣經天的天文背景考釋》，《中華中醫藥雜誌》2021 年第 11 期。